境界紛争解決制度の解説

―― 筆界特定・ADRのポイント ――

編著　山野目　章夫（早稲田大学大学院法務研究科教授）
　　　清水　　響　（東京地裁判事、前法務省民事局参事官）
　　　松岡　直武　（土地家屋調査士・日本土地家屋調査士会連合会会長）

新日本法規

はしがき

　土地と土地の間の境界について、それが不明であるために困っているとか、あるいは、さらに深刻になると、それをめぐって土地の所有者の間に紛争が起こる、といったことは、私たちの身近に起こり得る事態です。自分が巻き込まれることがあるかもしれませんし、そうでなくても、そのような問題を近所で見聞きする、といったことは、決して珍しくありません。

　こうした境界をめぐる諸問題について、これを解決するための様々な制度が、近年になって、急速に整備をみてきています。不動産登記法が改正されて導入されることになった筆界特定制度は、法務局・地方法務局という政府の機関が担い手となって、筆界の不明を打開しようとする制度であり、これは、平成17年の法改正により実現しました。また、民間においても、土地家屋調査士会の活動などをはじめとして、いろいろな活動が行われています。そして、裁判外紛争処理に関する国の法律が整備されることに伴い、そうした民間の活動は、国の法律による裏付けを与えられたものとなる可能性が出てきました。

　こうして諸制度の整備が進められることは、もちろん良いことです。そのことに異論はないでしょう。ただし、同時に考えなければならないこととして、制度の整備は、新しい法律を伴い、しばしば新しい言葉を生みます。また、複数の制度が並行して展開する状況の中では、それぞれの制度の特徴や、それらの相互の関係などについて、一般の理解が得られていることが望まれることでしょう。

　本書は、そのような問題意識に立ち、境界紛争の解決に任ずる諸制度を解説することをねらいとして作られました。

　当面の読者は、法務局・地方法務局の職員の皆さんであったり、土地家屋調査士の方々であったりするかもしれません。しかし、大切な

こととして思い起こしていただきたいことは、境界の問題の適切な解決は、何より国民の権利の保全のために成されるものである、ということです。そのような観点から、本書においては、決して専門家の皆さんに読んでもらうということのみを想定するものではなく、自身が、あるいは知人が境界の問題に悩んでおられる一般の方々にも手に取っていただきたいという考えから、できる限り平明な記述に努めました。

　先に紹介した筆界特定制度は本書の第2章で扱われます。法務省の関係官の執筆協力を得ながら、編者のうち主に清水が、この部分について内容の調整等に任じました。また、第3章は土地家屋調査士会の活動を解説するものであり、さらに、そこでの具体の事案処理の実情について、守秘の制約に抵触しないよう標準的な事例に翻案して紹介するのが第4章です。これら両章は、編者のうち松岡が率いる日本土地家屋調査士会連合会の関係者の協力によるものです。第1章は、全体の見取図を与えるための論稿からなり、この章を含め、本書全体の内容の調整等には編者の山野目が当たりました。

　境界の問題についても、各方面の理解関心を深めていただくことに本書が役立つことができれば、幸いです。

　本書の制作に際しては、新日本法規出版株式会社の加納正彦氏、小倉俊彦氏にお世話になりました。記して御礼を申し上げます。

　平成18年8月

山野目　章夫
清　水　　響
松　岡　直　武

編著者・執筆者一覧

編著者

山野目章夫（早稲田大学大学院法務研究科教授）

清水　響（東京地裁判事、前法務省民事局参事官）

松岡　直武（土地家屋調査士・日本土地家屋調査士会連合会会長）

執筆者（五十音順）

赤間　聡（法務省民事局民事第二課法務事務官）

橘田　博（旭川地方法務局長、前法務省民事局民事第二課地図企画官）

國吉　正和（土地家屋調査士・日本土地家屋調査士会連合会理事）

笹井　朋昭（法務省民事局局付）

下川　健策（土地家屋調査士・日本土地家屋調査士会連合会副会長）

中村　　誠（法務省民事局民事第二課法務専門官）

名倉勇一郎（土地家屋調査士・日本土地家屋調査士会連合会
　　　　　　研究所研究員）

南城　正剛（土地家屋調査士・日本土地家屋調査士会連合会
　　　　　　制度対策本部委員）

山本　和彦（一橋大学大学院法学研究科教授）

凡　　例

＜本書の意図＞

　境界紛争解決のために新しく創設された「筆界特定制度」および土地家屋調査士会が設置している境界問題相談センターにおける紛争解決のしくみをわかりやすく解説すると同時に、境界問題相談センターにおける取扱事例を紹介し、紛争解決の実際とあるべき姿を解説しようとするものです。

＜本書の構成＞

　本書は第1章～第4章および資料から成り立っています。

　第1章は第1から第4までのテーマについて解説形式とし、第2章・第3章では筆界特定制度およびＡＤＲ制度についてＱ＆Ａ形式で解説しています。また、第4章では土地家屋調査士会が運営する境界問題相談センターにおける取扱事例を紹介し、実際の紛争解決について解説しています。なお、ここで取り扱っております事例は、各センターが取り扱った複数の事例を組み合わせるなどして資料としたものであり、実際の事例とは異なります。

＜法令・通達・判例の略記・略称＞

　本文中は原則としてフルネームを使用しましたが、根拠となる法令・通達の条文、判例は略称しています。

　なお、【　】中は、解説本文中における略称です。

〔法令・通達〕

(1)　略　記

　　　不登132①三　→　不動産登記法132条1項3号

(2) 略　称

　　ＡＤＲ　　　裁判外紛争解決手続の利用の促進に関する法律
　　【ＡＤＲ基本法】

不登	不動産登記法
不登令	不動産登記令
不登規	不動産登記規則
登記令	登記手数料令
筆界規則	筆界特定申請手数料規則
会	会計法
家審	家事審判法
家審規	家事審判規則
行訴	行政事件訴訟法
刑	刑法
憲	日本国憲法
司書	司法書士法
調査	土地家屋調査士法
民	民法
民訴	民事訴訟法
準則【準則】	不動産登記事務取扱手続準則（平17・2・25法務省民二456民事局長通達）
施行通達【施行通達】	不動産登記法等の一部を改正する法律の施行に伴う筆界特定手続に関する事務の取扱いについて（平17・12・6法務省民二2760民事局長通達）

〔判　例〕

(1) 略　記

　　　名古屋高判昭54・9・21判時942・21

　　　　　　→　名古屋高裁昭和54年9月21日判決、判例時報942号21頁

(2) 略　称
　　　民集　　　最高裁判所（大審院）民事判例集
　　　判時　　　判例時報
　　　判タ　　　判例タイムズ
　　　裁時　　　裁判所時報
　　　裁判集民　最高裁判所裁判集民事

目　次

第1章　概　説

第1　序説―境界紛争の解決のしくみの概要　　頁
1　考察の諸口 ………………………………………………… 3
　(1)　民法起草者の「境界」観 …………………………… 3
　(2)　土地の「境界」の二つの観念 ……………………… 4
2　境界紛争解決の諸与件 ………………………………… 5
　(1)　境界問題を考える前提 ……………………………… 5
　(2)　「筆界」「所有権界」峻別思考の意義と限界 ……… 7
　(3)　境界紛争解決制度の検討経過 ……………………… 9
3　境界紛争解決制度の諸像 ………………………………13
　(1)　概観―訴訟手続による解決 …………………………13
　(2)　訴訟手続によらない紛争解決のしくみ ……………14
　(3)　筆界特定制度 …………………………………………16
　(4)　土地家屋調査士会の活動 ……………………………17
4　今後の課題 ………………………………………………19
　(1)　筆界特定制度への期待とその課題 …………………19
　(2)　土地家屋調査士会の活動への期待とその課題 ……21

第2　境界確定訴訟（筆界確定訴訟）
1　境界確定訴訟の意義 ……………………………………22
2　境界確定訴訟の対象および性質 ………………………23
　(1)　確定の対象―「境界」の意義 ………………………23
　(2)　境界確定訴訟の性質―形式的形成訴訟 ……………25

3　処分権主義の特則……………………………………26
　　(1)　申立事項の拘束の排除………………………………26
　　(2)　不利益変更禁止の原則の例外………………………27
　4　当事者適格………………………………………………28
　　(1)　隣接地所有者適格の原則……………………………28
　　(2)　時効取得の場合の特則………………………………29
　　(3)　共有地の場合の特則…………………………………30
　5　筆界特定手続との関係…………………………………31
　　(1)　筆界特定手続と境界確定訴訟の関係………………31
　　(2)　釈明処分の特例………………………………………32
　　(3)　境界確定訴訟の判決の効力…………………………33

第3　筆界特定制度

　1　関連法令等………………………………………………34
　2　筆界特定を行う組織……………………………………35
　3　筆界特定の対象…………………………………………35
　4　筆界特定手続の特色……………………………………37
　5　筆界特定の手続の流れ…………………………………39
　　(1)　申請権者による申請…………………………………39
　　(2)　筆界特定の申請の代理………………………………40
　　(3)　筆界特定の申請の方法………………………………40
　　(4)　筆界特定の申請手数料………………………………41
　　(5)　筆界特定の申請の受付および却下事由の審査……42
　　(6)　職権による事実の調査等……………………………43
　　(7)　意見聴取等の期日……………………………………43
　　(8)　筆界特定………………………………………………44
　　(9)　筆界特定手続記録の管轄登記所への送付と公開…45

6	手数料以外の手続費用	46
7	不服申立手続	46
8	筆界確定訴訟との関係	47
9	境界標の設置	49
10	結びにかえて	49

第4　土地家屋調査士会と境界

1 はじめに……………………………………………………50
2 土地家屋調査士と土地境界……………………………51
3 境界紛争の特色……………………………………………53
4 土地家屋調査士会における紛争解決への取組みの経過……………………………………………………54
　(1) 日調連・研究室における研究……………………54
　(2) （第1次）境界確定制度に関する研究会への参画………54
　(3) 日調連境界紛争解決制度ＰＴの設置………………54
　(4) 単位会における試行の開始………………………55
　(5) （第2次）境界確定制度に関する研究会への参画………55
5 土地家屋調査士会型ADRの概要…………………………55
6 司法制度改革におけるADRの検討と土地家屋調査士会の活動……………………………………………60
　(1) 司法制度改革の議論とADRの検討………………60
　(2) ADR検討会の議論への参画………………………60
　(3) 平成16年11月司法制度改革推進本部の決定—土地家屋調査士への代理権の付与—………………60
　(4) ADR基本法の制定と土地家屋調査士会型ADR…………62
7 筆界特定制度の創設と土地家屋調査士……………62
　(1) 新たな境界確定制度の創設に関する検討と日調連………62

(2) 新しい制度における土地家屋調査士の役割……………63
8　筆界の特定と紛争解決への参画―土地家屋調
　　査士法の改正― ……………………………………………64
　(1) 土地家屋調査士法の改正 ………………………………65
　(2) 筆界特定制度において代理すること …………………65
　(3) 民間紛争解決手続において代理すること ……………67
9　結びにかえて ………………………………………………72

第2章　筆界特定制度

第1　総　論

Q1　筆界特定制度により特定される筆界は、所有権の範囲
　　を示す線(所有権界)とどのような関係にあるのですか………79
Q2　どのような場合に筆界特定制度を利用して筆界を特定
　　することが考えられますか……………………………………81
Q3　筆界確定訴訟と筆界特定手続との関係について教えて
　　ください…………………………………………………………83
Q4　筆界特定の手続の流れについて教えてください……………85
Q5　筆界特定の手続には、どのような特色がありますか………87
Q6　筆界特定の手続と土地家屋調査士が代理することが認
　　められる民間紛争解決手続との関係について教えてくだ
　　さい………………………………………………………………89
Q7　筆界特定の手続において用いられる基本的な用語につ
　　いて教えてください……………………………………………90

第2　申請権者

Q8　筆界特定の申請権者について教えてください…………92

Q9　土地を購入したのですが、所有権移転の登記は未了です。この場合に筆界特定の申請をすることはできますか……93

Q10　表題登記がある土地の一部の所有権を取得したのですが、所有権の登記名義人が分筆および所有権移転の登記をしてくれません。当該土地について、筆界特定の申請をすることはできますか…………………………………94

Q11　抵当権者や借地権者が筆界特定の申請をすることはできますか。債権者代位による申請は認められますか…………96

Q12　土地が共有である場合において、共有者の一人から筆界特定の申請をすることはできますか……………………97

Q13　道路（甲地）と民有地（乙地）との間の筆界について、筆界特定の申請をすることはできますか……………………98

Q14　筆界特定の手続が開始された後、申請人または関係人が死亡した場合には、筆界特定の手続はどうなるのですか………………………………………………………………100

Q15　筆界特定の手続の進行中に対象土地である土地を買い受けました。筆界特定の手続を継続することはできますか………………………………………………………………102

第3　筆界特定の申請方法

Q16　筆界特定の申請は、どのような方法で行うことができますか……………………………………………………………104

Q17　筆界特定の申請をする場合に、隣接地の所有者の同意を得る必要はありますか………………………………………106

Q18　1通の申請書により複数の筆界の特定を求める申請を
　　　することができるのはどのような場合ですか……………… 107
Q19　対象土地が2以上の法務局または地方法務局の管轄区
　　　域にまたがる場合には、筆界特定の申請は、どの法務局
　　　または地方法務局に対し、することができるのですか……… 109

第4　筆界特定申請情報および筆界特定添付情報

Q20　筆界特定の申請をする場合において、筆界特定申請情
　　　報の内容として提供しなければならない情報としては、
　　　どのようなものがありますか………………………………… 110
Q21　筆界特定の申請をする場合において、筆界特定添付情
　　　報として提供しなければならない情報としては、どのよ
　　　うなものがありますか………………………………………… 115
Q22　筆界特定の申請の趣旨は、どのように表現すればよい
　　　のですか………………………………………………………… 118
Q23　所有権の登記名義人として登記を受けた後、住所を変
　　　更しましたが、その旨の登記をしていません。この場合
　　　に筆界特定の申請をするときは、どのような点に注意す
　　　る必要がありますか…………………………………………… 119
Q24　表題登記がない土地の所有者として、筆界特定の申請
　　　をする場合には、どのような点に注意する必要がありま
　　　すか……………………………………………………………… 121
Q25　所有権の登記名義人または表題部所有者の相続人その
　　　他の一般承継人として、筆界特定の申請をする場合には、
　　　どのような点に注意する必要がありますか………………… 122
Q26　法人が申請人となって、筆界特定の申請をするときは、
　　　どのような点に注意する必要がありますか………………… 123

Q27 筆界特定の申請を代理人に依頼してすることはできますか……………………………………………………………125
Q28 筆界特定申請情報の内容となる対象土地の所在は、どのように明らかにすればよいのですか………………………127
Q29 筆界特定申請情報の内容となる「筆界特定を必要とする理由」とは、どのような事情をいうのですか……………129
Q30 筆界特定がされた筆界について、再び筆界特定の申請をすることはできますか…………………………………130
Q31 筆界特定申請情報の内容となる「工作物、囲障または境界標の有無その他の対象土地の状況」は、どのように明らかにすればよいのですか……………………………132
Q32 筆界特定の申請をする場合に、申請人および関係人が筆界として主張する特定の線を明らかにする必要はありますか……………………………………………………134
Q33 筆界特定書面申請をする場合に印鑑証明書を添付する必要はありますか………………………………………136
Q34 筆界特定書面申請をした場合において、添付書面の原本を還付してもらうことはできるのですか…………………137
Q35 関係土地の所有権登記名義人等が死亡し、相続人があることが明らかでない場合には、どのように手続が進められるのですか……………………………………139

第5 受付、補正、却下、取下げ

Q36 筆界特定の申請について補正をすることは認められますか……………………………………………………………141
Q37 筆界特定の申請が却下されるのは、どのような場合ですか……………………………………………………………143

Q38 筆界特定の申請の却下手続について教えてください……… 146
Q39 筆界特定の申請が却下された場合に、これに対する不服申立ての方法について教えてください……………………… 147
Q40 筆界特定の申請を取り下げる場合には、どのようにすればよいのですか……………………………………………………… 149

第6 申請手数料関係

Q41 筆界特定の申請手数料の額の算定方法について教えてください…………………………………………………………………… 151
Q42 筆界特定の申請手数料の納付方法について教えてください…………………………………………………………………………… 154
Q43 筆界特定の申請手数料を誤って過大に納付してしまった場合に、還付請求をすることはできますか……………… 156
Q44 対象土地の価額が分からないときは、どのように手数料を納付すればよいのですか………………………………… 157
Q45 複数の筆界について筆界特定の申請をした場合の申請手数料は、どのように算定されるのですか……………… 159
Q46 筆界特定の申請が却下された場合には、申請手数料は返してもらえるのですか……………………………………… 161
Q47 筆界特定の申請が取り下げられた場合には、申請手数料は返してもらえるのですか………………………………… 163

第7 筆界調査委員および事実の調査関係

Q48 どのような人が筆界調査委員に任命されるのですか……… 165
Q49 筆界調査委員の職務内容について教えてください………… 167
Q50 複数の筆界調査委員が指定された場合には、各筆界調査委員は、どのような関係に立つのですか…………………… 169

Q51 筆界特定手続における調査や資料の収集は、どのように行うこととされていますか……………………………………170
Q52 筆界調査委員を補助する法務局または地方法務局の職員は、どのような作業を行うのですか………………………173
Q53 筆界調査委員の意見書には、どのような事項が記載されるのですか……………………………………………………174
Q54 筆界調査委員の意見と筆界特定登記官の判断とが異なった場合はどうするのですか………………………………176
Q55 筆界特定をするために測量が必要になった場合、その測量は誰が行うのですか……………………………………177

第8　意見または資料の提出関係

Q56 申請人または関係人が意見または資料を提出することが認められるのは、どのような場合ですか………………179
Q57 筆界特定の手続において、意見または資料を提出する場合には、どのような点に注意する必要がありますか……181
Q58 筆界特定の手続において提出した資料を還付してもらうことはできますか…………………………………………184
Q59 筆界特定の手続において提出された意見または資料は、どのように保存されるのですか…………………………185
Q60 他の申請人または関係人が意見または資料を提出した場合、その内容を知ることはできますか…………………186

第9　手続費用関係

Q61 筆界特定の手続において、手数料以外に負担すべき費用としては、どのようなものがありますか………………187
Q62 複数の申請人がある場合には、手続費用の負担割合はどうなりますか………………………………………………188

Q63 手続費用は、どのようにして納付するのですか............ 190

第10 意見聴取等の期日関係
Q64 意見聴取等の期日とは、どういうものですか............ 192
Q65 自分の家族を意見聴取等の期日に同行し、傍聴させることはできますか............ 195
Q66 他の申請人または関係人についての意見聴取等の期日に立ち会うことはできますか............ 196
Q67 意見聴取等の期日については、どのような記録が作成されるのですか............ 197
Q68 意見聴取等の期日の調書の閲覧をしたい場合には、どのようにすればよいのですか............ 199

第11 筆界特定
Q69 筆界特定書には、どのような事項が記録されるのですか............ 201
Q70 筆界特定書の図面には、どのような事項が記録されるのですか............ 203
Q71 筆界特定がされたことは、どのようにして知ることができるのですか............ 206
Q72 筆界確定訴訟の確定判決により確定された筆界について、筆界特定がされたときは、その筆界特定には筆界特定としての効力は認められますか............ 207
Q73 筆界特定がされた筆界については、境界標が設置されるのですか。境界標を設置する場合に、その費用は、誰が負担するのですか............ 208
Q74 筆界特定の内容に不服があるときは、どのようにして争えばよいのですか............ 209

Q75 筆界特定書に誤記があった場合には、どうすればよいのですか……………………………………………………………………211
Q76 筆界特定がされた場合において、対象土地について地積に関する更正の登記や地図訂正がされるのは、どのような場合ですか………………………………………………………212

第12 筆界特定手続記録

Q77 筆界特定手続記録とは何ですか………………………………215
Q78 筆界特定手続記録の閲覧や、筆界特定書等の写しの交付を請求するときは、どのようにすればよいのですか……217
Q79 筆界特定がされた筆界について、筆界確定訴訟の確定判決があった場合には、その旨を筆界特定手続記録に明らかにすることはできますか……………………………………220
Q80 対象土地が2以上の法務局または地方法務局の管轄区域にまたがる場合には、筆界特定手続記録を保管する登記所はどこになるのですか………………………………………222

第3章 土地家屋調査士会の境界問題相談（解決）センター

第1 ADR制度

Q81 「ADR」制度とは何でしょうか……………………………………225
Q82 ADRの手続（機関）は、どのような法律に基づいて運営されるのでしょうか…………………………………………226
Q83 ADRにはどのような種類があるのでしょうか………………228
Q84 ADRによる紛争解決とはどのようなものでしょうか……229

Q85 裁判とADRの主な違いは何でしょうか……………………………231

第2　土地家屋調査士会のADR
Q86 土地家屋調査士会の境界問題相談（解決）センター（ADRセンター）とは何でしょうか……………………233
Q87 ADRセンターではどのような紛争を解決するのでしょうか……………………………………………………236
Q88 筆界特定制度と土地家屋調査士会のADRとの関係はどのようなものでしょうか……………………………238
Q89 ADRセンターで紛争解決を図るメリットは何でしょうか……………………………………………………240
Q90 ADRセンターでの相談はどのようなことをするのでしょうか……………………………………………………242
Q91 ADRセンターでの調停はどのように進められるのでしょうか……………………………………………………244
Q92 調停における現地調査はどのように行われるのでしょうか……………………………………………………246
Q93 調停により合意（和解）が成立した後の流れはどうなるのでしょうか……………………………………247
Q94 ADRセンターでの紛争解決の基準は何でしょうか………249
Q95 ADRセンターでの紛争解決にはどのくらいの期間を要するのでしょうか……………………………………250
Q96 ADRセンターでの紛争解決にはどのくらいの費用を要するのでしょうか……………………………………251
Q97 相手方がADRセンターの呼び掛けに応じない場合はどうなるのでしょうか……………………………………253

第3　調停委員

- Q98　ADRセンターで紛争解決に当たる人はどのような人でしょうか……………………………………………………………255
- Q99　境界紛争に土地家屋調査士が関与する理由は何でしょうか……………………………………………………………………257
- Q100　調停に当たる土地家屋調査士（調停委員）の研修とはどのようなものでしょうか……………………………………259
- Q101　調停委員の役割とはどのようなものでしょうか………261

第4　調停の終結

- Q102　ADRによる和解にはどのような効力があるのでしょうか……………………………………………………………………263
- Q103　ADRセンターでの和解を証する書面はどのようなものでしょうか…………………………………………………………265
- Q104　ADRが不調に終わった場合、どのように解決を図ればよいのでしょうか……………………………………………270
- Q105　裁判に移行した場合、ADRで知り得た情報を裁判に使用してもよいでしょうか……………………………………271

第5　その他

- Q106　今後のADRセンターの充実発展のために、どのような取組みが必要でしょうか…………………………………272

第4章　土地家屋調査士会のADR事例

- 【事例1】　ブロック塀をめぐる境界紛争………………………………275
- 【事例2】　出し合い道路の境界と所有権をめぐる紛争…………282

【事例3】 公簿地積と現況地積の差異による紛争……………285
【事例4】 筆界と占有範囲の不一致による紛争………………289
【事例5】 いわゆる所有権界と公図の位置関係の相違による
　　　　　紛争…………………………………………………295
【事例6】 いわゆる「残地」部分の境界をめぐる紛争…………299
【事例7】 対側地を巻き込んだ公共用地との境界紛争…………303
【事例8】 占有範囲と筆界線との差異が大きく、不調になっ
　　　　　た例…………………………………………………309

資　料

○参考法令……………………………………………………………317
　・不動産登記法（抄）（平成16年法律第123号）………………317
　・不動産登記法等の一部を改正する法律（抄）（平成17年法
　　律第29号）………………………………………………………327
　・不動産登記令（抄）（平成16年政令第379号）………………328
　・不動産登記規則（抄）（平成17年法務省令第18号）…………328
　・登記手数料令（抄）（昭和24年政令第140号）………………346
　・筆界特定申請手数料規則（抄）（平成17年法務省令第105
　　号）………………………………………………………………348
○参考書式……………………………………………………………350
○法務局・地方法務局所在地一覧……………………………………359
○土地家屋調査士会所在地一覧………………………………………363
○土地家屋調査士会境界問題相談センター一覧……………………367

第1章

概　　　説

第1　序説－境界紛争の解決のしくみの概要

山野目章夫

1　考察の諸口
(1)　民法起草者の「境界」観

　土地と土地との間にある「境」をめぐる争いを解決するしくみを考察することが、本書の目的です。しかし、一口に「境」といっても、やや問題の様相は複雑であり、そこには複数の概念が関係してきます。また、そのことに応じて、これまた、いうところの「境」をめぐる争いを解決する「しくみ」なるものも、一つではありません。本稿においては、このような境界紛争をめぐる問題状況の大枠を鳥瞰しつつ、本書の各稿の分担関係を紹介します。

　土地の「境」をめぐる争いは、土地の所有者同士の争いであることが多く、したがってまた、ここで問題となる紛争は、民事の紛争であると一応はいうことができるでしょう。

　しかし、このようにいうとき、少し困ったことがあります。民事の法律関係の基本法典である民法には、土地と土地との間にある「境」を表わす概念が、あまり多くは登場してきません。例えば「境界線」という言葉が登場してくるものの、その数は多くありません（民234や237）。

　明治期に民法を制定した際の、境界に関する理解は、「彊界ナルモノハ両地ノ区域ヲ明カニスルモノニシテ平生両地ノ所有権ノ範囲ヲ明カナラシメ且後日ノ争議ヲ予防スルニ必要ナルモノナリ」（梅謙次郎『民法要義』223条の注釈）というものでした。ここで境界は、「所有権ノ範囲」を明確にするためのものであり、しかも、それは既に定まっていて、

むしろ「後日ノ争議」が心配されるものである、という考え方をうかがうことができます。土地の「所有権ノ範囲」は、不動産の権利関係を公示する不動産登記制度により適切に明らかにされるでしょうし、また、それについて「後日ノ争議」が生ずる際は、民事訴訟の手続において解決の枠組みが与えられるということが構想されていたのであるとするならば、これは、決して面妖な話ではありません。

(2) 土地の「境界」の二つの観念

しかし、その後の法制度の運用は、このような単純な問題整理を許さないしかたでの展開をたどります。まず、確かに明治初年の地租改正などを契機として不動産登記制度上の「筆」の範囲を明らかにする作業の初発の時点においては、民事実体法上の観念である「所有権ノ範囲」と、不動産登記制度が扱う「筆」の境界、すなわち「筆界」とが一致することを志向して、作業が進められたものであると想像されます。しかし、この二つの間には、そもそも理論的にみて、次のような本質的差異がみられます。すなわち、土地の「所有権ノ範囲」は、当然のことながら、関係する土地の所有権を有する者の間の合意により変更することが許されます。また、筆界とは無関係に、換言するならば、一つの筆の一部について時効取得が成立することも妨げられません。これに対し、公法的な性質を有する筆界は、それが市町村や都道府県の境界を構成することもあり得ることなどを考えるならば、こうした私法的処分・私法的変動を無媒介に受容し得る性質のものではありません。このことから、理論的に「所有権ノ範囲」と筆界には齟齬があり得ますし、実際にも時代が下るにつれて齟齬は稀有のことではないということになってきました。

そして、このことはまた、民事訴訟手続において土地の境界をめぐる紛争を処理するに当たっても、事態を複雑にする要因となります。「所有権ノ範囲」に関する紛議は、所有権確認訴訟などのしかたで通

常の判決手続により扱うことができるということに疑問の余地がないのに対し、筆界については、独特の理論的展開がみられることになります。民法の編纂に先立つ明治23年に制定された裁判所構成法14条第2(ロ)には、「不動産ノ経界ノミニ関ル訴訟」を区裁判所の管轄とする旨の規定が置かれていました。これが、いわゆる境界確定の訴えであり、筆界を確定するための訴訟手続です。裁判所構成法が廃止された後、この種の文言は実定法から消えましたが、平成17年の不動産登記法の改正により、「筆界確定訴訟」という名辞を与えられて再び実定法上も認知された存在となりました（不登147・148）。それは、いうまでもなく民事裁判の一つの形態であるはずですが、その性質をめぐっては、後掲「第2　境界確定訴訟（筆界確定訴訟）」で明らかにしているように、民事訴訟法学上、注意を払っておくべき論議の蓄積がみられます。

2　境界紛争解決の諸与件

(1)　境界問題を考える前提

ア　筆界は「作る」ものか「確かめる」ものか

　土地の境界に関する紛争の理論的理解を複雑にしている要因は、このように筆界という独特の概念が存在すること、そして、付け加えるならば、それに関する法制の若干の曲折があったことです。筆界は、当事者が合意で定めるものではなく、また、裁判所や登記官が創設的に決定するものでもありません。それは、少なくとも建前としては、あらかじめ定まっているものであり、当事者・裁判所・登記官のする作業の理論的性質は、それを「発見する」営みであると整理されます。しかし、そこには人々の実際的感覚との間に齟齬があり、現場の感覚では、筆界は、ときに"作られる"ものであったり、"決められる"ものであったりします。

このように、建前としては、あらかじめ定まっているものを「確かめる」という性質のものでありながら、実際には、その発見が難しく、それぞれの事例における現実的な諸要素を考慮して関係者が「作る」ことを余儀なくされるものが、法律の運用において、ときに見受けられます。ここでは、少し寄り道をして、まったく別な領域に存在する素材を取り上げ、それと筆界の問題とを比べてみることとしましょう。

イ　古代ローマ以来の法律家にとっての悩み

　ある者の父が誰であるかは、客観的には必ず決まっているはずであり、父のいない人はいません。しかし、父子関係の確定も、法律家にとって、しばしば難題となります。女性が婚姻をしている間に懐胎した子は、夫の子であると推定され（民772①）、また、いつ懐胎したかは、子の出生が婚姻成立後200日以内であるか、または婚姻解消後300日以内であるならば、それが婚姻中であるものと推定されます（民772②）。では、その女性が、再婚禁止期間の制約（民733）に背き、甲男と離婚してから100日後に乙男と再婚し、そして再婚の50日後に子が生まれたときに、その子の父は、甲・乙のいずれになるのでしょうか。これは、ちょうど筆界確定訴訟を受理した裁判所が境界を決めるのと同じように、裁判所が見定めるものとされます（民773）。

　この父を定める訴えと筆界確定訴訟との間には、似ているところと異なるところがあります。共通点は、裁判所が請求棄却の判決を言い渡すことができないとされることです。ふつう裁判所は、あらかじめ定まっている一方の当事者が十分な証拠を出さないため、事実を確認することができない場合には、その当事者の主張を認めないという趣旨で判決をします。貸金の返還を請求する訴訟は、金銭消費貸借契約（民587）の成立が立証されないと、原告の請求を棄却する判決となります。これに対し、父は必ずいますし、境界は必ずどこかにあるものですから、後述3(1)に登場する形式的形成訴訟の考え方の関係などか

ら、これらにあって裁判所は、結論を出すことができない、という回答をすることが許されません。

　そしてまた、難しいことは、父子関係も境界も、それらの確定に専門的な知識を要しますし、しかも法廷に座っていたのでは得られない事実を収集しないと判明しない、というところにもあります。そのこともあって父子関係については、家庭裁判所での調停手続を経ることが予定され（家審18）、裁判所から派遣される家庭裁判所調査官が、いろいろなことを調査するというしくみ（家審規7の2）が用意されています。これに対し、筆界確定訴訟の受訴裁判所には、必ず経るべきものとして調停のような柔軟な手続は予定されていませんし、調査官のような人的援助も組織的には用意されていません。

　こうしたところから、筆界をめぐる紛争の処理は、一般の人々からみて理解に困難を感じさせ、また、ときに裁判所にも負担感を与える問題でした。法制上も、土地の境界の問題について民法典の規定や民事訴訟の制度の在り様などから醸し出される解決のイメージは、前述のように必ずしも明快なものではなかった、という様子をみて取ることができます。

(2)　「筆界」「所有権界」峻別思考の意義と限界

　ア　峻別思考とその形成過程

　しかし、こうした問題状況に対しては、20世紀中盤になって、民法や民事訴訟法という民事法制の骨格をなす部面とは別の方向から、いくつかの動きが出てきました。土地台帳・家屋台帳は昭和25年に登記所に移管され、昭和35年の（旧）不動産登記法の改正により表示登記のしくみが始まりました。刑法の境界損壊罪の規定（刑262の2）が設けられたのも、昭和35年です。さらに、土地家屋調査士法の制定が昭和25年でした。

　こうして不動産登記制度などの中に筆界の問題を受け止める枠組み

が整備されてくるのに伴い、登記制度上の単位である「筆」の境界と、「所有権の範囲」との区別を更に徹底して考えようとする思考が生まれてくることは、むしろ自然なことであったかもしれません。そのような思考を前提として判例法理が本格的に展開するのも、最高裁判所になってからです（大審院時代の判例が必ずしも形式的形成訴訟法理を確立していなかったことについて、新堂幸司「民事訴訟法をめぐる学説と判例の交錯」『民事訴訟法学の基礎／民事訴訟法研究第2巻』225～226頁（有斐閣、平10）。）。隣接する甲地と乙地のうち、甲地をAが、乙地をBが所有する場合において、A・B間で境界を定めた事実があったとしても、それは「所有権の及ぶ範囲」の問題であって、これにより一筆の土地の境界、すなわち筆界それ自体の変動は起こらないとされ（最判昭42・12・26判時507・29）、また、甲地・乙地間の境界係争部分をBが長期間にわたり占有してきた、というときに、Bの同部分に関する時効取得が成立したとしても、Aは、Bに対し境界確定の訴えを提起することができるものとされました（最判昭58・10・18判時1111・102、最判平7・3・7判時1540・32）。

イ　峻別思考をめぐる課題

　もっとも、このような峻別思考が市民からみて分かりやすいものか、ということは、もとより別な問題です。例えば筆界の確認に立ち会うことを求められた当事者は、二つの異なる境界概念を正しく識別して、それをしているでしょうか。これは、往々、表示登記に関する専門的な勉強をした人でなければ、無理なのではないでしょうか。実際のところ、法律家が運用する筆界確定訴訟にしたところで、この峻別思考を徹底して貫いているものではありません。甲地をAが、乙地をBが所有する前述の例において、境界係争部分をBが長期間にわたり占有してきた、という場合において、時効取得完成前にAがBに対してなす境界確定の訴えの提起は、民法147条1号に基づき所有権の（！）取

得時効を中断する効果を有しますし（最判平元・3・28判時1393・91が引用する大審院判例）、また、甲地の登記名義人であるＡが実は所有者でないことが判明したときは、境界確定の訴えが却下されます（加藤新太郎「境界確定訴訟の当事者適格」塩崎勤編『不動産訴訟法／裁判実務大系(11)』（青林書院、昭62）参照）。

　しかし、これらは、いずれにしても常識的な法律処理ではないでしょうか。そしてまた、筆の境界と所有権の範囲を区別することを、私たちの「論理」思考の出発点とすることは差し支えありませんし、また、そのようにするべきでしょうが、二つの間に乖離があることが、私たちの「実践」の次元で放置されてよいことにはなりません。それは、地籍や登記に関する制度の複雑な組立てからくる不便を市民に押し付けることにつながるからです。

(3)　境界紛争解決制度の検討経過
ア　筆界確定訴訟の限界

　そこで、境界紛争解決のための制度整備ということが課題として問われることになりますが、そのようなしくみとしてまず挙げられるべきものは、そうはいっても、まずは、明治このかた今日まで運用されてきた筆界確定訴訟の制度でしょう。しかし、既に示唆したように、そこには、いくつかの問題があります。何よりも、そこでの認定判断に専門的な知見が十分に活かされていない、ということがみられます。裁判官が必ずしも境界鑑定の専門家でないということもさることながら（それのみであるならば医療過誤訴訟なども同じです。）、当事者を代理する弁護士が法廷に出す資料が適切を得ているか、ということも問題です。一つの例として地積測量図のことを取り上げてみましょう。とりわけ平成5年の（旧）不動産登記法施行細則の改正以降、地積測量図は、「面積測定の結果を表わす機能〔にとどまらず〕現地を特定する重要な機能」を一層期待されるものとなってきていますが（古

畑泰雄・講演「土地家屋調査士業務と基準点」土地家屋調査士518号（平12））、これについての、ある裁判官の述懐を次に紹介しておきましょう。

「地積の測量図は、その作製方法が不動産登記法施行細則42条ノ4において定められており、方位、地番、隣地の地番並びに地積及び求積の方法が記載されているほか、土地の筆界に境界標があるときは、これをも記載することになっている（同条2項）。しかも、縮尺が、原則として250分の1（ただし、これによることが適当でないときは、適宜の縮尺）とされているので、現地の状況、殊に境界に争いがあるようなときには、地図よりも、遥かに地積の測量図の方が、紛争解決の助けになる。このことは、不動産登記法に関心のある者ならすぐ気が付くところであるが、どういうわけか、裁判の場で、これが利用されることが少ない。私の経験によれば、境界確定訴訟において、もっとも利用されているのは、公図であり、地積の測量図を証拠に提出してくるケースは、そんなに多くない。はっきりいって、訴訟の当事者が、地積の測量図の重要性を認識していない故であると思われる。これは、ある意味では、無理からぬところがあるといえる。何故かというと、土地台帳法時代は、分筆の申告書に添付された地積の測量図は、わずか10年間しか保存されなかったため（旧土地台帳法施行細則3条2項）、紛争当事者が利用したいと思う時には、おおかた廃棄されて、登記所になかったからである。もっとも、この場合でも、分筆の申告を担当した土地家屋調査士等の業者が判明していれば、その業者を尋ね出して、地積の測量図の写しなり、その原図を手に入れることも、不可能ではないと考えられる。一般に、土地家屋調査士は、自己の仕事については、誇りと責任をもっているから、多くの業者は、その業務を継続している限り（仮に廃業しても、その事務所の継承者が）、その作製した地積の測量図又はその原図を大切に保存しているのが、常だからである。それは、さておき、今日では、幸いなことに、地積の

測量図は永久保存とされているので（不登則37条ノ4第1項・15条ノ2。ただし昭和35年法律14号附則2条2項・3項による指定期日以降、永久保存となったことに注意）……」（吉野衛「表示登記の基礎的課題」幾代通先生献呈論集『財産法学の新展開』237頁（有斐閣、平5）、引用されている法令は、いうまでもなく平成17年の不動産登記法改正前のものです。）。

イ　土地家屋調査士からの提言

このような筆界確定訴訟の制度の限界を睨みながら、境界紛争解決の適切な方策を模索する動きは、様々な方面からなされました。この問題に関する各方面の従来の検討経過から注目するべきものを若干拾っておくとするならば、まず、「訴訟の当事者が、地積の測量図の重要性を認識していない」ことなどの克服の方策として、例えば土地家屋調査士が筆界確定訴訟の手続において補佐人となることなどが提案されました（土地家屋調査士488号（平9）所載の研究室研究部門の研究報告）。補佐人が訴訟代理人と異なるところは、第一に、「当事者……とともに出頭する」ものとされることであり（民訴60①）、第二は、弁護士でなくても裁判所の許可を得てなることができる（民訴54対照）ということです。

ウ　法務省の取組み

では、不動産登記制度を所管する法務省は、どうでしたでしょうか。前述のような筆界確定訴訟の問題点を早い時期から認知していた同省民事局は、民事局長の下に非公式の研究会を設置して、この問題の研究に取り組んできました。筆界特定制度を創設した不動産登記法の平成17年法律第29号による改正に直接に結びついたものは、民事局長の下に設けられた研究会が平成16年に出した報告書ですが、しかしながら、これが検討の最初ではなく、そのやや少し前である平成11年に民事法務協会に設けられた研究会が、論点を詳細に整理した報告書を出していたという経緯もありました。

それらの検討の過程においては、従来の境界確定の訴えにある別の問題として、裁判手続と登記事務との間に連絡が設けられていないために、判決で定められた境界が登記上反映される保障がない、ということも意識されました。そのようなところから登場してくるのが、不動産登記を管掌する行政庁が、境界の確定を行政処分として行うこととしてはどうか、という構想にほかなりません。もちろん、そうはいっても、「行政機関は、終審として裁判を行ふことができない」（憲76②後段）からには、境界を定める処分を裁判所で争う途は、用意しておかなくてはなりません。そして、用意される訴訟の類型は、いずれにしても行政事件訴訟法の定める行政事件訴訟とするということになるのでしょうが、細かくいうならば、訴訟の手続類型は、二つが考えられます。

エ　行政事件訴訟のしくみ方

　まず、甲地をAが、乙地をBが所有する場合において、甲地・乙地間の境界を定める行政庁の処分にAが不服であるときに、Aが行政庁を被告として処分の取消しを求める訴えは、抗告訴訟の一形態であり（行訴3・8）、そこで裁判所は、行政庁の処分に裁量権の踰越・濫用があると認めるとき「に限り」（行訴30）処分を取り消す旨の判決をするというしくみが考えられます。なお、Bは、「訴訟の結果により権利を害される」おそれのある第三者ですから、この訴訟に参加することができるというしくみ方が伴うでしょう（行訴22）。

　これとは異なる手続のしくみ方としては、甲地・乙地間の境界を定める行政庁の処分に不服であるAがBを被告として、処分とは異なる境界を定めることを求める訴えというありかたが考えられます。当事者訴訟といわれるものであり（行訴4）、受訴裁判所は、処分をした行政庁に訴えの提起があったことを通知し（行訴39）、通知を受けた行政庁が訴訟に参加することになります（行訴23・41①）。

これらのうち、ウで述べた平成11年報告書および平成16年報告書が提唱したものは、抗告訴訟の考え方でした。そうした構想は、その後の立法作業の中で、さらに曲折を経て、結局は実現が見送られることとなりますが、それは、後述3(3)②において見ることとしましょう。

3　境界紛争解決制度の諸像

　改めて、正しく筆の境界を見定めた上で、それを所有権の及ぶ範囲の公示に結びつけていくのには、どうすればよいか、という問題を提起するならば、当事者が「筆界線が決まれば、そこが所有権界だということ〔で〕納得」するときは、それはそれでよいでしょうし、そうでなければ、「筆界線を鑑定したうえで分・合筆をしなくてはいけません」ということになるでしょうから（鎌田薫・講演「地籍問題と土地家屋調査士の社会的役割」土地家屋調査士522号（平12））、筆の境界を定めることが出発点になりますが、そのためには、法的な手続を用意しなければなりません（現にある境界標の示す境界が正しくない場合であっても、それを当事者が損壊・移動・除去することは、境界毀損罪に問われる可能性があります（高橋勝好「不動産侵奪罪と境界毀損罪」法曹時報12巻6号（昭35）698頁））。

(1)　概観―訴訟手続による解決

　そのようにして筆界を見定めるためのしくみは、不動産登記法の改正による筆界特定制度の創設や裁判外の紛争処理に関する制度が整備をみた今日においては、次のような全体的な見取図を描くことができます。

　まず、訴訟手続によるしくみと、そうでないしくみとに大きく分かれます。

　前者は、従来の用語でいうと「境界確定の訴え」といわれてきたものですが、これからは、不動産登記法の法文に見える公式の呼称とし

て、「筆界確定訴訟」と呼ばれることも多くなってくるでしょう。この訴訟は、既に述べたように、形式的形成訴訟であるとされることとの関係で、請求棄却の判決をすることができないと解されていますが、そうであるならば、機動的に証拠を収集して筆界を見定めるためのしくみが、理論上も実際上も整っていなければなりません。さらに、そのようにして苦労して得られた確定判決の成果が、必ずしも直ちに登記所備付けの地図に、制度的・必然的に反映される道筋が整備されてきたものでないということも、この制度のはらんでいた問題点でした。今後は、筆界特定制度や裁判外の紛争処理などの新しいしくみと機能を分担し合うことにより、筆界確定訴訟が改めて機能を蘇らせていく可能性もあるでしょう。

(2) **訴訟手続によらない紛争解決のしくみ**

 ア **論点の整理**

 もっとも、裁判外の紛争解決といっても、様々な形態があります。この裁判外の紛争解決という概念それ自体は、裁判所が解決に任ずるのではない、ということのみを強調する消極概念であって、積極に、どこが紛争解決を担うかを指示するものではありません。したがってまた、裁判外の紛争解決ということと、民間による紛争解決ということとの間には、概念上の乖離があります。注意を要することは、あるしくみにおいて、まず、一方において、それを担う機関が裁判所でない何者であるか、行政機関であるか民間の事業者であるか、ということがありますし、また他方において、それらのしくみにおいて解決が志向されているものが、筆界を見定めるということであるか、それとも所有権の及ぶ範囲を明らかにすることであるか、という区分けも意識されなければなりません。

 イ **筆界特定制度**

 実際、筆界特定制度は、司法機関ではなく、法務大臣が指揮監督す

る行政機関である法務局・地方法務局が事務を担うものであって、民間が運用するものではありませんし、そこで営まれる作業は、筆界を見定める、ということではあっても、和解をすることも可能であるものとしての所有権の及ぶ範囲を扱うものではありません。この制度のもとにおいて行われる筆界特定手続が、そのような意味において民事紛争の解決手続としての性格を典型的にもっているものではないこと、むしろ筆界の発見という表示登記制度の一翼という彩りを有していることにかんがみ、この手続において当事者を業として代理することは、すべての土地家屋調査士に認められ（調査3①四・五・六）、そこで行われる土地家屋調査士の業務は、筆界特定手続代理関係業務と呼ばれます（調査22の2②）。半面において司法書士は、能力担保措置を経たことについて法務大臣の認定を受けた司法書士（以下「認定司法書士」といいます。）に限り、かつ、簡易裁判所が筆界確定訴訟の管轄を有する局面に相当するものとして法務省令が定める要件を充たす場合についてのみ、業として筆界特定手続の代理をすることが許されます（司書3①八）。すなわち、この筆界特定手続の代理は、司法書士の「簡裁訴訟代理等関係業務」の一翼をなします（司書3②）。

ウ　民間紛争解決手続

　これに対して、土地家屋調査士会が営む境界相談センターの業務は、所有権の及ぶ範囲に関する紛争にも関与する可能性があり、そのような意味において、「民間紛争解決手続」すなわち「紛争の当事者が和解をすることができる民事上の紛争について、紛争の当事者双方からの依頼を受け、当該紛争の当事者との間の契約に基づき、和解の仲介を行う裁判外紛争解決手続」（ADR2一）に当たりますし、また、所定の要件を充足することにより、その業務について「認証紛争解決手続」とする法務大臣の認証（ADR5）を受ける可能性も開かれています。

　また、このような土地家屋調査士会の境界紛争解決業務がもつ特質

にかんがみ、そこでの手続において、土地家屋調査士が当事者の一方を代理する可能性も認められてよいでしょう（調査3①七・八）。なぜならば、多くの事例において、所有権の及ぶ範囲をめぐる紛争は、それのみが孤立して問われるというよりは、むしろ、「筆界が現地において明らかでないことを原因とする民事に関する紛争」（調査3①七）に当たると考えられるからです。ここで問題としようとしているものは、境界相談センターの運営に当たる者としての土地家屋調査士のことではなく、そこに紛争解決を委ねる当事者の一方の利害を代表して主張していく土地家屋調査士のことにほかなりません。そして、このような局面における土地家屋調査士の活動について、現在の法律制度は、二つの要件を充足することを条件として、これを許容しています。すなわち、一方においては資格の問題があって、能力担保措置を経たことについて法務大臣が認定を与えた土地家屋調査士であることが求められ（調査3②柱書前段）、かつまた第二に、活動の態様としては、弁護士との共同受任により代理をすることが求められます（調査3②柱書後段）。このようにして行われる土地家屋調査士の業務は、民間紛争解決手続代理関係業務と呼ばれます（調査3②）。

エ　本書の構成

　こうした鳥瞰を踏まえつつ、本書においては、実態上、境界に関する紛争解決において枢要な役割を担っていくものと予想される二つのもの、すなわち、筆界特定制度および土地家屋調査士会による民間紛争解決の活動を取り上げることとします。詳しくは前者を本書第2章において、また、後者を本書第3章において解説することとしますが、ここに簡単に概要を眺めておくこととしましょう。

(3)　筆界特定制度

　筆界特定制度は、不動産登記法123条以下の規定が定める制度として、平成17年の同法改正により創設されました。簡単に筆界特定制度

の特徴を紹介しておくとするならば、それは、前述2(3)ウ・エにおいて紹介した平成16年報告書が描いていた制度像と必ずしも同じではなく、法律として成立した筆界特定制度との間には、いつくかの重要な点で相異が認められます。おおすじをいうならば、その差異は、次の4点に要約されます。
① 手続開始の態様は、報告書が職権開始と申請人申立ての二者としていたのに対し、成法となった不動産登記法131条においては、職権開始を認めないというしくみ方がとられる。
② 訴訟手続との関係について、報告書の考え方は、登記官のする筆界確定処分に対して、抗告訴訟を提起することによって不服を争うことにしていたが、新しい法律によると、裁判所の手続は筆界確定訴訟によって取り扱われるべきものであって、そこでの結論と、筆界特定登記官の認定が齟齬する場合には、訴訟の結論の方が優先するものとされる(不登148)。ただし、そのような訴訟の審理において、釈明処分の特則として、筆界特定に係る資料を活用することができるしくみが併せて採用されている(不登147)。
③ 所有権に関する紛争に関与する余地があるか。報告書においては、境界確定委員会が所有権に関する紛争について、「調停をすることができる」としていたが、それは法律では手当がされていない。
④ 手続費用の負担は、不動産登記法146条の規定において、申請人の間での分担について細かなルールはあるものの、測量の費用は申請人が負担するという原則がとられる。報告書が、職権開始の場合には国庫が負担するというルートを設けていたのと異なる。

(4) 土地家屋調査士会の活動

ア 大阪土地家屋調査士会の場合

筆界特定制度が法務局・地方法務局という政府の機関により運用されるものであるのに対し、境界紛争への民間の取組みとして重要性を

もっているものが、各地の土地家屋調査士会の活動です。それは、土地家屋調査士会の全国的な運動として、日本土地家屋調査士会連合会が呼び掛けて連絡調整に当たってきた面はあるにしても、基本的には、各地の土地家屋調査士会が責任主体となって行われてきたものですから、細部については各単位会ごとに差異もみられます。詳しくは本書の第4章において紹介されるとおりであり、ここには標準的な姿を示すとするならば、だいたい名称は「境界問題相談センター」などのものが用いられ、そうした組織が各単位会に設けられます。この組織は土地家屋調査士が中心になって運営され、相談を受ける場合にも土地家屋調査士が中心になります。そこでの事案への対処は、相談業務と調停業務に分かれますが、すべての事件は、まず相談業務として対応されます。大阪土地家屋調査士会が運営している「境界問題相談センターおおさか」の活動を参考として紹介するならば、「『境界問題相談センターおおさか』は、『境界問題に基づく紛争』に関し、相談業務と調停業務を実施しています。市民から相談の申込があると、当センターは相談事件として立件し、記録を編成します」というしかたがとられます。引き続き、この大阪土地家屋調査士会の例で説明するならば、相談業務として受け付けられたものは、「相談委員会が当該案件の内容からして、当センターの調停に回付するのではなく、相談段階で終了とし、相談者には、『大阪弁護士会市民法律センター』の法律相談を紹介するのが相当と判断された場合は、同センターへ紹介することとしています」という帰趨をたどります（「和の心へ／ADR調停その素晴らしきもの」土地家屋調査士571号（平16））。

  イ 民事紛争処理の側面

　この土地家屋調査士会の設けるセンターの調整により当事者間において異論のない筆界を見出すことができるならば、そのことに、もちろん意義が認められますが、事例の中には、関連して所有権に関する

紛争処理の必要が残る場合があります。すなわち、見出された筆界と所有権の及ぶ範囲との一致を前提とするならば、越境して工作物が設けられている、ということになる事例などがあり得ます。実際のところ当事者にしてみれば、登記所の地図がどうこう、ということもさることながら、そうした工作物の撤去など現地における手当の問題が切実となります。紹介する土地家屋調査士会の取組みにおいても、このことは意識されており、必ずしも筆界を見出すことのみに役割が限られるものではありません。やはり大阪土地家屋調査士会の活動の紹介から引用するならば、「一口に境界問題といいましても、その実態は、公法上の境界の発見という境界に関する手続上の問題だけではなく、当然、境界近辺を巡る実体法上の権利義務を含む法律紛争として、存在しているわけです。／ここに法律問題の専門家である弁護士と境界の専門家である土地家屋調査士で相談委員会を構成している実質的な意味があります」ということが強調されています。

　したがって工作物の撤去などが絡んでいる事案は、弁護士を含む調停業務で自身処理とするか、弁護士会の相談センターなどを紹介するか、それぞれの経過に即して適切な判断を施していくこととなります。そうした判断は、ときに微妙な難しいものになることもあるでしょうが、この種の紛争処理に悩みながらも関わっていくところに、土地家屋調査士という職能が、やがて単なる境界の鑑定者から本格的な不動産専門の法律家に育っていく契機があるというべきでしょう。

4　今後の課題
(1)　筆界特定制度への期待とその課題
　新しく設けられた境界紛争のしくみのうち、筆界特定制度は、不動産登記制度の運用を掌る行政機関である法務局・地方法務局が関与する紛争解決のしくみが構築された、という意味において、大きな意義

があります。私たちは、まず、このことの重要性を明確に認識するべきでしょう。そのうえで、筆界特定制度には、今後の課題もあります。国土調査法に基づく地籍調査であれ、法務省地図作製作業であれ、例えば東京都××区○○×丁目から×丁目までのエリアについて、それらの作業をして地図作りをする、という作業が始まったときに、その広大なエリアの中のほとんどの筆については、現地に赴いての作業においてなされる調査によって筆界が見定められていくこととなりますが、中には協議が調わないことによって、筆界未定となってしまうところがあります。土地家屋調査士の実務上、ときに「成仏しない土地」といわれている土地ですが、それが点々とあることによって、そこの地区の作業が完成せず、地図ができないことになります。筆界特定の手続の職権開始が可能であるならば、そこに職権を発動して、最終的に、いわば成仏をさせたうえで、全体の地図が調うこととなります。現行の筆界特定制度のもとでは、当事者に対して申請を促すということになるでしょう。職権開始の制度があれば、むしろ当事者の方から職権開始を促して、国の費用で筆界を特定するということになりますが、成法が予定する姿は逆であり、当事者を促して申請をしてもらい、一定の費用負担を求めるということになりますから、そのことから運用上どの程度において難しい部分が出てくるかは、今後において注視されていかなければなりません。

　関連して、所有権に関する紛争との連携が確保されていないことについても、検討しておくべきことがあります。単に所有権の及ぶ範囲という観念的な空間的限界が明らかになること以上に、実際問題として、しばしば越境して工作物があることがあり、筆界特定制度によって筆界は決まったとしても、工作物を除去することは、所有権に基づく物権的請求権の行使の問題ですから、筆界特定制度は関知しないということになりますが、それでよいかは、なお検討が続けられるべき

です。
(2) 土地家屋調査士会の活動への期待とその課題
　また、各地の土地家屋調査士会の取組みは、市民にとって身近な民間の活動としての今後が期待されます。強制的な権限が背景になっていないというところが、この取組みに、いろいろな意味での特色を与えると考えられます。強制力を欠くからには、当事者の間に協調が得られなければ解決に結びつきませんが、そのことはまた、権力的な契機を払拭して、当事者に対し柔軟に歩み寄りを促していく環境の醸成という良い作用をももっているはずです。弁護士会との協力関係を構築しながら、筆界特定制度との適切な分担関係を築き上げていくことが期待されます。

第2　境界確定訴訟（筆界確定訴訟）

山本和彦

1　境界確定訴訟の意義

　境界確定訴訟とは、土地の間の境界の確定を裁判所に求める訴えの類型です。このような訴訟類型は昔から存在しており、戦後に裁判所法が制定される前の裁判所構成法（昭和22年廃止）では、区裁判所（現在の簡易裁判所に相当します。）の管轄に属する事件として、「不動産ノ経界ノミニ関ル訴訟」というものが挙げられていました（裁判所構成法14第2(ロ)）。その意味で、このような訴訟類型について戦前には法律上の根拠があったといえるわけですが、戦後は実定法上は明確な規定がなくなり、一種の慣習法上認められる訴訟類型という位置付けがされてきました。

　そのような中で、筆界特定制度の創設が議論されました（同制度の創設の経緯および内容の詳細については、後掲「第3　筆界特定制度」を参照してください。）。その議論においては、当初は境界確定訴訟を廃止する方向が有力でした。すなわち、筆界の特定を行政処分の形で行い、それに対する処分取消訴訟等の行政訴訟の提起を認める代わりに、筆界の確定をいきなり裁判所に求める境界確定訴訟の制度は廃止するというものでした（境界確定制度に関する研究会「新たな土地境界確定制度の創設に関する要綱案」第4の4(3)注1）。しかし、このような行政処分化については異論も多く、最終的にはこのような考え方は採られませんでした。その理由としては、行政処分にすると、取消訴訟で処分が取り消された場合には再び筆界特定の処分をする必要があることになるし、また所有権関連紛争との統一的な解決が困難となって、両者を調整する必要が生じるなど、かえって当事者の手間が増えるおそれが

あり、手続としての実効性・相当性を欠くとされたものです。

　その結果、筆界の特定は公定力をもつ行政処分としては構成されず、筆界確定登記官の筆界についての認定判断を単に表示するにとどまるものとして位置付けられ、境界確定訴訟は、従来どおり制度として残ることになったものです。行政処分性を否定する議論や境界確定訴訟を裁判所の手続として残した帰結が果たして相当なものであったかどうかについては、立法論として疑問もあります。ただ、将来的に筆界特定の処分の結果が境界確定訴訟でも広く尊重されることになっていけば、筆界特定の紛争解決機能が増大し、境界確定訴訟の提起が減少していく可能性もあります。また、土地家屋調査士会等の実施している境界関係のADRの充実もやはり提訴減少の結果をもたらす可能性があります。そのような動向を慎重に見極めながら、今後さらに、境界紛争の解決に関する司法・行政・民間の役割分担を検討していく必要がありましょう。

2　境界確定訴訟の対象および性質
(1)　確定の対象―「境界」の意義

　判例学説上、境界確定訴訟の意義について最も問題とされてきたのは、その訴訟による確定の対象でした。当事者間のやり取りの中で一般に「境界」という言葉が使われますが、その意義は必ずしも明確ではありません。すなわち、境界確定訴訟で確定されるのが、登記簿上の筆の筆界であるのか、あるいは所有権の権利の境であるのか、という問題でした。この両者は通常は一致しますが、所有権の時効取得や土地の筆の一部の処分等の行為があった場合には、例外的に両者にズレを生じることがあるので、どちらが確定の対象になるかが問題になるわけです。

　この問題について、当初の判例は後者の所有権界の意味で境界確定

訴訟の対象を理解していたとされますが、その後、大審院の判例は明確に前者の意味、すなわち隣接地の筆界を定めるものが境界確定訴訟であるとしました（大連判大12・6・2民集2・345）。そのような理解は最高裁判所にも受け継がれていると考えられ、そのような認識を前提に、最高裁昭和42年12月26日判決（判時507号29頁）は当事者の合意のみによって境界を定めることは許されないものとし、また最高裁昭和43年2月22日判決（判時514号47頁）は取得時効の抗弁の成否は境界の確定に無関係であるとしています（その結果、所有権に基づく土地明渡訴訟の中間確認の訴えとして、境界確定訴訟が認められないとするものとして、最判昭57・12・2判時1065・139）。しかし、学説上は、このような理解は提訴する当事者の通常の意思に反するとして、これに反対する見解も有力でした（例えば、新堂幸司『新民事訴訟法〔第3版補正版〕』192頁以下（弘文堂、平17）など。判例を支持する見解として、伊藤眞『民事訴訟法〔第3版補訂版〕』136頁（有斐閣、平17）など。）。

　以上のような争いは今でも残っていますが、平成17年4月に公布された不動産登記法等の一部を改正する法律（平17法29）で、筆界特定制度が導入され、それに関連して境界確定訴訟に該当するものが「筆界確定訴訟」という形で法律上明文化されました（不登147・148）。これが筆界を訴訟の対象とする訴訟類型であることは明らかであり、かつ、議論の経緯からこれが従来境界確定訴訟と呼ばれてきた訴訟類型と同義であることも明白ですから、今後は学説でも判例の理解を前提とした議論が行われることになると考えられます（その意味で、実定法の概念として、従来境界確定訴訟と呼ばれてきたものを今後は筆界確定訴訟と呼ぶことが相当であり、そのような呼称が一般的になっていくかもしれませんが、本稿では当面従来の呼称に従っておきます。）。ただ、それとは別途、所有権界を対象とする訴訟がまったく不可能であるわけではなく、これも通常の確認の利益の要件を満たせば可能とい

うことになるでしょう。このような訴訟（所有権界確定訴訟）にも訴訟上考慮すべき特殊な点はあり、境界確定訴訟と並んでこのような訴訟類型の法的な検討もなお必要になると考えられます（このような二重の訴訟類型の検討として、山本和彦『民事訴訟法の基本問題』63頁以下（判例タイムズ社、平14）。）。

(2) 境界確定訴訟の性質─形式的形成訴訟

　以上のように、筆界を定める訴訟として境界確定訴訟を理解するのが現在では一般的ですが、次に問題となるのは、その訴訟の性質です。既に存在する筆界を単に確認するとすれば、それは確認訴訟となりますし、筆界が不明である場合に新たに筆界を創設する裁判であると考えれば、それは形成訴訟ということになります。判例および通説はこれを形成訴訟であると理解しています。なぜなら、筆界を確認するための証拠資料が常に存在するとは限りませんが、その場合でも、裁判所は原告の請求を棄却することは許されず、必ずどこかに線を引かなければならないからです。そして、この場合には、裁判所による形成の要件が法律上規定されていませんので、境界確定訴訟は形式的形成訴訟として位置付けられることになるわけです。

　形式的形成訴訟は、ほかに共有物分割訴訟や父を定める訴えがその例とされますが、裁判所に認められる広い裁量性から、それは実質的には非訟事件であるとされます。ただ、当事者の間に利害の対立が大きく実質的な争訟性の強いものですので、政策的に特に訴訟事件として当事者対立構造の下で処理することにしたものと説明されます。ただ、私自身は、そのような説明は必ずしも相当なものとは考えていません。この訴訟が土地の筆の界という登記簿上の権利関係、すなわち公法上の権利関係を争うものであるとすれば、それを通常の民事訴訟と理解することは困難であり、むしろ行政訴訟と理解し、「公法上の法律関係に関する訴訟」として実質的当事者訴訟（行訴4）になるものと

位置付け、後述のような様々な特質を再構成していくべきであると考えています（私見につき詳しくは、山本・前掲63頁以下。）。

　いずれにしても、このような境界確定訴訟の最大の特質は、裁判所はいかなる場合であっても請求を棄却してしまうことは許されず、申立てがある限り、必ずどこかに境界を定めなければならないという点にあります。仮に当事者の提出する証拠から確信をもって境界を認定できない場合であっても、裁判所が請求を棄却してしまうと、永久に当該境界が定まらず、その土地の取引は不安定なものになってしまうからです。したがって、この訴訟では、通常の民事訴訟とは異なり、要件事実や証明責任は観念できず、まさに非訟事件的な手続で当事者が主張立証を展開することになります。そして、いったん裁判所が境界を確定しますと、その判決の効力は訴訟当事者間のみならず、それ以外の第三者（当該土地の抵当権者・賃借権者、隣接地の所有者等）にも広く及ぶ対世的な効力を有するものと考えられます。そのように考えませんと、特定の土地の境界が関係人ごとに異なってくることになり、土地取引等に収拾できない混乱を生じるおそれがあるからです。

3　処分権主義の特則
(1)　申立事項の拘束の排除
　以上のように、境界確定訴訟が形式的形成訴訟であるとされることから、いくつかの訴訟手続上の特別な取扱いが認められています。まず、当事者は境界の確定を求めれば足り、具体的な境界を訴状等で指定する必要はなく、仮にそのような指定があっても裁判所は判決をするについて、その申立ての範囲には拘束されないものとされます（大連判大12・6・2民集2・345、大判昭11・3・10民集15・695）。これは、処分権主義の例外ということになります。民事訴訟においては一般に処分権主義が適用になるものとされています。これは、民事訴訟の対象と

なる権利関係は、通常は私的自治の適用対象であり、当事者の自由な処分を許すものと考えられるからです。したがって、いったんそれが訴訟手続に載せられたとしても、なお当事者の処分の自由は尊重されるべきものといえます。例えば、原告が損害賠償として100万円の支払のみを求めているのに、裁判所が現実の損害は150万円あるとして、150万円の支払を命ずる判決をすることは、被告にとって不意打ちになるのみならず、原告の処分の自由を侵害することにもなり、許されないと考えられるわけです。

　しかし、前述のように、この境界確定訴訟の対象は筆界であり、筆界は本来当事者の合意によって処分できる性質のものではありませんので（例えば、所有権の登記以外の権利に関する登記がある土地については原則として合筆の登記はできません（不登41六）。）、仮に申立てによる拘束を認めてしまうと、実質的には合意によって筆界を設定することを認める結果となってしまい、不当です。それは、場合によっては当該土地上の権利者（抵当権者・賃借権者等）や隣接地の所有者を害することにもなりかねません。例えば、原告が本来の境界よりも自己に不利な線に基づき境界確定訴訟を提起し、それがそのまま認められるとすれば、そのような訴訟が原告の土地上の抵当権者を害するために濫用的に利用されるおそれがあります（前述のように、この判決は抵当権者との関係でも効力を有すると解されます。）。その結果、実際の訴訟では双方の当事者が自己の主張する境界を明示することが多いようですが、理論的にはそれもあくまで参考的なものにすぎず、裁判所はそのような主張に拘束されずに、正当と考えられる境界を自ら確定することになります。

(2)　不利益変更禁止の原則の例外

　処分権主義から派生する原理として、上訴審における不利益変更禁止の原則があります。これは、原判決に対して一方の当事者が上訴し

た場合に、上訴審の裁判所は上訴人にとって原判決よりも不利な判決をすることはできないという原則です。被上訴人は原判決に不服を申し立てていないわけですから（上訴人の不服に乗じて自己の不服を述べる方法として、附帯上訴という方法がありますが、ここでは附帯上訴の申立てもないことが前提です。）、その者にとって有利に原判決を変更することは、一種の申立てがない場合の判決になってしまい、許されないからです（この点の詳細につき、山本・前掲222頁以下。）。

このように、不利益変更禁止の原則が処分権主義から派生するものであるとすれば、境界確定訴訟に処分権主義が適用されないわけですから、不利益変更禁止の原則もまた適用にならないことになります（最判昭38・10・15判時355・46）。したがって、上訴審は、上訴人に不利益となる形で、原判決と異なる境界を確定することも認められることになります。しかし、このような考え方には学説上批判がないわけではありません。確かに不利益変更禁止の原則が処分権主義に根拠を有するものであるとしても、この場合は被上訴人は一切不服を述べていないわけですから、訴えを起こさないで現状を固定する自由が認められているのと同様に、そのような被上訴人の自由は、境界確定訴訟でも認められてよいという考え方もあり得るかもしれません。

4　当事者適格
(1)　隣接地所有者適格の原則
　境界確定訴訟については、隣接地の所有者に当事者適格が認められるのが原則です。前述のように、この訴えが所有権の境界とは無関係のものであるとすれば、所有者を当事者とする必然性はないようにも思われます（例えば、隣接地の所有権登記名義人に当事者適格を認める可能性などもなくはありません。）。しかし、筆界は直接には所有権とは関係ないとしても、実際には所有権の範囲に重大な影響を与えま

すし、当該土地を譲渡したり、担保を設定したりする場合には、筆界の位置は重大な問題となります。そのような意味で、隣接地の所有者が自己の所有地の筆界に最も大きな利害関係を有すると一般にはいえると考えられます。そして、この訴えのように、当事者適格の所在が実体法から明確に定まらないような場合には、訴訟上の考慮から、最も大きな利害関係を有する者に当事者適格を認めることが審理の充実・判決の適正の観点から相当であると考えられます。そこで、判例も、隣接地所有者に境界確定訴訟の当事者適格を認めることを原則としています（最判平7・3・7判時1540・32）。したがって、登記簿上の所有権名義人ではあるが真の所有者ではない者は当事者適格を有しませんし、抵当権者や賃借権者などは、どこに隣接地との境界が引かれるかによって実際上大きな影響を受け得るとしても、当事者適格はもちません。なお、このように、境界確定訴訟の提起は、隣接地所有者にとって当事者適格の主張という形で、所有権の権利主張を伴うものですので、土地所有権に関する取得時効を中断する効果を有するとされています（最判昭38・1・18判時330・35）。

(2) 時効取得の場合の特則

　以上のように、原則として境界確定訴訟の当事者適格は隣接地の所有者に認められますが、土地の取得時効が問題となる場合には、やや事情が異なってきます。例えば、下図において、境界線Aを越えて、甲地の所有者Xが乙地の一部（イロハニイで囲まれた部分）を自主占有しており、当該部分について取得時効が認められるとしますと、境界線Aの両側の土地の所有者はXということになり、乙地の所有者Yには境界確定訴訟の当事者適格が認められないとも考えられます。しかし、判例は、このような場合にも、Yに当事者適格を認めています（最判平7・3・7判時1540・32、最判昭58・10・18判時1111・102）。このように隣接地の一部について時効取得が成立する場合に隣接地所有者の当

事者適格を否定してしまいますと、裁判所は本案判決ができる状態になったにもかかわらず、訴え却下の判決をせざるを得ず、訴訟経済に反する結果になりますし、また境界を定めておかないと時効取得した土地の分筆等の登記の際に支障を生じることが理由とされます。ただし、隣接地の全部を時効取得した場合（最判平7・7・18裁時1151・3）や隣接地所有者以外の第三者が時効取得等により所有権を取得した場合（最判昭59・2・16判時1109・90）などには、もはやいかなる意味でも「隣接地所有者」の関係にはありませんので、当事者適格が否定されることになります。

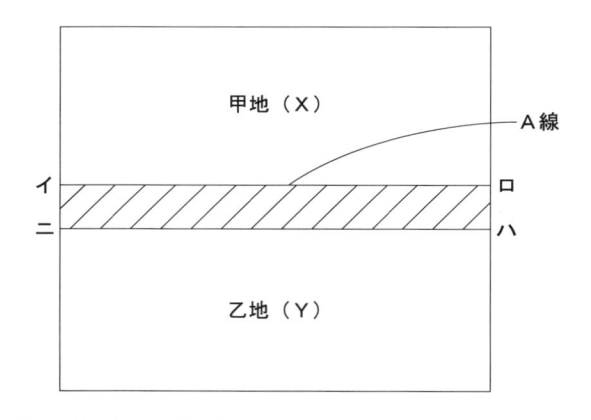

```
        ┌─────────────────────────┐
        │                         │
        │       甲地（X）          │
        │                  ╱─ A線  │
        │             ╱            │
       イ│▨▨▨▨▨▨▨▨▨▨▨▨▨▨▨▨│ロ
       ニ│▨▨▨▨▨▨▨▨▨▨▨▨▨▨▨▨│ハ
        │                         │
        │       乙地（Y）          │
        │                         │
        └─────────────────────────┘
```

(3) 共有地の場合の特則

隣接地が共有地の場合には、共有者全員が隣接地所有者となるので、その全員が当事者適格を有し、全員を当事者とする必要があります。つまり、固有必要的共同訴訟とされることになるわけです（最判昭46・12・9判時667・27）。ただ、このような場合に、共有者の中で提訴を拒む者がいる場合の取扱いが難しい問題となってきます。例えば、隣接地が相続されて、共同相続人の共有状態になった場合において、一部の相続人が境界確定訴訟の提訴を拒んでいるときは、これが固有必要的共同訴訟であるとすると、他の相続人は単独では提訴できないことに

なります。しかし、それでは境界を確定したいという意思を有する共有者の裁判を受ける権利が害される結果となりかねません。

　そこで、判例は、このような場合には、土地の共有者は隣接地の所有者とともに他の共有者をも被告として境界確定訴訟を提起できるものと解しているのです（最判平11・11・9判時1699・79）。これは、境界確定訴訟が実質的な非訟事件の性質を有することからくる特別の扱いとされます。本来は、自己と同じ実体的な立場にある共有者を隣接地所有者とともに被告としてしまうのは奇異ですが、境界確定訴訟は、当事者の境界についての申立てを問題にしないものですから、このような扱いが認められるのです。ただ、そうはいっても、実際上は被告とされた共有者と隣接地所有者の利害は一致しないことが多いとみられます。そこで、訴訟手続の中では、共有者は形式上は共同被告となりますが、隣接地所有者とも異なる利害を持つので、一種の第三当事者的な立場に立つと考える必要がありましょう。例えば、第一審判決に対して隣接地所有者のみが上訴を提起したような場合には、被告とされていた共有者も被控訴人としての地位に立つことになると解されます（最判前掲。なお、この点についてはさらに、最判前掲の千種裁判官の補足意見を参照。）。

5　筆界特定手続との関係
(1)　筆界特定手続と境界確定訴訟の関係

　最後に、平成17年の不動産登記法の改正によって設けられた筆界特定手続と境界確定訴訟の関係について見ておきます。前述のように、筆界確定手続創設の議論の中では、同手続に基づく筆界の確定を行政処分とし、境界確定訴訟を廃止するという考え方も有力でしたが、採用には至らず、最終的には、新たに設けられた筆界特定手続とは別個に境界確定訴訟で争う途は残されることとなりました。なお、境界確

定訴訟においても、近時の民事訴訟法の改正で、土地家屋調査士等専門家の知見の活用が必要な場合には専門委員を選任する可能性がありますし（民訴92の2）、提訴前に境界部分の資料の収集や現況の調査が必要な場合には、文書送付の嘱託や執行官による現況調査命令等の提訴前の証拠収集処分が可能とされます（民訴132の4）。

ただ、境界確定訴訟と筆界特定手続は筆界を定めるという目的を共通にしており、実際にも、当事者は筆界特定手続をまず申し立て、その結果にどちらかの当事者が不服を有する場合に初めて境界確定訴訟が提起されるという展開が通常になるのではないかと考えられます（なお、境界確定訴訟の提起中でも筆界特定の申請はできますので、事案によっては、訴訟手続を事実上停止して、筆界特定の手続が進められる場合もあるかもしれません。）。そうであるとすれば、両者を無関係なものとして放置しておくことは、国家資源全体の配分から見て不合理な結果となります。そこで、両者の手続の関係について、不動産登記法において若干の規定が設けられ、手続の円滑な連携を図ることとされたものです。

(2) 釈明処分の特例

まず、釈明処分の特則が設けられています（不登147）。すなわち、筆界特定が既にされているときは、当該筆界に関する境界確定訴訟において、裁判所は、登記官に対し、筆界特定手続の記録の送付を釈明処分として職権で嘱託することができるものとされています。これによって、筆界特定事件の記録を境界確定訴訟でも早期に取得し、それを利用することによって迅速な争点整理・証拠調べを可能とする趣旨です。これは釈明処分に関する民事訴訟法151条1項の特則になります。民事訴訟法上は釈明処分としての文書送付嘱託は認められませんが、争点整理等の段階でこのような記録を利用することについて境界確定訴訟では特に強い必要があると考えられたものです。

特に、現在の境界確定訴訟の問題点として、当事者のそれぞれが別の図面で自己の主張する境界線を示すため、争点を特定するまでに時間がかかることが多いとされますが、この釈明処分を活用すれば、筆界特定書に添付された信頼性のある図面を前提にして当事者双方の主張する境界線を訴訟手続の早期の段階で明示することができ、審理の充実・促進に資するものと考えられます（なお、送付された記録中の文書を証拠として利用する場合には、当事者の援用行為が別途必要になります。）。行政訴訟における国や行政庁に対する行政処分の理由を明らかにする資料等の釈明処分の特則（行訴23の2）に類似したものといえます。

(3) 境界確定訴訟の判決の効力

次に、境界確定訴訟の判決との関係についても規定が設けられています（不登148）。すなわち、筆界特定手続において筆界が特定された後に境界確定訴訟の判決が確定したときは、その判決と抵触する範囲で、筆界特定の効力は失われることになります。筆界の特定に公定力や既判力が認められないことの必然的な結果ということができます。その結果、境界確定訴訟の判決が確定した後は、筆界特定の手続は無駄になります（判決と同じ筆界を特定するほか選択肢はありません）ので、筆界特定の申請をしても却下されることになります（不登132①六）。

ただし、実際には、筆界の専門家である登記官が、土地家屋調査士等の専門家である筆界調査委員の意見を踏まえて、当事者にも手続保障がされる慎重な手続の下にした筆界の特定は、事実上、裁判所でも尊重されることが予想されます。その意味で、筆界特定書には相当に強い証明力が認められ、それを争う当事者には事実上立証の負担が生じることになると考えられましょう。そして、筆界特定の結果と異なる境界確定判決があまり出されないという運用が積み重ねられていけば、それによって当事者も筆界特定の結果に従い、筆界特定手続の紛争解決力が事実上大きくなっていくことが期待されるところです。

第3 筆界特定制度

清水　響

1　関連法令等

　筆界特定制度とは、法務局または地方法務局（以下第3において「法務局等」といいます。）の筆界特定登記官が、申請に基づき、土地の筆界の現地における位置についての判断を示す制度です。この制度は、不動産登記法等の一部を改正する法律（平17法29。以下「改正法」といいます。）により改正された不動産登記法において新設された6章の規定（123条から150条まで）に基づくものです。政省令レベルでは、不動産登記法等の一部を改正する法律の施行に伴う関係政令の整備に関する政令（平17政337。以下「整備政令」といいます。）により登記手数料令8条および9条の規定が新設され、筆界特定の申請手数料および筆界特定手続記録の公開に関する手数料について規定が設けられました。この登記手数料令8条の規定の委任に基づき、筆界特定申請手数料規則が制定されています。その他、整備政令により不動産登記令21条に2項が新設され、不動産登記法149条1項の政令で定める図面の内容（筆界調査委員が作成した測量図その他の筆界特定の手続において測量または実地調査に基づいて作成された図面）が明らかにされました。また、筆界特定の手続の細目については、不動産登記法等の一部を改正する法律の施行に伴う関係省令の整備に関する省令（平17法務令106）により不動産登記規則中に5章の規定（206条から246条まで）が新設されました。

　また、基本的な通達としては、「不動産登記法等の一部を改正する法律の施行に伴う筆界特定手続に関する事務の取扱いについて」（平17・12・6法務省民二2760民事局長通達）。以下「施行通達」といいます。）があ

ります。

改正法およびこれらの政省令は、平成18年1月20日から施行されています。

2　筆界特定を行う組織

　筆界特定の事務は、対象土地の所在地を管轄する法務局等がつかさどることとされています（不登124①）。法務局等の管轄区域は、法務省組織令において定められています。筆界特定は、筆界特定登記官が行います。筆界特定登記官とは、法務局等の長により指定された登記官のことをいいます（不登125）。また、筆界特定登記官の行う筆界特定は、筆界調査委員の意見を踏まえて行うこととされています（不登143①）。この筆界調査委員は、筆界特定について必要な事実の調査を行い、筆界特定登記官に意見を提出することを職務とし、その職務を行うのに必要な専門的知識および経験を有する者のうちから、法務局等の長が任命することになります（不登127①・②）。任命された筆界調査委員は、申請により開始された筆界特定の手続ごとに法務局等の長により指定され、具体的な筆界特定の手続に関与することになります。後でも述べるように、このような外部専門家を活用して筆界特定を行う点に、筆界特定の手続の一つの特色があるといえるでしょう。筆界調査委員として任命されるために特定の資格を有することは要件とはされていませんが、その職務を適切に行うためには筆界の認定について必要な専門的知識および経験を有する必要がありますから、実務上は、土地家屋調査士が筆界調査委員に任命されることが多くなるのではないかと思われます。

3　筆界特定の対象

　筆界特定の対象となる「筆界」とは、「表題登記がある一筆の土地と

これに隣接する他の土地との間において、当該一筆の土地が登記された時にその境を構成するものとされた2以上の点及びこれらを結ぶ直線」のことをいいます（不登123一）。土地は自然状態では無限の広がりがありますが、登記制度においては、これを人為的に区分して、地番を付して特定し、1個の権利の客体として公示しています。このような人為的に区分された土地が一筆の土地といわれるものであり、その土地の区画を構成する線として国が認めた線が筆界ということになります。したがって、筆界は、権利の客体としての1個の物（一筆の土地）の範囲を示す線であり、通常は、その土地を目的とする1個の所有権の範囲と一致することになるはずです。ただ、一筆の土地の一部についても取得時効が成立したり、分筆の手続を経ることなく土地の一部譲渡がされることがありますから、このような場合には、一筆の土地として区画された範囲が、所有権の範囲と一致するとは限りません。したがって、筆界と所有権界とは、概念としては、区別する必要があります。ただ、以上のとおり、筆界は、本来、所有権界と一致すべきものであることを踏まえると、筆界の位置が確認されたときは、事実上、所有権の範囲も推定されることになる場合が多いと思われます。

　筆界は、登記所備付地図または地図に準ずる図面（不登14）および登記簿の附属書類である地積測量図によって公示されますが、筆界の現地における位置について争いが生じたり、その位置が不明になることがあります。もちろん、現地復元性のある地図が備わっている地域では、現地における位置を特定することは比較的容易なはずですが、残念ながら、現状において、すべての地域において現地復元性のある地図が備え付けられているわけではありません。「筆界特定」とは、「筆界の現地における位置を特定すること」を意味します（不登123二）。分かりやすくいえば、現地のどこに筆界があるのかを明らかにすること

です。

　このような筆界特定の対象となる筆界は、常に二つの土地の存在を前提とします。筆界とは、一筆の土地とこれに隣接する他の土地との境を構成する線だからです。そこで、筆界特定の対象となる筆界で相互に隣接する二つの土地は、「対象土地」と定義されています（不登123三）。筆界は、表題登記がある一筆の土地についてのみ存在しますから、対象土地のうち少なくとも一方の土地は、必ず表題登記がある土地である必要があります。また、対象土地の周囲の土地のうち、筆界特定の対象となる筆界上の点を含む他の筆界で対象土地の一方または双方と接するものを「関係土地」と呼んでいます（不登123四）。

4　筆界特定手続の特色

　筆界特定の手続は、筆界特定登記官に対する申請により開始されます。筆界特定の申請は、筆界特定登記官に対し対象土地の筆界を特定することを求める申立てであり、筆界特定は、これに対する筆界特定登記官の応答です。その手続の特色は、次のとおりです。
① 　当事者対立構造を採らないこと。
　　筆界特定は、申請人の申請に対し筆界特定登記官が応答するための手続ですから、当事者対立構造の手続ではありません。申請人のほか、隣接地の所有権の登記名義人等のように筆界の特定について利害関係を有する者として法定された者（関係土地の所有権の登記名義人等）は、関係人として意見聴取等の機会や対象土地の測量または実地調査に立ち会う機会が与えられます。しかし、関係人は、手続の当事者となるわけではなく、あくまでも行政庁が主導して職権で必要な資料を収集する手続の中で一定の手続保障が与えられる利害関係者ということになります。

② 専門家の関与が制度上保障されていること。

　筆界特定は、筆界調査委員の意見を踏まえて行うこととされています（不登143①）。筆界調査委員には、筆界特定について必要な事実の調査を行い、意見を提出するのに必要な専門的知識および経験を有する外部専門家が任命されます（不登127②）。したがって、筆界特定の手続においては、外部専門家が関与することにより、その知見を生かした適正な判断が示されることを期待することができます。

③ 職権で資料を収集すること。

　筆界特定の手続においては、筆界調査委員およびこれを補助する法務局等の職員が職権で必要な事実の調査を行うことができます。民事訴訟手続においては、一部例外はありますが、基本的には弁論主義の適用があり、必要な資料を収集し、これを提出する責任は、当事者にあります。しかし、筆界特定の手続の場合には、申請人または関係人により提出された意見または資料のほか、筆界調査委員およびこれを補助する法務局等の職員が職権で収集した資料を利用することができます。

④ 申請人および関係人に対する手続保障があること。

　筆界特定の手続は、職権で必要な資料収集を行いますが、申請人および関係人には意見または資料を提出する権利（不登139）や、意見聴取等の期日において意見を述べ、資料を提出する機会が与えられます（不登140）。また、筆界調査委員が対象土地の測量または実地調査を行うときは、申請人および関係人には立ち会う機会が与えられます（不登136）。したがって、申請人および関係人は、積極的に意見または資料を提出することにより、適正な筆界特定が行われるよう働きかけることができることになります。

⑤ 行政処分としての効力がないこと。

　筆界特定は、専門家の意見を踏まえて筆界特定登記官が示した筆

界の現地における位置についての判断として、公の証明力を有しますが、行政処分のような公定力はありません。したがって、法的には、筆界特定がされた筆界について、何時でもこれを争うことは妨げられないことになりますが、有力な反対証拠もなく、これを争うことは困難ですから、事実上、筆界を確定するのと同様の結果となることが多いのではないかと思われます。

5　筆界特定の手続の流れ
(1)　申請権者による申請

　筆界特定の申請権は、土地の所有権登記名義人等に認められます（不登131①）。所有権登記名義人等とは、所有権の登記がある一筆の土地（表題登記がある土地のことをいいます。）にあっては所有権の登記名義人、所有権の登記がない一筆の土地にあっては表題部所有者、表題登記がない土地にあっては所有者をいい、所有権の登記名義人または表題部所有者の相続人その他の一般承継人を含みます（不登123五）。したがって、表題登記がされている土地については、登記記録上、所有権登記名義人もしくは表題部所有者として登記されている者またはその相続人その他の一般承継人以外の者は、実体上の所有者であっても申請人になることはできません。ただ、一筆の土地の一部の所有権を取得した者（不登規207②四）については、申請権があると解されています。この場合には、一筆の土地の一部の所有権を取得した者は、登記記録上所有者として記録されているわけではありませんが、筆界特定添付情報として一筆の土地の一部について所有権を取得したことを証する情報（不登規209①五）を提供することにより、筆界特定の申請をすることができます。一筆の土地の一部の所有権を取得した場合において、その所有権を登記するためには、所有権を取得した部分について分筆の登記をした上で、所有権の移転の登記等をする必要がありま

すが、分筆の登記をするためには、前提として筆界を特定しなければならないことがあることが考慮されたものです。

　筆界特定の手続は、申請権者による申請によって行われ、職権で行うことは認められていません。

(2)　**筆界特定の申請の代理**

　筆界特定の申請は、委任による代理人によってもすることができますが、業として筆界特定の手続についての代理をすることができるのは、弁護士、土地家屋調査士または認定司法書士（司書3②）です。ただし、認定司法書士が代理することができる筆界特定の手続は、司法書士法3条1項8号の規定により、対象土地の価額の合計額の2分の1に司法書士法施行規則1条の2第2項の割合（100分の5）を乗じて得た額が、裁判所法33条1項1号に定める額（140万円）を超えない筆界特定の手続に限られることに留意する必要があります。この場合の対象土地の価額の算定方法は、後述(4)の筆界特定申請手数料の算定の基礎となる額を算定する場合の対象土地の価額の算定方法と同様です。

(3)　**筆界特定の申請の方法**

　筆界特定の申請は、オンラインにより筆界特定申請情報を送信する方法（筆界特定電子申請）または筆界特定申請書を提出する方法（筆界特定書面申請）のいずれかの方法により行うことができます（不登131④において準用する18）。ただし、筆界特定電子申請は、法務局等ごとに筆界特定電子申請をすることができる筆界特定の手続として法務大臣が指定した筆界特定の手続についてのみ行うことができます（改正法附則2）。改正法の施行の日である平成18年1月20日現在、改正法附則2条の規定による法務大臣の指定がされた法務局等はありませんから、当分の間は、筆界特定の申請は、筆界特定書面申請のみが認められることになります。

　筆界特定書面申請においては、筆界特定申請書に筆界特定添付書面

を添付して法務局等に提出しなければなりません（不登規211①）。また、筆界特定申請書に筆界特定添付書面を添付して対象土地の所在地を管轄する登記所（以下「管轄登記所」といいます。）に提出することも認められています（不登規211⑦）。いずれの場合にも、当事者出頭主義は採用されていないので、郵送で筆界特定申請書および筆界特定添付書面を送付することができます。この場合には、書留郵便（または信書便事業者による信書便の役務であって当該信書便事業者において引受けおよび配達の記録を行うもの）によるほか、筆界特定申請書または筆界特定添付書面を入れた封筒の表面に筆界特定申請書または筆界特定添付書面が在中する旨を明記する必要があります（不登規212）。

　筆界特定申請情報および筆界特定添付情報として提供すべき情報の内容については、それぞれ不動産登記法131条2項、不動産登記規則207条および209条に規定されているとおりです。

　筆界特定の申請は、対象となる筆界ごとに一の筆界特定申請情報（筆界特定書面申請の場合には、1通の筆界特定申請書。以下同じ。）ですることとされており、複数の筆界の特定を求める申請をする場合には、複数の筆界特定申請情報を作成する必要があります。ただし、対象土地の一つを共通にする筆界特定の申請は、一の筆界特定申請情報によることができます（不登規208）。例えば、一筆の土地の区画を構成する複数の筆界の特定を同時に求める場合には、複数の筆界について一の筆界特定申請情報により申請することができます。

(4)　筆界特定の申請手数料

　筆界特定の申請をする場合には、筆界特定の申請手数料を納付する必要があります（不登132①八）。申請手数料の額は、登記手数料令8条1項によれば、1件につき、対象土地の価額として法務省令で定める方法により算定される額の合計額の2分の1に相当する額に筆界特定によって通常得られることとなる利益の割合として法務省令で定める

割合を乗じて得た額を基礎とし、その額に応じて、定まるものとされており、筆界特定申請手数料規則1条1項によれば、対象土地の価額として法務省令で定める方法により算定される額とは、地方税法341条9号に掲げる固定資産課税台帳に登録された価格を基準として算出することとされています。また、法務省令で定める割合とは、筆界特定申請手数料規則1条2項により、100分の5とされています。

　申請手数料の納付方法は、筆界特定書面申請の場合には、筆界特定申請書に収入印紙を貼りつけて納付する方法によります（筆界規則2①・②）。また、筆界特定電子申請の場合には、筆界特定登記官が定めた書面に収入印紙を貼りつけて納付する方法のほか、筆界特定登記官から得た納付情報により現金で納付する方法が認められています（筆界規則2③）。

(5)　筆界特定の申請の受付および却下事由の審査

　筆界特定申請情報が提供された場合には、筆界特定の申請の受付がされ、当該筆界特定の申請には、手続番号が付されます。この手続番号は、民事訴訟における事件番号と同様、以後、当該筆界特定の手続を識別する機能をもつことになります。手続番号は、一の筆界ごとに付されますので、一の筆界特定申請情報により複数の筆界特定の申請をする場合には、複数の手続番号が付されます。

　筆界特定の申請の却下事由には、様々なものがあります（不登132①各号）。筆界特定の申請の受付をしたときは、筆界特定登記官は、遅滞なく却下事由の有無を調査することになります（施行通達63）。

　そして、却下事由がないと認められたときは、筆界特定の申請があった旨の公告および関係人に対する通知（不登133①）ならびに筆界調査委員の指定（不登134①）が行われ、手続は、筆界調査委員による事実の調査の段階へ進むことになります。なお、筆界調査委員による事実の調査が開始された後においても、調査の過程で却下事由が存するこ

とが明らかになったときは、申請が却下されることになるのは、いうまでもありません。

(6) 職権による事実の調査等

指定を受けた筆界調査委員は、対象土地または関係土地その他の土地の測量または実地調査をすること、申請人もしくは関係人その他の者からその知っている事実を聴取し、または資料の提出を求めることその他対象土地の筆界特定のために必要な事実の調査をすることができます（不登135）。また、筆界調査委員は、筆界特定登記官が開く期日に立ち会い、筆界特定登記官の許可を得て、申請人等に対し、質問を発することができます（不登140③）。筆界調査委員がこれらの事実の調査を行うに当たっては、法務局等の職員が補助することになります（不登134④）。筆界調査委員およびこれを補助する職員が対象土地または関係土地その他の土地の測量または実地調査をする場合には、他人の土地に立ち入ることが認められています（不登137①）。また、筆界調査委員が行う対象土地の測量または実地調査については、申請人および関係人に立ち会う機会が認められています（不登136①）。

(7) 意見聴取等の期日

筆界特定の手続においては、筆界特定の申請があった旨の公告がされてから筆界特定がされるまでの間に、意見聴取等の期日が開かれることになっています（不登140①）。意見聴取等の期日の目的は、申請人および関係人が、対象土地の筆界について、筆界特定登記官に対し、直接、意見を述べ、または資料を提出する機会を与えることです。もともと、筆界特定の手続は、筆界調査委員およびこれを補助する職員が職権で必要な事実の調査を行い、資料を収集するところに特色がありますが、意見聴取等の期日において、申請人および関係人については、期日という場で意見を述べ、資料を提出する機会を与えることにより、手続保障を図ったものです。なお、申請人および関係人には、

一般に意見または資料を提出する権利が認められています（不登139①）から、申請人および関係人が意見または資料を提出する機会が意見聴取等の期日に限られているわけではありません。

意見聴取等の期日には、筆界調査委員が立ち会うこととされています（不登140③）。

意見聴取等の期日は、法務局等のほか、筆界特定登記官が適当と認める場所で開くことができます（不登規222）。したがって、管轄登記所の庁舎や、現地の公民館といった場所でも開催することができます。意見聴取等の期日が開かれたときは、その期日の経過を記載した調書が作成されます（不登140④）。また、筆界特定の手続の進行中においては、申請人および関係人には、調書や筆界特定の手続において提出された資料の閲覧権が認められます（不登141）。

(8) 筆界特定

筆界調査委員は、筆界特定登記官による期日が開催された後、必要な事実の調査を終了したときは、遅滞なく、筆界特定登記官に対し、筆界特定についての意見を提出しなければなりません（不登142）。意見の提出は、意見およびその理由を明らかにした意見書の提出によることとされています（施行通達122）。そして、筆界特定登記官は、その意見を踏まえ、かつ、登記記録、地図または地図に準ずる図面、登記簿の附属書類の内容、対象土地および関係土地の地形、地目、面積および形状ならびに工作物、囲障または境界標の有無その他の状況およびこれらの設置の経緯その他の事情を総合的に考慮して、対象土地の筆界特定をし、その結論および理由の要旨を記載した筆界特定書を作成することになります（不登143①）。筆界特定書には、図面および図面上の点を現地における位置を示す方法として法務省令で定める方法により、その位置を示すことになります（不登143②）。この図面（以下「筆界特定図」といいます。）の記録事項は、不動産登記規則231条4項に

規定されており、同条5項によれば、図面上の点の現地における位置を示す方法は、基本三角点等に基づく測量の成果による筆界点の座標値（近隣に基本三角点等が存しない場合その他の基本三角点等に基づく測量ができない特別の事情がある場合にあっては、近傍の恒久的な地物に基づく測量の成果による筆界点の座標値）とされています。筆界特定図については、施行通達125において、その様式が示されています。

　筆界特定登記官は、筆界特定をしたときは、申請人に対し、筆界特定書の写しを交付する方法等により筆界特定書の内容を通知するとともに、関係人に対し、筆界特定をした旨を通知します（不登144）。

(9)　筆界特定手続記録の管轄登記所への送付と公開

　筆界特定がされた筆界特定手続の記録は、管轄登記所に送付され、管轄登記所で保管し（不登145）、公開の対象となります（不登149）。筆界特定手続記録の送付を受けた登記所の登記官は、対象土地の登記記録に筆界特定がされた旨を記録します（不登規234）。記録されるのは、筆界特定がされた年月日と手続番号（平成○年○月○日筆界特定（手続番号平成○年第○○号））です（施行通達162）。これは、対象土地である土地の登記記録を見れば、当該土地について過去に筆界特定がされたことが分かるようにするためです。筆界特定の具体的内容については、手続番号を手がかりにして当該土地に関連する筆界特定書その他の筆界特定手続記録の閲覧等をすることによって知ることができることになります。

　筆界特定手続記録の保存期間は、筆界特定書については永久、筆界特定書以外の筆界特定手続記録については10年間と定められています（不登規235①）。

　筆界特定手続記録のうち、筆界特定書および政令で定める図面については、何人も閲覧することができ、その写しの交付の請求をするこ

とができます（不登149①・②）。政令で定める図面とは、筆界調査委員が作成した測量図その他の筆界特定の手続において測量または実地調査に基づいて作成された図面を指します（不登令21②）。したがって、申請人や関係人が提出した図面や、職権で収集した図面は含まれませんが、事実の調査の過程で法務局等の職員が作成した現況測量図や、筆界調査委員が作成した図面等がこれに含まれることになります。また、筆界特定書および政令で定める図面以外の筆界特定手続記録については、利害関係がある部分の閲覧だけをすることができます（不登149②）。

6　手数料以外の手続費用

　筆界特定の手続において、測量や鑑定等を行った場合には、その費用は、申請人の負担となります（不登146①）。具体的には、筆界特定登記官が相当と認める者に命じて行わせた測量、鑑定その他専門的な知見を要する行為について、その者に支給すべき報酬および費用の額として筆界特定登記官が相当と認めたものは、申請人の負担とされており、申請人は、これを予納する必要があります（不登146⑤、不登規242）。通常のケースでは、筆界特定の手続において測量が必要になると考えられますから、申請人は、測量に要する費用の概算額を予納すべきことになるでしょう。予納は、筆界特定登記官が申請人に対し予納すべき手続費用の概算額を告知し、申請人がこれに応じて納付することによって行うことになります。仮に告知を受けた申請人が予納しないときは、筆界特定登記官が納付期限を定めて予納命令を発し、申請人が予納命令にも応じない場合に、筆界特定の申請は、却下されることになります（不登132①九、施行通達147）。

7　不服申立手続

　筆界特定には、行政処分としての効力はなく、筆界の位置について

筆界特定登記官が示した判断としての事実上の効力しかありませんから、不動産登記法156条の登記官の処分とはいえず、審査請求の対象とはなりません。また、行政事件訴訟法に基づく抗告訴訟も提起することはできません。筆界特定が行政処分でないということは、筆界特定の有無にかかわらず、申請人の法的な権利義務には影響がないということですから、筆界特定の申請の却下も、処分とはいえないことになるはずです。しかし、法律上、特に申請権を一定の者に与えた趣旨にかんがみ、筆界特定の申請の却下は、登記官の処分とみなす旨の規定が設けられています（不登132②）。したがって、筆界特定の申請が却下されたときは、不動産登記法156条以下に規定する審査請求や、処分の取消しを求める抗告訴訟も提起することができることになります。

8 筆界確定訴訟との関係

筆界確定訴訟とは、民事訴訟の手続により筆界の確定を求める訴え（不登132①六・147・148）のことで、従来、講学上、境界確定訴訟と呼ばれてきたものです。判例によれば、境界確定訴訟においては、「客観的な境界を知り得た場合にはこれにより、客観的な境界を知り得ない場合には常識に訴え最も妥当な線を見出してこれを境界と定む」（最判昭38・10・15民集17・9・1220）べきものとされています。したがって、理論的には、筆界確定訴訟により法的に確定される筆界は、従来の筆界の位置を発見し、これを確認した筆界と、従来の筆界の位置が不明であるため、新たに形成された筆界とがあることになります（これに対し、筆界特定制度の場合には、新たに筆界を形成することは認められていないため、調査を尽くしても筆界の位置が不明であるときは、筆界の位置の範囲を特定することになります（不登123二）。）。

筆界確定訴訟の判決が確定したときは、それが従来の筆界の位置を確認したものである場合においても、新たに筆界を形成したものである場合においても、法的には、判決により確定された線のみを筆界と

して取り扱う必要があります。したがって、既に筆界確定訴訟の判決が確定した後、当該判決により確定された筆界について、筆界特定の申請をしたときは、申請は、却下されることになります（不登132①七）。逆に、筆界特定がされた後、筆界特定により特定された筆界について、これと異なる内容の筆界確定訴訟の判決が確定したときは、筆界確定訴訟の確定判決が優先します（不登148）。この場合において、申請人または関係人その他の者から筆界特定に係る筆界について筆界確定訴訟の確定判決の正本または謄本の提出があったときは、筆界特定手続記録を保管する登記所の登記官は、筆界特定書に確定日、判決裁判所および事件番号を記載することにより、筆界確定訴訟の判決が確定した旨を明らかにすることとされています（不登規237、施行通達164）。

　現に筆界確定訴訟が係属している筆界について筆界特定の申請をすることや、逆に、現に筆界特定の手続が行われている筆界について、筆界確定訴訟に係る訴えを提起することは、妨げられません。これらの場合には、筆界確定訴訟の手続と筆界特定の手続とが並存することになりますが、実務上、例えば、筆界確定訴訟が係属する裁判所の判断により、筆界特定の結果が出るまでは、筆界確定訴訟の手続の進行を事実上停止する等の運用をすることは可能です。筆界確定訴訟の審理を効率的に進める上で、筆界特定の手続により、論点を整理し、専門家の意見を踏まえた筆界特定登記官の判断を示した筆界特定手続記録を利用することが考えられるからであり、法律も、これを予定して、裁判所の釈明処分として行う筆界特定手続記録の送付嘱託に関する規定を設けています（不登147）。また、当事者は、筆界特定書および政令で定める図面の写しを証拠として提出することが可能ですし、筆界特定書および政令で定める図面以外の筆界特定手続記録については、必要に応じ、民事訴訟法226条の規定による文書の送付嘱託を申し立てることにより、筆界特定手続記録を筆界確定訴訟の手続における証拠として利用することができることになります。

9　境界標の設置

　筆界特定書の一部となる筆界特定図には、現地において復元可能性がある形で筆界点の現地における位置が明らかにされることになりますが、筆界および筆界点が現地において存在するものである以上、その位置を端的に明らかにすることができるのは、現地における境界標です。特定された筆界を保全し、将来の紛争を防止するという観点から、筆界特定がされた場合において、特定された筆界点に境界標が存しないときは、これを設置することが望ましいことは、いうまでもありません。そこで、施行通達129では、筆界特定をしたときは、申請人および関係人に対し、永続性のある境界標を設置する意義およびその重要性について適宜の方法により説明することとされています。これは、筆界特定には事実上の効力があるだけで、土地の所有者に対し、境界標の設置を義務付ける法令の規定もありませんが、その重要性にかんがみ、申請人や関係人が自発的に境界標を設置するような形で制度が運用されることが望ましいと考えられたからです。

10　結びにかえて

　筆界特定制度は、新たに創設された制度です。本稿の記述は、制度発足の時点における制度のアウトラインを示したものにすぎません。制度の内容は、今後の運用を通じ、より具体化されていくことになります。改正法の提案理由によれば、筆界特定制度が導入された目的は、「土地の筆界の迅速かつ適正な特定を図り、筆界をめぐる紛争の解決に資するため」とされています。したがって、今後は、運用の中で、その導入の目的に沿った結果を実現することができるかどうかについて検証を重ね、筆界の特定に関する経験とノウハウを蓄積していくことが重要になると思われます。

第4　土地家屋調査士会と境界

　　　　　　　　　　　　　　　　　　松岡直武

1　はじめに

　ここ数年前から土地の境界や、登記所備付地図の整備の重要性などが社会的に注目を集めるようになりました。一億総地主化したといわれて久しくなりますが、わが日本においては土地を所有することが特別なことではなく、ごく一般的な市民の生活態様として定着していること、バブル経済の出現とその崩壊の過程で浮き彫りになった不動産市場の動向、それらがもたらした閉塞感がメディアを通じて国民各層が体感することとなったこともその要因かと思われます。

　さらには国家の財政基盤・景気の動向の多くの部分は土地利用の高度化と流動化の促進に委ねていることが不良債権処理や六本木ヒルズのような大規模な都市の再開発事業とともに語られるようになったことも影響しているかもわかりません。

　土地家屋調査士は、1万8,300余名が国内の各地に事務所を設けて不動産の表示に関する登記に必要な調査・測量と登記申請手続を代理することを業としています。その業務の過半を占めるのが土地の境界を確認することであることから、日本に数少ない土地境界に関する専門職でもあります。

　同時に土地家屋調査士は土地境界に関する紛争の早期解決の必要性を訴え続けるとともに、自らその研究を続けてきました。平成17年4月、その前年に改正されたばかりの不動産登記法がさらに改正され、法務局における新たな筆界特定制度が創設されましたが、土地家屋調査士はこの制度における中核的な役割を担うことになりました。さらに、司法制度改革の議論の中で重要課題となった民間紛争解決制度の

検討に当たっては、土地家屋調査士の専門性を活用したADRとして日本土地家屋調査士会連合会（以下「日調連」といいます。）が単位会とともに境界紛争の解決に特化したADRとして長年研究してきた「境界問題相談センター」の活動が評価され、土地家屋調査士に民間ADRにおける代理権が付与されました。境界紛争解決制度にとっても、土地家屋調査士の制度と業務にとっても新しい時代の幕が開いたといえます。本稿では、土地家屋調査士と境界紛争の解決の関わりについて実務家の立場から解説いたします。

2　土地家屋調査士と土地境界

先に述べたように、土地家屋調査士は不動産の表示に関する登記に必要な調査・測量・申請の代理を業として56年余りが経過しています。表示に関する登記は権利の登記と両輪をなし、民法177条が所期する対抗要件を具備するための不動産登記制度の要でありますが、同時にわが国における地籍の制度の側面においても、地籍の異動・修正をリアルタイムに登記記録に反映させ、公示するという、国民生活に最も近いところで、その役割を担ってきました。また、土地家屋調査士の日常業務においては、土地についての表示に関する登記申請に必要な作業の過半が土地境界の確認作業です。

土地境界の確認を必要とする登記申請（嘱託）件数

（平成16年度・法務省統計年報から）

登　記　種　別	件　　　数	個　数（筆数）
土地の表示に関する登記総件数	4,642,274	12,606,254
土地表示登記	33,412	62,276
分筆登記	658,033	2,009,806

地積の変更・更正	179,982	632,652
区画整理・土地改良ほか	2,129,000	6,903,037
地図の訂正	1,064,175	1,152,675

　また、土地家屋調査士は、その法定業務を通じて培った土地境界に関するノウハウを生かして、様々な業務を行っています。その中でもやはり土地境界の確認を目的とする事案が相当数に上っています。
　所有者が土地家屋調査士に境界（筆界）確認を依頼する動機としては、
① 売却したい（一部を分筆したい）が境界が不明。（境界の確認は近年の土地売買の必須要件）
② 面積がどれぐらいあるのか確認したい。
③ 家を建築したい（障壁を建てたい）が境界が不明。
④ 境界杭がないので新たに杭を入れたい。
⑤ 隣地所有者（または隣家）の占用状況がこちらの所有地内に侵入しているように思う。
⑥ 隣地から境界の立会い確認を求められているが資料がない、判らない。
⑦ 隣地所有者の主張する境界に納得できない。昔から境界に争いがある。
⑧ その他。
などが挙げられます。
　日常業務の中でおびただしい土地境界の確認作業に取り組む中で、紛争性のある事案や紛争一歩手前の事案に遭遇することも少なくありません。むしろ、そういった事案はかなりの数に上ることも体感しているところです。

3　境界紛争の特色

　境界紛争はいったん紛争となったときには、その解決はとても困難な紛争類型の一つといわれています。紀元前4,000年前の壁画には既に土地の測量を題材にしたと思われる壁画が存するといわれています。土地の存在は人間生活と密着したものであり、その利用・所有の歴史は人類の歴史そのものでもあるといえるからかもしれません。

　一般的に境界が紛争となるのは、①境界を表す杭などの標識がないため、あいまいになっている。②隣接地所有者が新たな建築をしたり、塀などを構築するに当たり、境界を無視している、もしくは侵犯している。③土地を売却するに当たり改めて境界を確認したところ、隣接地所有者は当方の思惑とかなり異なった線を主張している。④農地などの耕作に当たって境界を越えて鍬入れしている。⑤隣接者の立会いなく、勝手に杭を入れた。などが端緒である場合が多いようです。

　境界に紛争があると、①争いの相手方が朝夕に顔を合わせる隣人であり、いつお世話になるかもわからない方であることから真正面から表立っての主張は難しい。②境界を表す杭などがもともとなかったため、確かに当方の主張が正しいかどうか、自信がない。③わが国において境界が紛争となったときに解決を図るための指針となる規定がなく、形式的形成訴訟ともいわれる境界確定訴訟の下、裁判官が確定することを以って終局としていますが、前提となる争点整理のために真実の境界もしくは真実に最も近い境界線を探索する作業が欠かせません。しかし、そのためには高度な専門知識や測量技術、さらには経験則をも加味した知見が必要となり、また、争いの範囲が数センチ幅ということも少なくないほど極めて微細なものである場合には、その対象地の価格においても極めて低額であるにもかかわらず、手間隙のかかる作業を要することになります。

4　土地家屋調査士会における紛争解決への取組みの経過

先に述べたように日調連では、土地境界に関する紛争を迅速に、しかも当事者がより納得できる方法で解決する方法について研究を重ねてきました。

(1)　日調連・研究室における研究

平成4〜8年にかけて日調連・研究室においてこのテーマに関する研究を重ねてきました。

特に、平成7〜8年度の研究においてはそれまでの研究を基盤に、より多面的な研究を進め、土地家屋調査士の専門性を活用して境界確定訴訟において出廷陳述権を付与すること、地方自治法による行政界に関する紛議の調停にヒントを得て調停制度または仲裁制度を活用した紛争解決制度などを提言し、報告書がまとめられたところです。（注1）

(2)　（第1次）境界確定制度に関する研究会への参画

さらに、平成10〜11年度に法務省の委託を受けて研究を開始した民事法務協会を事務局とする『新たな境界確定制度に関する研究会』に研究員として役員を派遣し研究に参画してきました。この研究報告書は後に法律となった筆界特定制度に大きな示唆を与えていると考えられています。

(3)　日調連境界紛争解決制度PTの設置

同研究会の報告書の中間報告が提示されたのは平成12年ですが、提案された制度では公法上の境界を確定する制度にとどまり、所有権の範囲を争うものについては、新たな制度では扱わないこととされていました。

しかし、市民社会における境界紛争においては所有権の範囲につい

ての争いも同時に解決できる制度でなければ真の解決にはならないことを日常業務の中で体感している土地家屋調査士として、より利便性の高いシステムを構築する必要があるのではないかと考え、日調連独自の提案をするべく連合会にプロジェクトチームを組成して多面的な検討を加えてきました。その成果については平成13年5月に研究報告書として取りまとめられています。（注2）

(4) 単位会における試行の開始

　この研究報告を受けて、日調連では各単位会に呼び掛けて土地家屋調査士会が主体となって弁護士と土地家屋調査士が協働する紛争解決機関『境界問題相談センター』の試行を開始しました。この試行は各地域の実情や会の規模の違いを考慮して、より実効性の高い紛争解決機関であるための様々な課題の抽出をしております。

(5) （第2次）境界確定制度に関する研究会への参画

　平成15年6月に決定されたいわゆる平成地籍整備計画の後、平成15年11月に法務省では商事法務研究会を事務局とする『新たな境界確定制度の研究委員会』を設置し、第2次ともいえる新たな境界確定制度の創設に向けての研究を行いましたが、日調連からも研究委員を派遣し実務家の立場から共同研究に参画してきました。

5　土地家屋調査士会型ADRの概要

　日調連がその研究成果を基に構想した裁判外で境界紛争を解決する制度の骨子は概ね次のとおりです。

① 対象とする紛争の限定〜土地の境界が不明であることに起因する民事紛争の解決であること。

② 境界紛争の総合的解決〜公法上の境界（筆界）の確認により争点の整理を図るとともに、所有権の及ぶ範囲についての紛争が内在し

ているときには併せてその解決を図る。
③　運営主体～土地家屋調査士会が主体となって運営する。
④　専門家の協働～境界の専門家である土地家屋調査士と紛争解決の専門家である弁護士の協働であることを基本とする。その実現のために地域の弁護士会に組織としての協力を要請する。
⑤　相談の重視～土地境界に関する紛争は、現地に境界を表す杭などがないため境界の位置が不明であることが端緒になっている場合が多く、多くの場合、当事者は紛争性の有無さえ意識していない場合が多い。また相隣間の紛争という特性から、争っていることを顕在化したくないという意識も強いことから、このシステムでは相談業務に重点を置くこととしている。
⑥　専門職能の社会的責任～土地家屋調査士の専門性を発揮することにより社会に数多く存在する境界紛争に悩む人々を救う社会貢献事業の一環と位置付ける。
⑦　地域性の考慮～土地境界は地域により特性を有するものであることから、基本的な事項を遵守するほかは、その運営組織や人的構成、財政措置などについては各センターの自主的な運営に委ねる。
⑧　センターの標準的な組織・運営は後掲（74頁）＜別図＞のとおり。

　平成13年5月、日調連境界紛争解決制度PTによる報告書が発表されて以来、各地の土地家屋調査士会では本格的にそのしくみ作りに取り掛かりました。

　各地の土地家屋調査士会では会内合意を経て地域の弁護士会に協力を要請し、両団体で協議が重ねられました。平成14年11月、愛知県土地家屋調査士会が名古屋弁護士会の全面的な協力を頂き『境界問題相談センターあいち』を開設し、試行第1号となりました。

　当時、司法制度改革推進本部ではADRに関する議論が進められて

おり、その議論に積極的に参画するためにも一日も早くセンターをスタートさせる必要があったこと、しかし、弁護士法72条による制約等から土地家屋調査士会が主宰し土地家屋調査士が調停人となって民事紛争の解決を積極的に行うことにいささか疑念もあったことなどから、とりあえず『試行』と位置付けしてスタートに踏み切ったものです。

平成18年3月末現在、以下に掲げる12箇所の境界紛争解決のためのADRが地域の弁護士会の全面的な協力を得て稼動しています。

〇現在の設立状況
　　あいち　境界問題相談センター　　　　　　（平成14年10月1日）
　　境界問題相談センター　おおさか　　　　　（平成15年3月1日）
　　東京土地家屋調査士会
　　　　境界紛争解決センター　　　　　　　　（平成15年6月24日）
　　境界問題解決センター　ふくおか　　　　　（平成16年3月8日）
　　みやぎ　境界紛争解決支援センター　　　　（平成17年3月3日）
　　さっぽろ　境界問題解決センター　　　　　（平成17年8月14日）
　　境界問題相談センター　かながわ　　　　　（平成17年3月31日）
　　境界問題相談センター　ひろしま　　　　　（平成17年8月10日）
　　境界問題解決センター　とくしま　　　　　（平成17年11月26日）
　　境界問題相談センター　埼玉　　　　　　　（平成17年11月30日）
　　境界紛争解決センター　ぎふ　　　　　　　（平成18年3月4日）
　　境界問題相談センター　いしかわ　　　　　（平成18年3月27日）

第1章　概　説

○土地家屋調査士会ADR（境界問題相談センター等）取扱件数

	あいち境界問題相談センター	境界問題相談センターおおさか	東京会境界紛争解決センター	境界問題解決センターふくおか	みやぎ境界紛争解決支援センター
問合せ件数	535	1253	997	894	87
相談受付（受付）件数	253	222	540	68	35
相談段階での処理（解決）件数	250	137	489	36	23
相談継続中の件数	1	3	37	0	0
相談から調停への移行件数	13	60	14	27	12
直接調停への申立件数	3	7	0	12	0
調停成立件数	4	8	2	9	4
調停取下件数	4	30	8	5	5
調停不成立件数	6	15	3	9	1
調停継続中の件数	5	1	2	6	3

第 4 土地家屋調査士会と境界

境界問題解決センターかながわ	境界問題相談センターひろしま	さっぽろ境界問題解決センター	境界問題解決センターとくしま	境界問題相談センター埼玉	境界紛争解決センターぎふ	境界問題相談センターいしかわ
188	182	23	55	75	43	−
45	20	14	20	6	21	−
33	15	12	12	67	16	−
4	0	2	2	2	4	−
8	5	4	6	0	0	−
1	0	0	1	0	1	−
1	2	0	0	0	0	−
1	1	1	2	0	0	−
2	2	0	2	0	0	−
9	1	3	3	0	0	−

平成18年3月31日現在　日調連調べ

6 司法制度改革におけるADRの検討と土地家屋調査士会の活動

(1) 司法制度改革の議論とADRの検討

平成13年6月の司法制度改革審議会の答申によりADRに関する検討が積極的に行われ、同年12月に設置された司法制度改革推進本部にはADR検討会が設置され、有識者による多面的な検討が行われました。

日調連ではかねてから裁判外で紛争を解決する機関としての境界問題相談センターの試行と並行して、制度対策本部を中軸にこの議論に積極的に参画しました。司法制度改革推進本部には嘱託調査員を、ADR検討会にはオブザーバーを派遣しました。嘱託調査員からは土地家屋調査士の専門性を活用したADRについての研究報告書が提出されました。(注3)

(2) ADR検討会の議論への参画

また、司法制度改革推進本部ADR検討会および自由民主党司法制度調査会はじめ与野党の政務調査会や法務部門会議等のヒアリングにおいて、調査士会ADR試行の現状と課題を報告し、意見を述べるとともに、数度にわたり各方面に意見書を提出しました。

(3) 平成16年11月司法制度改革推進本部の決定―土地家屋調査士への代理権の付与―

平成16年11月26日の司法制度改革推進本部の会合では専門資格者のADRへの活用について、土地家屋調査士に一定の条件を付して民間紛争解決手続における代理人として活動する権限を付与することが決定されました。政府や国会におけるADRについての検討過程における議論への積極的参画、弁護士と土地家屋調査士が協働する、まさしく専門資格者の特性を最大限に活用した形で、各地で試行している境界問題相談センターへの取組みや専門分野における優れた知識・経験

が評価されたものといえます。

決定の内容は以下のとおりです。

（平成16年11月26日　司法制度改革推進本部決定）
四　今後の司法制度改革の推進について
2　裁判外紛争解決手続における隣接法律専門職種の活用について
　裁判外紛争解決手続の利用を促進していくためには、手続実施者のみならず、代理人についても、利用者が適切な隣接法律専門職種を選択できるよう制度整備を図っていく必要がある。
　そこで、司法書士、弁理士、社会保険労務士及び土地家屋調査士について、別紙に掲げる方向性に沿って、裁判外紛争解決手続における当事者の代理人としての活用を図ることとし、所管府省を中心に、できるだけ早期の具体化に向け、今後、関係法案の提出を含め、所要の措置を講じていく必要がある。
（別紙）
1　司法書士　　（略）
2　弁理士　　（略）
3　社会保険労務士　　（略）
4　土地家屋調査士
　信頼性の高い能力担保措置を講じた上で、土地の境界が明らかでないことを原因とする民事に関する紛争（弁護士が同一の依頼者から裁判外紛争解決の手続を代理しているものに限る。）に係る裁判外紛争解決手続（法務大臣が指定しているものに限る。）について代理することを土地家屋調査士の業務に加える。
（注4）
　　1から4までにおける裁判外紛争解決手続きの代理の事務には、裁判外紛争解決手続の代理を受任する前に依頼者の相手方と和解交渉を行うことは含まれないが、次に掲げる事務は、原則として含まれることとなる。
　　1）　裁判外紛争解決手続の代理を受任する際に依頼者からの相談に応じること
　　2）　裁判外紛争解決手続の代理を受任した後、当該裁判外紛争

> 　　　　解決手続きの開始から終了までの間に依頼者の紛争の相手方
> 　　　と和解のための交渉を行うこと
> 　3）　裁判外紛争解決手続で成立した合意に基き和解契約を締結
> 　　　すること
> 　　　　　　　　　（＊土地家屋調査士に関する部分のみを抜粋）

(4) ADR基本法の制定と土地家屋調査士会型ADR

　また、同月には、裁判外紛争解決手続の利用の促進に関する法律（ADR基本法）が公布されました。この法律では、多様なADRを前提に、法務大臣の認証制度を設け、一定の条件をクリアしたADR手続には、時効の中断の効果や弁護士法72条の適用除外をすることを規定しています。

　境界に関する紛争には絶えず取得時効を意識せざるを得ない側面があることから、時効の中断の効果を得ることは紛争解決手続きの実効性を高める上でも、また、当事者が安心して境界問題相談センターの調停制度を利用できるためにも、重要なことと考えています。

　そのため、土地家屋調査士会の主宰するADRはこの法務大臣の認証を受けることを予定し、準備しています。

7　筆界特定制度の創設と土地家屋調査士

(1) 新たな境界確定制度の創設に関する検討と日調連

　平成15年6月、政府の都市再生本部は平成地籍整備計画を発表しました。

　計画では進捗の待たれている都市部の地籍調査推進の起爆剤として、従来の地籍調査の手法を踏まえながらも、既存の民間の測量成果などを活用した新しい地図作りに取り組むこととされました。登記所に蓄積されている地積測量図や民間の開発等による測量の成果を活用

し、街区基準点の整備を図る等により、これまでの精緻な地図作りに比して、いわば、次善の地図を作ることを骨子にしているという側面もあります。

　また、法務局が境界の確定に積極的に関与すること、必要な法整備を図ることが謳われています。

　この決定を受けて、法務省では、従来からの新たな境界確定制度に関する研究の成果を活用することも含め、前述のように第2次ともいえる新たな境界確定制度の創設のための研究会を設置し、法務省関係者・学者のほか、実務家団体や経済界など関係団体等の参画も得て多面的な検討が行われたところです。

　日調連もこの研究会への参画の機会を得て、研究委員が議論に加わっています。

(2)　新しい制度における土地家屋調査士の役割

　平成17年4月に公布された不動産登記法等の一部を改正する法律（平17法29）により、新たに創設された筆界特定制度は、法務局（地方法務局）が主宰し、登記官と土地家屋調査士や弁護士など、官と民の専門家による協働作業により境界紛争を解決しようというものです。

　当初構想された「新たな境界確定制度」では所有権の及ぶ範囲の限界としての境界、いわゆる所有権界の争いについても、解決の場を提供するというシステムになっていました。

　しかし、法案段階では、境界⇒筆界、確定⇒特定と、その言葉がすべてを表しているように、この制度では登記された一筆ごとの区画線としての境界、これまで公法上の境界といわれてきた「登記と対応する境界─すなわち筆界─」をその対象とすることとしています。

　法務局または地方法務局の表示登記専門官から選ばれた筆界特定登記官が、境界に関する専門的知識および経験を有する者として法務局

または地方法務局の長が任命した筆界調査委員の行った事実の調査および意見に基づき筆界を「特定」することとなっています。不動産登記法128条では弁護士・土地家屋調査士・司法書士・公務員であった者について、筆界調査委員の欠格事由を規定しています。

　この制度の中核をなす筆界調査委員の適任者として土地家屋調査士等が予定されていることから置かれた規定と考えられます。

　土地家屋調査士は日常業務を通じて土地の境界の特定または確認に必要な調査を行うとともに現地を測量した成果、現地調査で得た知見、関係者等からの意見聴取等の結果を重ねあわせてこれを解析し、真実の境界を探索しています。

　その専門的知見は表示に関する登記において発露されるばかりでなく、近年は境界が不明であることを原因とする各種の訴訟や調停において鑑定人となったり、調停委員、専門委員に指名されている者も少なくありません。調査委員への積極的な活用はこれまでの土地家屋調査士の境界紛争解決についての様々な活動が評価されたものともいえます。

　調査委員の職務は筆界の特定に必要な事実の調査を行うこと、および筆界特定登記官に意見を提出することと規定しています。

8　筆界の特定と紛争解決への参画－土地家屋調査士法の改正－

　平成17年3月に筆界特定制度の創設を骨子とする不動産登記法の一部を改正する法律案とともに衆議院に付託された土地家屋調査士法の一部を改正する法案は衆参両院の法務委員会、本会議における審議を経て同年4月13日、全会一致をもって可決成立したところです。

　直近の平成14年に改正された土地家屋調査士法が規制改革の潮流の中で、時代の要請に粛々と応えたもの（例えば報酬の基準に関する規

定を会則事項から除外したこと、調査士法人の制度を新設したことなど）であったのに比してこの改正は土地家屋調査士の55年の歴史においても刮目に値するものともいえます。

(1) 土地家屋調査士法の改正

改正の要点は①新たに創設された筆界特定制度において土地家屋調査士に代理人として活動する権限を付与し、必要な規定を整備したこと、②司法制度改革推進本部の決定（前出）により土地家屋調査士に民間紛争解決手続における代理権が付与されたことに伴う資格法の改正、③それらに必要な規定の整備等です。

(2) 筆界特定制度において代理すること

土地家屋調査士法は3条の業務に関する規定を大幅に改正し、1項4号に筆界特定の手続についての代理、同5号に同手続について法務局または地方法務局に提出し、または提供する書類または電磁的記録の作成、同6号に従来からの業務である不動産の表示に関する登記について必要な調査・測量・申請手続および審査請求の手続の事務についての相談ならびに筆界特定の事務についての相談を土地家屋調査士の業務とすることが明記されています。

この制度の目的が登記に対応する境界である筆界の確認等について日常業務である表示に関する登記に必要な調査・測量・申請手続等を通じて土地の筆界について極めて高い専門的知識および経験を有する土地家屋調査士が代理人となることの意義は大きいと考えられています。

例記すると、①現地における調査・測量、人証、物証、書証等、各種資料の収集とこれらを総合的に分析して真実の筆界の位置を探索することができる。②境界紛争の特性を理解している。③地域の境界に関する習慣や特性を熟知している。④以上を踏まえて当事者の争点を整理することができる。⑤相隣関係に配慮した当事者への説明ができ

る。⑥登記に反映することが容易である。などを挙げることができます。

　筆界特定の申請に必要な申請情報および添付情報については不動産登記法131条および不動産登記規則207条、209条に明らかですが、不動産登記規則207条1項では申請に至る経緯を明らかにすることとされ、2項6号および3項4号では「工作物、囲障または境界標の有無その他の関係土地の状況」を明らかにし、3項5号では「申請人が対象土地の筆界として特定の線を主張するときは、その線および根拠」を明らかにし、同9号では「申請人および関係人が提出する意見または資料があるときは、その表示」さらに、4項では現地の状況を説明したり、特定の線を主張するときは図面を利用する等の方法により、現地の状況および筆界として主張されている線の位置を具体的に明示するものとする、と規定しています。

　申請情報および添付情報については、法文上は精緻なものを求められているわけではありませんが、筆界調査委員および筆界特定登記官が事実の調査や筆界特定をするに当たって、より精度の高い測量図面や、当事者の主張し、または認識している筆界線の根拠ならびにその疎明書面が添付されていることにより、制度の所期する迅速な解決、より納得のできる公正な解決を実現するためには大きな効果があることは自明であるともいえます。

　他方、土地家屋調査士にとりましても、これまでの不動産の表示に関する登記に必要な調査・測量等の日常業務の限りなく延長線上にあるともいえる筆界特定の申請において、その専門性をより以上に発揮できるステージを得たことになり、専門家の社会的責任を果たすという視点からも歓迎すべきこととされています。

　このことから、後に述べる民間紛争解決手続における代理人として活動するためには弁護士との共同受任、相応の能力担保措置などが条

件とされていますが、筆界特定制度における代理権はすべての土地家屋調査士に与えられており、土地家屋調査士の独占業務となっています。

なお、土地家屋調査士法68条では同法3条に定める土地家屋調査士の業務のうち、この筆界特定制度における代理人として、弁護士および司法書士法3条2項の認定司法書士が行うことができるとされています。弁護士および認定司法書士は境界確定訴訟等を通じて紛争解決の経験が豊富であり、境界に関する知見も備えていると考えられたからです（認定司法書士が筆界特定についての代理の事務を行うことについては、特別の能力担保措置は必要ではありませんが、紛争の対象範囲と考えられる土地の部分の価格として計算される金額（注4）が簡易裁判所の事物管轄の額として定められた金額（現時点では140万円以下）の範囲内に限られています。）。

(3) 民間紛争解決手続において代理すること

さらに土地家屋調査士法3条1項7号では土地家屋調査士が民間紛争解決手続における代理ができること、同項8号ではその事務についての相談をも業務とすることができることを明らかにしています。

無論すべての民事に関する紛争の代理ができるわけではなく以下の条件の下に代理するときに限ります。これは、先に紹介しました平成16年11月26日司法制度改革推進本部の決定に基いて置かれた規定です。

① 土地の筆界（注5）が現地において明らかでないことを原因とする民事に関する紛争解決手続であること。
② 当該紛争の解決の業務を公正かつ適確に行うことができると認められる団体として法務大臣が指定するものが行うものについての代理。

また、代理権を付与されるための条件として

③ 弁護士と共同して受任すること。

④　能力担保措置として法務省令で定める法人が実施する研修であって、法務大臣が指定するものの過程を修了した者であること（調査3②一）、および修了者の申請に基づき法務大臣が民間紛争解決手続代理関係業務を行うのに必要な能力を有すると認定した者であること（調査3②二）、土地家屋調査士会の会員であること（調査3②三）。
と規定されています。

ア　土地家屋調査士が代理についての事務を行うことができる紛争の対象

　今回の土地家屋調査士へのADRにおける代理権の付与は司法制度改革における検討の中で、国家資格者等の専門職能が、その専門性を活用して紛争解決に寄与することが前提としてあったことから、土地家屋調査士がその専門性を発揮できる分野である境界、わけても登記された土地の境である「筆界」を対象とし、筆界が不明であることに起因する民事紛争の解決分野に特化しているためです。

　この分野は多くの紛争類型の中でも争点の整理に極めて高い専門的な知見を必要とすること、土地家屋調査士はこの分野では既に裁判所の嘱託による鑑定人として、あるいは裁判所における調停制度の中で調停委員等として多くの会員が採用されているほか、民事訴訟法の改正により新設された専門委員としても活動している実績があります。

　土地家屋調査士の業務はこのほかにも様々なもの、例えば建物の表題登記における所有権者の確認や建物性の認定などがありますが、もっとも象徴的な業務である筆界関係に焦点を絞ったものです。

　代理できる範囲につきましては、司法制度改革推進本部決定に基づいて法務大臣が指定した団体が行うADRにおける代理に限られますが、代理の事務には、①ADRにおける手続代理を受任する際に、依頼者からの相談に応じること、②手続代理を受任した後、手続開始から終了までの間に依頼者の紛争の相手方と和解のための交渉を行うこ

と、③ADR手続で成立した合意に基づき和解契約を締結することを含みます（清水響編著『一問一答不動産登記法等一部改正法：筆界特定』133～134頁（商事法務、平18））。

　イ　法務大臣が指定する民間紛争解決手続における代理

　土地家屋調査士が代理を行うことができる民間紛争解決手続（ADR）は法務大臣が個別に指定する団体が行うものであることとされています。弁護士法72条の適用を受けないという特別扱いをするものであるところから、数多いADRのいずれでも活動できるというものではなく、特に法務大臣が土地家屋調査士が代理することが適当である団体として指定した団体に限られます。当面は土地家屋調査士会が運営する境界問題相談センターがこれに該当すると考えらます。

　なお、この指定は、平成16年11月に成立した裁判外紛争解決手続の利用の促進に関する法律（ADR基本法）に基づく申請により、一定の条件をクリアした手続機関は法務大臣が認証することによって一定の法律効果（時効の中断の効果、弁護士法72条の適用除外等）を与えるための認証とは異なりますが、概ね共通の条件をクリアすることが必要と思われます。

　ウ　弁護士との共同受任

　日調連が主導し、各地の土地家屋調査士会が運営主体となって設置している境界紛争解決のためのADRでは、当初から紛争解決の専門家である弁護士との協働であることを基本方針とし、当該地域の弁護士会の全面的な協力の下に運営されています。司法制度改革の審議過程、推進本部の検討過程でも、国民の司法へのアクセス向上、利便性の確保のためには、隣接法律専門職種といわれる法律関連の専門資格者の活用が重要であるとの基本的な考え方があったと考えられます。一方、阪神・淡路大震災の復興・復旧支援活動の経験からも、専門家といえども、単一の職種だけでは解決できない問題も数多く存するこ

と、特に境界をめぐる紛争の解決のためには、境界そのものについての専門的知見ばかりでなく、所有権の帰属をめぐる紛争や占有物除去をめぐる紛争、建築に関係する紛争等、様々な紛争が内在している場合が多いことから、法律の専門家である弁護士の助言や運営参画が欠かせないという視点からです。現在設置運営中の土地家屋調査士会ADRでは、弁護士と土地家屋調査士が運営委員や手続実施者である調停人、相談担当者等とペアを組んで問題解決に当たっており、それぞれの専門性を発揮することにより、より迅速、かつ円満な解決が図られつつあります。

エ 能力担保措置

　土地家屋調査士はこれまで、表示に関する登記に必要な調査・測量および申請手続等を依頼者に代わって代理するという、いわば手続の代理人として業務してきました。表示に関する登記は現地の土地・建物の物理的な状況を正確に把握し、リアルタイムで登記記録に反映させること、依頼者の自由意思により分割や合併の登記に必要な事務を行うことであり、土地に関する業務の中核である筆界の確認についても、本来の筆界の位置を探索・確認するという、いわば、事実を確認する業務であったといえます。

　ところで、筆界の位置が現地で不明であることを原因とする民事紛争には、結果として所有権の及ぶ範囲をめぐっての争いが内在していることがその大部分を占めると考えられます。

　しかし、紛争の真っ只中に入ってその解決を促進する営みはこれまでの土地家屋調査士の業務にはなかったものです。そこで、土地家屋調査士のADR代理については、一定の能力担保措置を講じることが司法制度改革推進本部の決定で条件とされ、土地家屋調査士法の改正によって具体的な措置を講じたものです。

　具体的には、民間紛争解決手続代理関係業務の認定のための研修と

して、希望会員を対象に研修を修了し、考査を経て、法務大臣が認定する者に代理権を付与することとしています。

　平成18年3月2日法務省令第18号をもって、日調連が土地家屋調査士法3条2項1号の研修主体として定められ、同日、予定している研修課程が基準に適合するものであることの告示がなされました。なお、研修カリキュラムについては法務省・財団法人日弁連法務研究財団の指導と協力を得て研修の実施者である日調連が策定しています。

　法務省令で定める研修の基準については、土地家屋調査士法施行規則9条に規定されています。

> 　　　（土地家屋調査士法施行規則　第9条）
> 一　次に掲げる事項について、講義及び演習を行うものとする。
> 　イ　民間紛争解決手続における主張及び立証活動
> 　ロ　民間紛争解決手続における代理人としての倫理
> 　ハ　その他法第3条第2項の民間紛争解決手続代理関係業務を行うのに必要な事項
> 二　講義及び演習の総時間数は、45時間以上とする。
> 三　民間紛争解決手続における代理人として必要な法律知識についての考査を実施するものとする。

オ　土地家屋調査士会の会員であること

　なお、土地家屋調査士の資格を得て土地家屋調査士法3条1項各号に定める業務を行うには、日調連に備付けの土地家屋調査士名簿に登録され、事務所を置く地に設立されている土地家屋調査士会に入会しなければならない（調査9・52）とされていることから、民間紛争解決手続代理関係業務を行うには日調連に登録され、土地家屋調査士会に入会した会員でなければなりません。

9　結びにかえて

　冒頭に記しましたように、境界・地図・地籍が時代のキーワードのように語られるようになったのはごく最近のことです。

　境界についての認識が高まるに比例して解決の困難な紛争事例の一つとしても関係者に意識されるようになりました。境界の確認を日常の業務としている土地家屋調査士にとっては、境界への関心が高まり、土地家屋調査士の専門家としての位置付け、社会的評価にも影響しているようです。

　さらに、時を同じくして司法制度改革の議論の中で民間の専門資格者の専門性を活用した紛争解決手続についての検討が加えられ、あるいは平成地籍整備計画の中で、境界の確定に法務局が積極的に関与することが謳われました。

　そして、日調連が最重要課題として長年取り組んできた筆界への取組みが実を結び、土地家屋調査士に筆界の不明を原因とした民事紛争において当事者の代理人として活動する場が与えられたこと、不動産登記法の改正により新たに創設された筆界特定制度においては筆界調査委員としてその専門性が活用されるほか、当事者の代理人として活動することを業務として行うことができることとなったことは、これまでの土地家屋調査士の業務と、そのイメージを大きく変えつつあります。

　本稿では土地家屋調査士と新たな筆界特定制度、民間境界紛争解決手続の関わりについて紹介しましたが、両制度ともスタートしたばかりであり、解決を迫られるような課題も少なくはありません。事案ごとに関係者が知恵を絞って地道に一つひとつ解決し、相応の実績の積み重ねによって、より安心で、より利便性の高い形で境界（筆界）紛争が解決されることを期待するところです。

　また、筆界特定制度、民間紛争解決手続としての土地家屋調査士会

ADR・境界問題相談センター、裁判所における訴訟制度や調停制度、さらには地図混乱地域における登記所備付地図(いわゆる法14条地図)の作製作業など、土地の境界・筆界に関係する機関やしくみが相互に連携を図って、より質の高い、利便性に富んだ紛争の解決を図ることができるよう、期待するところです。

（注１）平成７～８年度日調連研究室の「判例・先例・通達・通説等から見た業務改善の研究」と題した研究報告書（研究担当者　国島宏治・松岡直武）では土地境界をめぐる様々な提言がなされています。境界紛争を迅速に解決する制度として、調停制度、仲裁制度、境界についての専門裁判所の設置、裁判における土地家屋調査士への出廷陳述権の付与、補佐人としての活用などがあります。平成９年になって日調連会報に掲載され反響を呼びました。

（注２）平成12年11月、日調連が設置した裁判外紛争解決制度の具体化のためのプロジェクトチーム（松岡直武・藤原久司・杉井潔・田代健太郎・井畑正敏）は翌13年４月「境界紛争解決のためのADR創設について」と題する報告書を作成しました。

　　　　筆界の不明を直接・間接の原因とする紛争の解決と予防司法としての役割を果たすこと、解決の結果を所要の手続を経て登記記録に反映させること、弁護士との協働とすることなど、現在の土地家屋調査士会型ADRの原型を構想しています。

（注３）司法制度改革推進本部の嘱託調査員・松岡直武は「土地家屋調査士の専門性を活用したADRへの関与の現状と今後の可能性」と題する研究報告書を平成14年９月、同本部に提出しました。

（注４）筆界特定申請手数料規則により、申請対象地の固定資産税評価額と隣接対象地の固定資産税評価額の和に100分の５を乗じた金額を対象地の価格として計算します。算出された金額は申請手数料の額を計算する根拠となると同時に、簡裁訴訟代理関係業務認定司法書士が代理することのできる範囲を計算する根拠でもあります。

（注５）不動産登記法123条１号に掲げる筆界―表題登記がある一筆の土地とこれに隣接する他の土地（表題登記がない土地を含みます。）との間において、当該一筆の土地が登記された時にその境を構成するものとされた２以上の点およびこれらを結ぶ直線をいう、と定義されました。

<別図>
○境界問題相談センターの組織構成 （境界問題解決センターふくおかの場合）

　各土地家屋調査士会が弁護士会と協力して公正・透明性のもとに運営を図っています。またセンター内に土地家屋調査士・弁護士の運営委員で構成する委員会を置いています。その運営委員会は相談委員会・調停委員会・補助機関で構成されます。

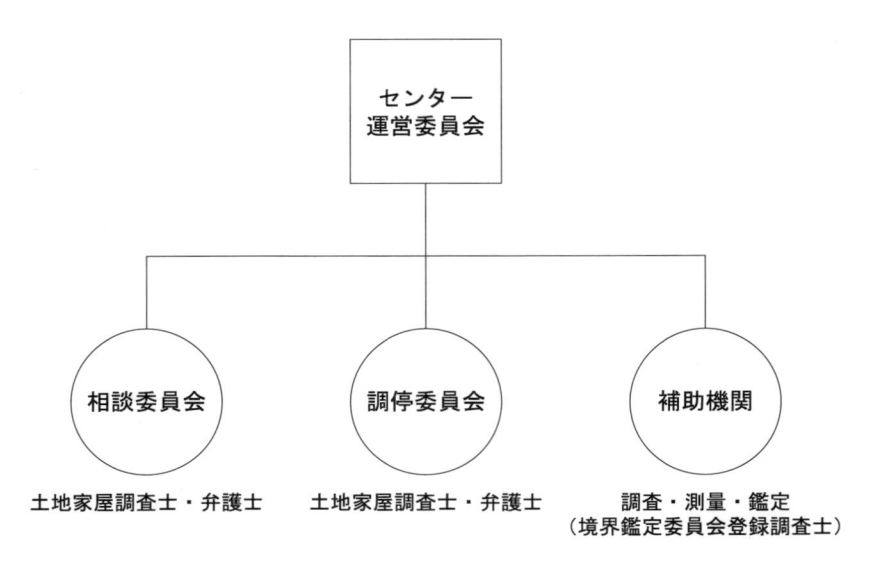

```
            ┌─────────────┐
            │  センター   │
            │ 運営委員会  │
            └──────┬──────┘
         ┌────────┼────────┐
      (相談委員会) (調停委員会) (補助機関)
```

　　土地家屋調査士・弁護士　　土地家屋調査士・弁護士　　調査・測量・鑑定
　　　　　　　　　　　　　　　　　　　　　　　　　　　　　　（境界鑑定委員会登録調査士）

第4　土地家屋調査士会と境界　75

○紛争解決への流れ（境界問題相談センターおおさかの場合）

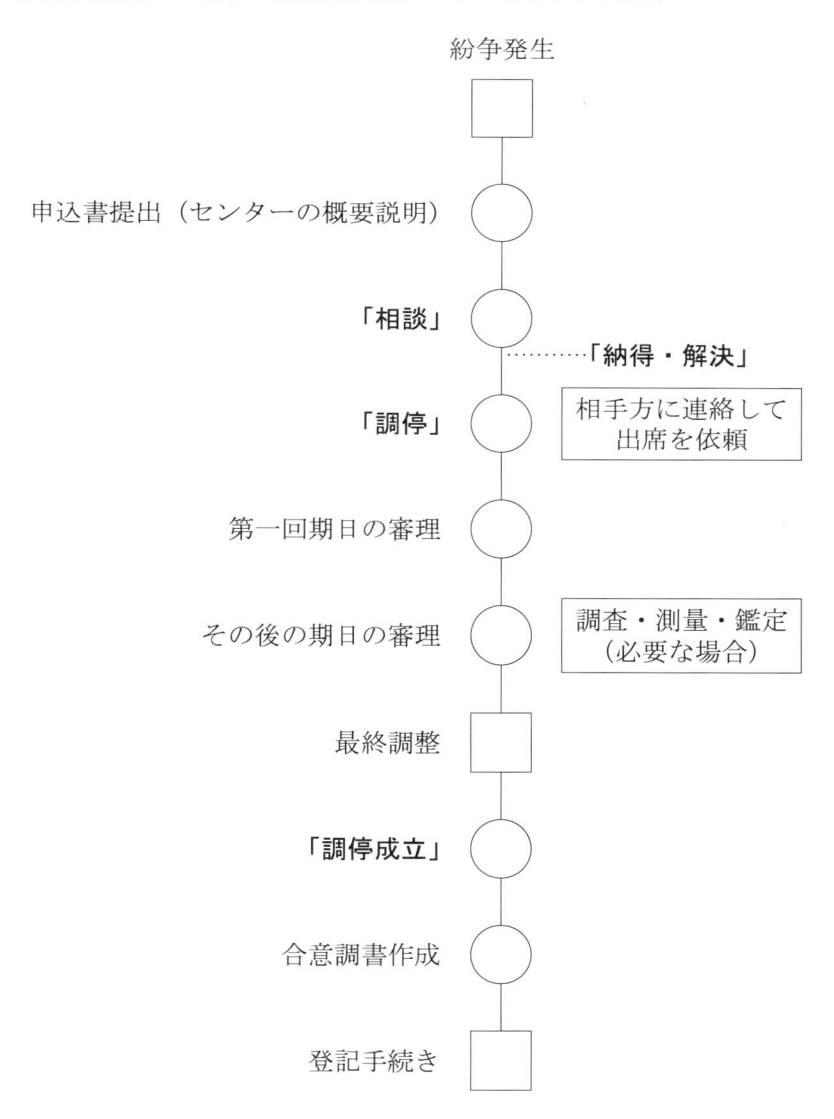

```
                          紛争発生
                            │
                            │
申込書提出（センターの概要説明）
                            │
                            │
        「相談」 ───────── 「納得・解決」
                            │
                            │         ┌─────────────┐
        「調停」             │         │ 相手方に連絡して │
                            │         │ 出席を依頼      │
                            │         └─────────────┘
     第一回期日の審理
                            │
                            │         ┌─────────────┐
     その後の期日の審理      │         │ 調査・測量・鑑定 │
                            │         │ （必要な場合）  │
                            │         └─────────────┘
         最終調整
                            │
       「調停成立」
                            │
        合意調書作成
                            │
        登記手続き
```

（日本土地家屋調査士会連合会作成パンフレット「ADR」より）

第2章

筆界特定制度

78

第1 総論

> **Q1** 筆界特定制度により特定される筆界は、所有権の範囲を示す線（所有権界）とどのような関係にあるのですか

A 1 筆界とは、一筆の土地の範囲を区画する線のことをいいます。明治時代、政府は、地租制度を採用するため、全国的に土地を調査し、納税義務者となる土地の所有者とその土地の位置および形状を把握するという観点から地租改正事業を行いました。この地租改正事業の際、一筆の土地として把握され、図面に公示された区画を成す現地の線が原始的な筆界と考えられます。また、土地の筆界は、その後の土地の分筆または合筆により、新たに形成され、または消滅することがあります。したがって、現在の土地の筆界は、明治初期に創設されたものと、その後の分合筆により形成されたものから構成されているということができます。

2 筆界は、権利の客体となるべき一筆の土地の区画を構成する線であり、登記制度においては、一筆の土地ごとに権利関係を公示しますから、筆界は、一筆の土地を目的とする所有権の範囲と一致するのがあるべき姿ということができます。しかし、判例によれば、一筆の土地の一部の所有権を時効取得することや、分筆の登記手続を経由することなく、一筆の土地の一部の所有権を移転することもできるとされています。したがって、筆界と所有権界とは、制度上は、常に一致するわけではありません。例えば、一筆の土地の一部が他人によって時効取得された場合には、一筆の土地の一部に他人の所

有権が成立していることになりますから、現地における所有権の範囲を示す線は、筆界を示す線とは異なる線ということになります。しかし、このように一筆の土地の一部に所有権が成立しているという事情が認められない限り、多くの場合、権利の客体となる土地の範囲を示す線としての筆界が明らかになることにより、所有権の範囲も、事実上、これと一致することが推定される場合が多いと思われます。

3 　筆界特定制度は、過去に国が定めた筆界の位置を明らかにするための制度であり、現在の所有権の帰属についての判断を示す制度ではありません。しかし、筆界が明らかになった場合には、前述のとおり、通常は、これが所有権界と一致するという推定が働くので、客観的な筆界が特定されることにより、特定された筆界を超えて所有権を取得する私法上の原因がないと当事者が考えたときは、事実上、所有権に関する紛争の解決も図られることになります。

Q₂ どのような場合に筆界特定制度を利用して筆界を特定することが考えられますか

A 1 筆界特定は、筆界の現地における位置について筆界特定登記官が認定した結果を示すものです。筆界の位置を認識する行為自体は、筆界特定登記官に限らず、誰でも行うことができる行為であり、例えば、分筆の登記や地積に関する更正の登記を申請する場合において、前提として筆界を確認するときは、申請の準備行為の中で土地家屋調査士等が筆界を認定していることになりますし、その申請に基づき登記官が筆界の位置を認定するときは、登記手続の中で登記官が筆界の位置を認定していることになります。したがって、このような形で筆界の位置を認定することができる場合には、筆界特定制度を利用する必要性はないものと思われます。

2 これらの場合における筆界の位置の認定は、多くの場合、隣接地所有者の立会いおよび確認を経てされているのが実情であり、隣接地所有者の立会いおよび確認が得られないときは、筆界の位置を認定することができないものとして取り扱われているように思われます。筆界の位置は、当事者の合意により決まるわけではなく、登記官が筆界を認定する場合に隣接地所有者による立会いおよび確認が必須の要件とはならないはずですが、登記実務上は、筆界の認定に当たっては、筆界の位置について地権者間に争いがないことを確認するという運用がされていることになります。しかし、地権者間に争いがある場合にどのような手続で筆界を認定すべきかという点についても、筆界確定訴訟（境界確定訴訟）を提起する以外に、明確

なルールがあるわけでもありません。
3　筆界特定制度は、隣接地の所有権登記名義人等の同意が得られない場合でも、外部専門家の調査および意見を踏まえ、筆界特定登記官が筆界の位置についての判断を示す制度です。したがって、筆界特定制度を利用して筆界を特定する必要性があるのは、隣接地の所有権登記名義人等との間で筆界の位置について争いが生じているため、通常の方法では、筆界の位置を確認することができない場合ということになると思われます。ただし、制度上は、紛争の存在は、申請の要件ではありませんから、隣接地の所有権登記名義人等が共同して筆界特定の申請をすることも可能です。

Q3 筆界確定訴訟と筆界特定手続との関係について教えてください

A 1 筆界確定訴訟は、民事裁判手続によって法的に筆界を確定するものです。したがって、いったん判決が確定すると、再審事由がない限り、判決によって定められた筆界が真実の筆界とは異なるということを主張して、これを争うことはできなくなります。すなわち、筆界確定訴訟は、過去に定められた筆界を探求し、これを特定するという側面と、当該筆界の特定に至らなかったときは、新たな筆界を形成するという側面が不可分に結びついた制度です。したがって、判決で示された筆界が真実の筆界と一致していなかったときでも、判決が確定すれば、判決で示された筆界が法的には唯一の筆界となるという効果が生じます（形成効）。これに対し、筆界特定制度における筆界特定の性質は、過去に定められた筆界の位置について、筆界特定登記官がその認識判断を示す行為であり、その内容について公の証明力はあっても、法的な不可争力が与えられているわけではありません。ただし、有力な反対証拠もないのに、行政機関が法定の手続を経て認定した筆界が誤っていることを立証することは、通常の場合は困難であるといえますから、社会生活上は、特定された筆界が真実の筆界であるという推定が強く働くことになると思われます。

2 筆界特定がされた筆界について筆界確定訴訟の判決が確定したときは、当該筆界特定は、当該判決と抵触する範囲において、その効力を失うこととされています（不登148）。また、既に筆界確定訴訟の確定判決により確定された筆界については、筆界特定の申請をして

も、申請は却下されることになります（不登132①六）。したがって、筆界確定訴訟は、筆界特定制度に優先する制度ということができます。

3 また、筆界特定手続は、筆界確定訴訟の前置制度ではありません。したがって、筆界特定の手続を経由することなく、筆界確定訴訟を提起することは可能ですし、筆界特定の手続が進行中であっても、筆界確定訴訟を提起することができます。他方、筆界確定訴訟が係属中であっても、筆界特定制度を利用することができます。

Q4 筆界特定の手続の流れについて教えてください

A 1 筆界特定の手続は、対象土地の所在地を管轄する法務局または地方法務局に対する筆界特定の申請によって開始されます（不登131①）。

2 法務局または地方法務局においては、受け付けた申請について却下事由（不登132①各号）の有無を審査し、直ちに申請を却下すべき事由がないと認めたときは、筆界特定の申請がされた旨の公告および通知（不登133）を行うとともに、筆界調査委員を指定します（不登134）。筆界調査委員は、筆界特定について必要な事実の調査を行い、筆界特定登記官に意見を提出する職務を行うのに必要な専門的知識および経験を有する者のうちから、法務局または地方法務局の長が任命します（不登127）。

3 指定された筆界調査委員は、これを補助する法務局の職員（不登134④）とともに筆界特定について必要な事実の調査（不登135）を行います。申請人および関係人には意見または資料の提出権が認められる（不登139）ほか、意見聴取等の期日（不登140）において、意見を述べ、資料を提出する機会が与えられます。また、申請人および関係人には、対象土地の実地調査または測量についての立会権（不登136）も認められます。すべての事実の調査が終了した後、筆界調査委員は、筆界特定登記官に対し、筆界特定についての意見を提出します（不登142）。筆界特定登記官は、この意見を踏まえて筆界特定をすることになります（不登143）。

4 筆界特定の結果は、筆界特定書に記録され、申請人には、その写

しが交付されます。また、筆界特定がされた旨の公告がされ、関係人には、その旨の通知がされます（不登144）。

5　筆界特定手続記録は、管轄登記所に送付され、公開の対象となります（不登145・149）。以上の手続の流れを図で示すと、次のとおりとなります。

筆界特定の手続の流れ図

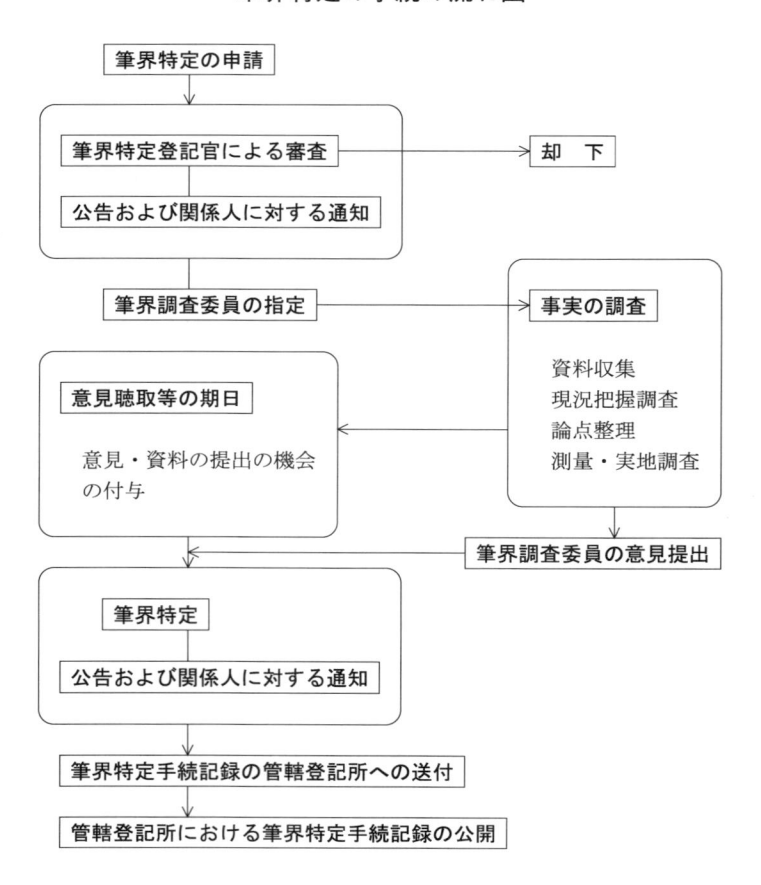

```
            ┌──────────────┐
            │ 筆界特定の申請 │
            └──────┬───────┘
                   ↓
        ┌────────────────────┐
        │筆界特定登記官による審査│ ──→ ┌────┐
        ├────────────────────┤      │却 下│
        │公告および関係人に対する通知│   └────┘
        └──────┬─────────────┘
               ↓
        ┌────────────────┐       ┌──────────┐
        │ 筆界調査委員の指定 │      →│ 事実の調査 │
        └──────┬─────────┘       ├──────────┤
               ↓                   │ 資料収集    │
    ┌──────────────────┐          │ 現況把握調査 │
    │ 意見聴取等の期日    │ ←───── │ 論点整理    │
    ├──────────────────┤          │ 測量・実地調査│
    │意見・資料の提出の機会│          └─────┬────┘
    │の付与              │                ↓
    └──────┬───────────┘       ┌──────────────┐
           ↓  ←───────────────│筆界調査委員の意見提出│
    ┌────────────────────┐    └──────────────┘
    │ 筆界特定              │
    ├────────────────────┤
    │公告および関係人に対する通知│
    └──────┬─────────────┘
           ↓
    ┌──────────────────────────┐
    │筆界特定手続記録の管轄登記所への送付│
    ├──────────────────────────┤
    │管轄登記所における筆界特定手続記録の公開│
    └──────────────────────────┘
```

Q5 筆界特定の手続には、どのような特色がありますか

A 1 筆界特定の手続は、筆界特定登記官に対する申請により開始されます（不登131①）。筆界特定の申請は、筆界特定に対し対象土地の筆界を特定することを求める申立てであり、筆界特定は、これに対する筆界特定登記官の応答ということになります。

2 筆界特定の手続の特色の第一は、筆界調査委員（不登134①）という専門の調査機関があり、職権で必要な事実の調査を行うことです。民事訴訟手続においては、弁論主義の適用があり、必要な資料を収集し、これを提出する責任は、当事者にあります。しかし、筆界特定の手続の場合には、筆界調査委員およびこれを補助する法務局または地方法務局の職員が職権で必要な資料を収集することになります。これは、筆界の公法的な性格を踏まえ、当事者の攻撃防御活動に左右されず、客観的に正しい筆界を特定することを可能にするためです。

第二に、筆界特定は、申請人の申請に対し筆界特定登記官が応答するための手続ですから、当事者対立構造の手続ではありません。申請人のほか、隣接地の所有権登記名義人等、筆界の特定について利害関係を有するとして法定された者（関係土地の所有権登記名義人等）は、関係人として意見聴取等の機会や対象土地の測量または実地調査に立ち会う機会が与えられます（不登136①）が、手続の当事者となるわけではなく、あくまでも行政側が必要な資料を収集する手続の中で一定の手続保障が与えられる利害関係者という位置付け

になります。

　第三に、筆界特定は、外部専門家から任命される筆界調査委員の意見を踏まえてすることになりますから、専門家の知見を生かした適正な判断が示されることを期待することができます。

第1 総論 89

Q6 筆界特定の手続と土地家屋調査士が代理することが認められる民間紛争解決手続との関係について教えてください

A 1　民間紛争解決手続は、基本的には、当事者の合意によって紛争を解決するための手続です。これは、第一に、手続の開始または終了が当事者の合意による手続であるということ、第二に、対象となる事項が当事者が合意によって処分することができる権利関係であるということを意味します。

2　これに対し、筆界特定制度の対象となる筆界は、当事者が合意によって処分することができない公の性格を有するものであり、また、筆界特定の手続は、対象となる土地の一方の所有権登記名義人等の申請により行われ、手続の開始および終了のいずれについても、他方の土地の所有権登記名義人等の同意は要件となりません。したがって、筆界特定制度は、相手方の同意が得られない場合でも、土地をめぐる権利に関する紛争の前提となる筆界の客観的な位置についての公的機関の判断を得るための制度として意味があることになります。なお、筆界の客観的な位置が明らかにされることによって、土地をめぐる権利に関する紛争が事実上解決されることもありますが、そのこと自体は、筆界が多くの場合には所有権界と一致するという事実上の推定機能があるためで、筆界特定制度の法的な効果というわけではありません。

Q7 筆界特定の手続において用いられる基本的な用語について教えてください

A
1 筆界

表題登記がある一筆の土地とこれに隣接する他の土地との間において、当該一筆の土地が登記された時にその境を構成するものとされた2以上の点およびこれらを結ぶ直線をいいます（不登123一）。筆界は、表題登記がある土地（登記された土地のことです。）の存在を前提としますから、共に表題登記がない二つの土地の間には、筆界は認められません。また、筆界とは、表題登記がある土地が登記された時に当該土地の区画を構成する線として定められた線のことをいいます。この場合の「登記された時」とは、分筆または合筆の登記がされた土地については、最後の分筆または合筆の登記がされた時をいい、分筆または合筆の登記がされていない土地については、当該土地が登記簿に最初に記録された時をいいます。

2 対象土地

筆界特定の対象となる筆界で相互に隣接する一筆の土地および他の土地をいいます（不登123三）。上記のとおり、筆界は、表題登記がある土地の存在を前提としますから、対象土地の一方は、必ず表題登記がある土地である必要があります。次頁の図でいえば、甲地と乙地が対象土地となりますが、甲地または乙地のいずれかは表題登記がある土地である必要があります。

第1 総論　91

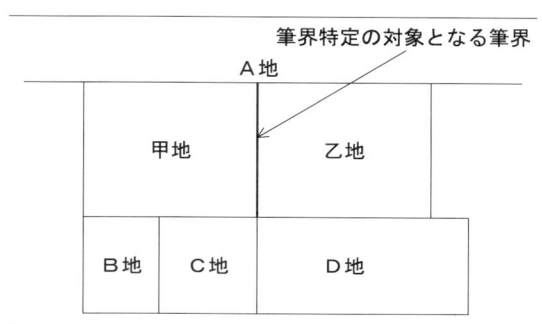

```
              筆界特定の対象となる筆界
      A地
  ┌─────┬─────────┐
  │ 甲地 │  乙地   │
  ├──┬──┴──┬──────┤
  │B地│ C地 │ D地  │
  └──┴─────┴──────┘
```

3　関係土地

　対象土地以外の土地（表題登記がない土地を含みます。）であって、筆界特定の対象となる筆界上の点を含む他の筆界で対象土地の一方または双方に接するものをいいます（不登123四）。上の図でいえば、A地、C地およびD地が関係土地となります。

4　所有権登記名義人等

　所有権の登記がある一筆の土地にあっては所有権の登記名義人、所有権の登記がない一筆の土地にあっては表題部所有者（登記記録の表題部に所有者として記録されている人のことです。）、表題登記がない土地にあっては所有者をいい、所有権の登記名義人または表題部所有者の相続人その他の一般承継人を含みます（不登123五）。共有者として登記されている者（表題登記がある土地の場合）または共有者である者（表題登記がない土地の場合）は、所有権登記名義人等に含まれます。なお、所有権の仮登記の登記名義人は、所有権登記名義人等に含まれません。

5　関係人

　対象土地の所有権登記名義人等であって筆界特定の申請人以外の者および関係土地の所有権登記名義人等をいいます（不登133①）。上の図において、甲地の所有権登記名義人等が筆界特定の申請をした場合には、乙地、A地、C地およびD地の各所有権登記名義人等が関係人となります。

第2　申請権者

Q8 筆界特定の申請権者について教えてください

A 1　筆界特定の申請権は、土地の所有権登記名義人等に認められます（不登131①）。したがって、表題登記がある土地については、実体上の所有者であっても、所有権の登記名義人または表題部所有者（以下「登記上の所有者」といいます。）として登記されていない限り、申請権は認められません。ただし、登記上の所有者の相続人その他の一般承継人は、所有権登記名義人等に含まれますから、これらの者については、登記上の所有者でないときであっても、申請権が認められることがあります。

2　また、土地の上の登記された権利の権利者であっても、所有権以外の権利（例えば、抵当権、地上権等）の権利者には筆界特定の申請権は認められません。これは、筆界確定訴訟においても、当事者適格は、土地の所有者についてのみ認められ、土地の上の所有権以外の権利の権利者については認められていないのと同様です。

3　いうまでもないことですが、土地の所有権登記名義人等の筆界特定の申請権は、当該土地とこれに隣接する他の土地との間の筆界の特定について認められ、隣接関係にない土地の筆界の特定を求めることはできません。したがって、土地の配列が明らかでない地域や所在が明らかでない土地においては、筆界特定制度を利用することは難しいのではないかと思われます。

4　申請権者でない者が行った申請は、不動産登記法132条1項2号の規定により却下されることになります。

Q9 土地を購入したのですが、所有権移転の登記は未了です。この場合に筆界特定の申請をすることはできますか

A 1 Q8で述べたとおり、筆界特定の申請権は、土地の所有権登記名義人等に認められます（不登131①）から、表題登記がある土地については、その所有権を取得した者であっても、所有権移転登記を経由していないときは、申請権は認められません。所有権の登記名義人または表題部所有者の相続人その他の一般承継人である場合を除き、表題登記がある土地については、その登記上の所有者にのみ筆界特定の申請権が認められます。他方、表題登記がない土地については、登記上の所有者はありませんから、実体上の所有者に筆界特定の申請権が認められることになります。

2 本問の場合、購入した土地が表題登記がある土地であるときは、当該土地の所有権登記名義人等として筆界特定の申請をするために、所有権移転の登記を経由して、所有権の登記名義人となる必要があります。他方、購入した土地が表題登記がない土地であるときは、表題登記の申請（不登36）をして表題部所有者となることにより、筆界特定の申請をすることもできます。また、この場合には、表題登記の申請をすることなく、表題登記がない土地の所有者として、筆界特定の申請をすることもできます。

Q10

表題登記がある土地の一部の所有権を取得したのですが、所有権の登記名義人が分筆および所有権移転の登記をしてくれません。当該土地について、筆界特定の申請をすることはできますか

A

1　表題登記がある土地について所有権を取得した者（A）が、筆界特定の申請をするためには、所有権移転の登記を経由して、所有権の登記名義人となる必要があります（不登131①）。当該土地の一部の所有権を取得した場合には、所有権移転の登記をする前に、当該一部を分筆する必要があることになります。

2　この場合において、現在の所有権の登記名義人（B）は、当該土地の分筆の登記の申請権者（不登39①）であり、所有権の移転の登記については、登記義務者となります。したがって、AがBの協力を得られないときは、代位原因を証する情報（不登令7①三）を提供し、分筆の登記を代位申請して分筆の登記を経由した上で、所有権移転の登記の登記義務者であるBに対し登記手続をすることを命ずる判決を添付情報として提供し、所有権の移転の登記を単独で申請することになります（不登63①）。

3　ところが、分筆の登記をするためには、原則として、当該土地のすべての筆界の位置を確認する必要がありますから、筆界の位置について争いがあるときは、分筆の登記をすることが困難になり、結果として、所有権の移転の登記を経由して所有権の登記名義人になることもできないことになります。そこで、このような場合には、

土地の一部の所有権を取得した者に筆界特定の申請権を認めても、不動産登記法の趣旨に反するものではないと考えられます。そこで、不動産登記規則207条2項4号および209条1項5号では、表題登記がある土地の一部について所有権を取得した者にも筆界特定の申請権が認められることを前提として、筆界特定申請情報および筆界特定添付情報の内容を定めています。

4　すなわち、申請人が表題登記がある一筆の土地の一部の所有権を取得した者であるときは、その旨が筆界特定申請情報の内容となります（不登規207②四）。また、この場合には、筆界特定添付情報として、当該申請人が当該一筆の土地の一部について所有権を取得したことを証する情報を提供する必要があります（不登規209①五）。一筆の土地の一部の所有権を取得したことを証する情報といえるためには、申請人の自己証明では足りず、例えば、確定判決の判決書の正本もしくは謄本その他の公文書または当該一筆の土地の所有権の登記名義人（本問ではB）が作成した申請人（本問ではA）が当該一筆の土地の一部の所有権を取得したことを認めることを内容とする情報であって、当該所有権の登記名義人の印鑑証明書が添付されたものであることを要すると解されます。また、一筆の土地の一部の所有権を取得したことを証する情報においては、申請人が所有権を取得した土地の部分が具体的に明示されていることを要します（施行通達24）。

5　なお、隣接する土地との筆界を確認することができないため分筆の登記ができないという事態は、申請人が所有権を取得した部分が当該筆界に接しているか否かとは関わりなく生ずるものであるため、当該部分が当該筆界に接していることを要しないと解されます（施行通達14）。

Q11 抵当権者や借地権者が筆界特定の申請をすることはできますか。債権者代位による申請は認められますか

A 1 筆界特定の申請権者は、所有権登記名義人等に限られており、抵当権者や借地権者には、筆界特定の申請権は認められていません（不登131①）。筆界は公法的な性格を持ち、私人の処分を許す性格のものではないのですが、一方では、一筆の土地を目的として成立した所有権の範囲を示す機能を有しますから、私法的側面があります。そこで、立法政策上、類型的にみて、最も筆界特定について利害関係があると考えられる者として、所有権登記名義人等に限り申請権が認められているからです。

2 代位申請が認められるかどうかについては、不動産登記法や不動産登記規則に明文の規定はありません。しかし、抵当権者や借地権者が代位申請をすることができるならば、申請権者の範囲を所有権登記名義人等に限定した不動産登記法の趣旨に反する結果となります。したがって、代位による申請は、土地の上に特定物債権を取得したからといって、当然には認められるものではないと考えられます。不動産登記規則207条においても、筆界特定申請情報の内容として提供すべき事項として、不動産登記令3条4号のような規定を設けていません。また、不動産登記規則209条においても、筆界特定添付情報として、代位原因を証する情報は掲げられていません。

Q12 土地が共有である場合において、共有者の一人から筆界特定の申請をすることはできますか

A 1 筆界特定の申請をする権限が認められる所有権登記名義人等には、表題登記がある土地について共有者として登記されている者および表題登記がない土地の共有者（以下単に「共有者」といいます。）が含まれます。

2 問題は、共有関係にある土地の所有権登記名義人等が筆界特定の申請をする場合には、共有者全員が申請人となる必要があるのか、それとも、共有者の一人だけでも申請人になることができるのか、ということです。結論としては、共有者の一人であっても、申請人になることができると解されます。この場合には、申請人とはならなかった他の共有者は、関係人（不登133①）ということになり、筆界特定の手続において、意見および資料の提出権（不登139）や実地調査または測量への立会権（不登136）等の一定の手続保障が与えられますから、共有者の一人からの申請を認めたとしても、他の共有者にとって、不利益にはならないと考えられるからです。

3 なお、筆界確定訴訟は、いわゆる固有必要的共同訴訟であって、共有関係にある土地については、本来、共有者の全員が原告として訴えを提起する必要があるのが原則ですが、判例によれば、共有者のうち原告となることを承諾しなかった者については、その者を被告として筆界確定訴訟を提起することができると解されています（最判平11・11・9判時1699・79）。したがって、結果的には、共有者は、筆界確定訴訟の手続に当然に関与することになります。

Q13 道路（甲地）と民有地（乙地）との間の筆界について、筆界特定の申請をすることはできますか

A 1 本問の道路（甲地）と民有地（乙地）が、いずれも表題登記がない土地であるときは、筆界特定の申請をすることはできません。筆界とは、表題登記がある土地が登記されたときにその区画を構成するものとして国が定めた線ですから、いずれも表題登記がない土地相互間においては、筆界が存在しないからです。

2 しかし、甲地または乙地のいずれかまたは双方が表題登記がある土地であるときは、筆界特定の申請をすることができます。本問の道路である甲地が、表題登記がない土地であるときは、手数料の算定方法が問題となります。後で述べるとおり、筆界特定の申請手数料は、対象土地である二つの土地の合計価額の2分の1に100分の5を乗じた額を基礎として決まることになりますが、一般に、表題登記がない土地については、登記記録に記録された地積もないため、その面積が明らかでない場合が想定され、特に道路として利用されている場合には、いわゆる長狭物として、その面積の算定が困難ではないかと思われるからです。

3 そこで、施行通達40では、対象土地の一方が表題登記がない土地（地方税法341条9号に掲げる固定資産課税台帳に登録された価格のある土地を除きます。）であるときは、その面積は、便宜、他方の土地の面積と等しいものとして取り扱うものとされています。また、この場合において、当該表題登記がない土地につき、現地の使

用状況または自然の地形等により対象土地となるべき範囲を特定することができる場合には、当該範囲の面積を当該表題登記がない土地の面積として取り扱うこともできることとされています。

> **Q14** 筆界特定の手続が開始された後、申請人または関係人が死亡した場合には、筆界特定の手続はどうなるのですか

A 1 まず、申請人が死亡した場合には、筆界特定の手続の申請人の地位は、相続人によって承継されることになると考えられます。そこで、施行通達49では、筆界特定の申請がされた後、筆界特定の手続が終了する前に申請人が死亡したときまたは合併により消滅したときは、申請人の相続人その他の一般承継人が申請人の地位を承継したものとして、筆界特定の手続を進めて差し支えないこととしています。これは、筆界特定の手続は、土地の客観的な範囲を明らかにすることを目的とする手続であって、その申請人適格は、土地の所有権登記名義人等であれば当然に認められるものであって、一身専属性が認められるものではないと考えられるからです。したがって、筆界特定の手続の申請人が死亡した場合には、相続等による包括承継の効果として申請人の地位が相続人に移転したものとして取り扱われることになります。相続人が筆界特定の手続の継続を望まないときは、いつでも取下げをすることにより、筆界特定の手続を終了させることができることになります。

2 次に、関係人が死亡した場合は、どのように考えられるでしょうか。施行通達52によれば、筆界特定の申請がされた後、筆界特定の手続が終了する前に新たに対象土地または関係土地の所有権登記名義人等となった者（申請人の一般承継人および申請人の特定承継人であって申請人の地位を承継したものを除きます。）は、以後、関係人として取り扱うものとすることとされています。もともと、筆界

特定の手続の関係人とは、申請人の場合とは異なり、手続の当事者というよりも、手続を進めるに当たり、対象土地または関係土地の所有権登記名義人等であることにより、類型的に利害関係を有する者として、一定の手続保障が与えられる者です。したがって、筆界特定の手続としては、意見聴取等の期日や対象土地の調査等の各手続を行う時点で関係人である者に所定の手続保障を与えればよく、これにより、各手続が適法に行われたことになります。例えば、意見聴取等の期日を開き、関係人に対し、意見を述べ、資料を提出する機会を与えた後、当該関係人に一般承継や特定承継があったとしても、既に行われた承継前の関係人に対する意見聴取等の期日等をやり直す必要はなく、その時点以降、新たに手続を行う際に新所有権登記名義人等を関係人として取り扱えば足ります。これは、結果としては、関係人の地位が新所有権登記名義人等に承継されると考えるのと同様の結論になりますが、誰を関係人として取り扱うかは、関係人に対して行うべき手続を行う際に、その都度判断することになるからであり、関係人の地位が承継されるからではありません。したがって、関係人については、一般承継の場合も、特定承継の場合も、常に新たに所有権登記名義人等となった者が、筆界特定の手続における関係人として取り扱われることになります。

Q15 筆界特定の手続の進行中に対象土地である土地を買い受けました。筆界特定の手続を継続することはできますか

A 1 土地の所有権登記名義人等に申請権を認めた趣旨は、所有権登記名義人等は、当該土地の筆界特定に最も利害関係を有する者といえるからです。したがって、筆界特定の手続中に特定承継により申請人が所有権登記名義人等でなくなったときは、当該申請人は申請人適格を失い、当該申請人に係る筆界特定の申請は却下されるのが原則であると考えられます（不登132①二）。

2 しかし、他方において、筆界特定の申請人の地位は、一身専属性のある権利ではありませんから、新たに所有権登記名義人等となった特定承継人が筆界特定の申請人の地位を承継することを認め、筆界特定の手続を続行させることは、手続経済の観点からも合理性があると考えられます。そこで、施行通達50においては、申請人に特定承継があった場合において、特定承継人から、地位承継申出書による申出があったときは、特定承継人が筆界特定の申請人の地位を承継するものとして、筆界特定の手続を進めて差し支えないこととされています。したがって、本問の場合、対象土地である土地の買主（所有権の移転の登記を経由して所有権の登記名義人になっている必要があります。）は特定承継人ですから、筆界特定登記官に対し、地位承継申出書を提出することにより、筆界特定の手続の申請人の地位を承継することができます。特定承継人が申請人の地位を承継した場合には、承継前の手続において申請人に対し行われていた手続は、特定承継人に対する関係でも有効に行われたことになります。

例えば、既に申請人に対する意見聴取等の期日が開かれていたときは、特定承継人は、その効果をも承継しますから、改めて特定承継人との関係で意見聴取等の期日を開く必要はないと解されます。なお、特定承継人は、申請人の地位を承継した以上、必要に応じ、意見または資料の提出をすることができます（不登139）。

3　このように、特定承継があった場合には、特定承継人から地位承継申出書による申出がされることを条件として、特定承継人が筆界特定の申請人の地位を承継することができます。そこで、施行通達51では、筆界特定登記官は、申請人について特定承継があったことを知ったときは、直ちに申請を却下するのではなく、特定承継人に対し、相当の期間（1週間ないし10日程度になると思われます。）を定め、承継する意向の有無を確認することとされています。特定承継の効果は、特定承継人が地位承継申出書による承継の申出をしたときに生じます。他方、筆界特定登記官が定めた相当の期間内に地位承継申出書の提出がないときは、申請が却下され、筆界特定の手続は終了することになります。

4　表題登記がない土地について申請人の特定承継があった場合において、地位承継申出書を提出するときは、承継を証する情報として所有権を証する情報を提供する必要があります（施行通達53）。

第3　筆界特定の申請方法

Q16　筆界特定の申請は、どのような方法で行うことができますか

A　1　筆界特定の申請には、筆界特定電子申請と筆界特定書面申請との二つの方法が認められています。筆界特定電子申請とは、いわゆるオンライン申請のことで、不動産登記法131条4項において準用する18条1号の規定による電子情報処理組織を使用する方法による筆界特定の申請をいいます（不登規206一）。筆界特定電子申請により筆界特定の申請をするときは、筆界特定申請情報および筆界特定添付情報を併せて送信するのが原則ですが、筆界特定添付情報の送信に代えて、法務局または地方法務局に筆界特定添付書面を提出することも認められています（不登規210①）。この場合には、筆界特定添付書面を法務局または地方法務局に提出する旨を筆界特定申請情報の内容とすることが必要となります（不登規210②）。筆界特定電子申請は、不動産登記法等の一部を改正する法律（平17法29）附則2条の規定による指定がされた法務局または地方法務局の筆界特定の手続について可能です。したがって、指定がされるまでの間は、筆界特定書面申請のみが認められることになります（整備省令（平17法務令106）5①）。

2　次に、筆界特定書面申請とは、不動産登記法131条4項において準用する18条2号の規定により筆界特定申請書を法務局または地方法務局に提出する方法による筆界特定の申請をいいます（不登規206二）。筆界特定書面申請をするときは、筆界特定申請書に筆界特定

添付書面を添付して提出することを要し（不登規211①）、この場合には、筆界特定添付書面を別送することは認められていません。また、筆界特定書面申請をする場合には、筆界特定申請書および筆界特定添付書面を送付する方法（書留郵便または信書便事業者による信書便の役務であって当該信書便事業者において引受けおよび配達の記録を行うものによります。）によることも可能です（不登規212）。

3　筆界特定書面申請においては、筆界特定申請書を対象土地の所在地を管轄する法務局または地方法務局に提出するほか、対象土地の所在地を管轄する登記所に提出することも認められています（不登規211⑦）。

Q17 筆界特定の申請をする場合に、隣接地の所有者の同意を得る必要はありますか

A 1 筆界特定の申請をする場合に、隣接地の所有者の同意を得る必要はありません。もともと、筆界特定の申請をすることにより、筆界を確認する必要があるのは、筆界について争いがあり、隣接地の所有権登記名義人等の同意を得ることができないようなケースだと考えられるからです。

2 分筆の登記や地積に関する更正の登記をする場合における筆界の認定は、多くの場合、地図その他の客観的な資料によって推定される筆界の位置について隣接地所有者の立会いを求め、同意を得る方法で行われてきたものと思われます。筆界の位置は、客観的に定まっており、私人の合意のみによって変更することはできませんから、隣接地所有者の同意は、筆界を認定するに当たり不可欠の証拠となるわけではありませんが、実務上は、筆界を安定したものとするという政策的な配慮もあって、登記官が筆界を認定するための重要な資料とされてきたものと思われます。

3 筆界特定の手続は、裁判に比べると簡易な手続ですが、それでも一定の手間と時間がかかります。したがって、筆界の位置について隣接地の所有者の同意が得られるのであれば、わざわざ筆界特定の手続を利用する必要はないでしょう。逆にいえば、いきなり筆界特定の申請をするのではなく、まず、隣接地の所有権登記名義人等との間で筆界の位置について同意が得られるかどうかを検討することが望ましいといえます。そして、争いがあるようであれば、筆界特定の申請をするか、または筆界確定訴訟を提起して、筆界の位置について公の機関の判断を求めればよいことになります。

Q18 1通の申請書により複数の筆界の特定を求める申請をすることができるのはどのような場合ですか

A 1 筆界特定の申請は、特定の対象となる筆界ごとに一の筆界特定申請情報によってするのが原則です。したがって、筆界特定書面申請の場合には、特定の対象となる筆界ごとに筆界特定申請書を作成するのが原則ということになります。例外は、対象土地の一を共通にする複数の筆界の特定を求める申請をする場合です（不登規208）。

2 対象土地の一を共通にする複数の筆界の特定を求める申請をする場合とは、例えば、次のような場合です。

（例）

```
            乙地
          B
    A ┌────┬──────────┐
      │    │          │
      │    │   丙地   │
      │甲地│          │
      │    C──────────┤
      │    │   丁地   │
      │    D          │
      └────┴──────────┘
```

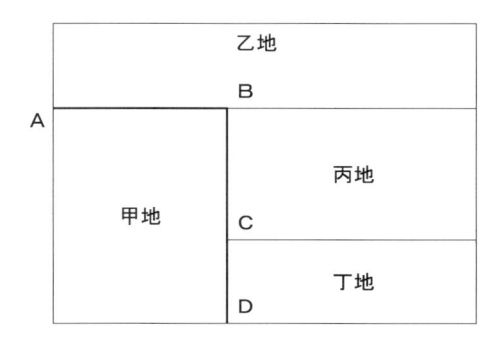

ＡＢ線は甲地と乙地との筆界であり、ＢＣ線は甲地と丙地との筆界、ＣＤ線は甲地と丁地との筆界です。甲地の所有権登記名義人等がＡＢ線、ＢＣ線、ＣＤ線の各筆界の特定を求める場合には、複数の筆界の特定を求めることになりますが、1通の申請書によって申

請をすることができます。これは、対象土地の一つがいずれも甲地だからです。この場合の筆界特定申請手数料は、各筆界ごとに算出した申請手数料額を合計した額になります（施行通達41）。

3 　なお、筆界特定の申請の個数は、筆界の個数と申請人によって決まります。例えば、①申請人が同一人であっても、対象となる筆界が2以上ある場合（例えば、同じ土地の北側筆界と西側筆界の特定を求める場合）には、申請の個数は2個ということになります。逆に、②同一の筆界について複数の者から申請があった場合（例えば、対象土地の一方と他方の所有権登記名義人等が共同で筆界特定の申請をした場合）にも、申請の個数は2個ということになります。登記手数料令8条2項は、同一の筆界について2以上の筆界特定の申請があった場合について規定していますが、これは、同一の筆界に係る申請であっても、申請人が異なるときは、申請の個数としては複数となることを前提としたものです。

第3　筆界特定の申請方法

Q19 対象土地が2以上の法務局または地方法務局の管轄区域にまたがる場合には、筆界特定の申請は、どの法務局または地方法務局に対し、することができるのですか

A　1　対象土地が2以上の法務局または地方法務局の管轄区域にまたがる場合には、法務省令で定めるところにより、法務大臣または法務局の長が、当該対象土地に関する筆界特定の事務をつかさどる法務局または地方法務局を指定することとされています（不登124②において準用する6②）。そして、その指定がされるまでの間、筆界特定の申請は、2以上の法務局または地方法務局のうち、いずれの法務局または地方法務局に対してもすることができます（不登124②において準用する6③）。対象土地とは、一筆の土地およびこれに隣接する他の土地のことですから、「対象土地が2以上の法務局または地方法務局にまたがる場合」とは、一筆の土地が法務局または地方法務局の管轄区域にまたがる場合だけではなく、例えば、対象土地の一方が甲地方法務局の管轄区域に、他方が乙地方法務局の管轄区域に属する場合も含みます。

2　なお、対象土地が2以上の法務局または地方法務局の管轄区域にまたがる場合における具体的な指定権者については、不動産の管轄登記所等の指定に関する省令3条において、次のとおり定められています。

　①　当該2以上の法務局または地方法務局が同一の法務局の管轄区域内の法務局または地方法務局である場合　法務局の長

　②　①以外の場合　法務大臣

第4 筆界特定申請情報および筆界特定添付情報

Q20 筆界特定の申請をする場合において、筆界特定申請情報の内容として提供しなければならない情報としては、どのようなものがありますか

A 1 法律上、筆界特定の申請をする場合には、次の事項を明らかにしてする必要があるとされています（不登131②）。

① 申請の趣旨（不登131②一）

筆界特定の申請をするときは、必ず筆界の特定を目的とすることを明らかにする必要があります（施行通達19）。

② 筆界特定の申請人の氏名または名称および住所（不登131②二）

申請人の現在の氏名または名称および住所のことです（施行通達21）。

③ 対象土地の所在する市、区、郡、町、村および字ならびに地番（表題登記がない土地の場合には地番は不要ですが、当該土地を特定するに足りる事項が必要です。）（不登131②三、不登規207②五）

表題登記がない土地の場合に地番を明らかにする必要がないのは、表題登記がない土地（未登記の土地）については、地番が存在しないからです。また、対象土地が表題登記がある土地である場合において、その登記記録の不動産番号（不動産番号とは、不動産登記規則90条の規定により不動産を識別するために登記記録に記録される番号、記号その他の符号のことです。）が明らかにされているときは、所在する市、区、郡、町、村および字ならびに

地番を特定するまでもなく、対象土地が明らかにされていると解されます。未登記の土地については、所在する市、区、郡、町、村および字のほか、「当該土地を特定するに足りる事項」を筆界特定申請情報の内容とすることとされており（不登規207②五）、例えば「何番地先」といった表示のほか、図面を利用する等の方法により、現地の状況を具体的に明示するものとされています（不登規207④、施行通達29）。

④　対象土地について筆界特定を必要とする理由（不登131②四）

　　具体的には、筆界特定の申請に至る経緯その他の具体的な事情を指します（不登規207①）。

2　また、法務省令で定める事項（不登131②五）として、不動産登記規則207条では、次のような事項が定められています。

① 必要的な筆界特定申請情報

　　不動産登記規則207条2項各号に掲げられている事項は、必ず筆界特定申請情報の内容として提供する必要があり、これが提供されていないときは、申請が却下されることになります。具体的には、次のとおりです。

　㋐　筆界特定の申請人が法人であるときは、その代表者の氏名（不登規207②一）

　㋑　代理人によって筆界特定の申請をするときは、当該代理人の氏名または名称および住所ならびに代理人が法人であるときはその代表者の氏名（不登規207②二）

　㋒　申請人が所有権の登記名義人または表題部所有者の相続人その他の一般承継人であるときは、その旨および所有権の登記名義人または表題部所有者の氏名または名称および住所（不登規207②三）

　㋓　申請人が一筆の土地の一部の所有権を取得した者であるとき

は、その旨（不登規207②四）

㋓　対象土地が表題登記がない土地であるときは、当該土地を特定するに足りる事項（不登規207②五）

㋔　工作物、囲障または境界標の有無その他の対象土地の状況（不登規207②六）

② 任意的な筆界特定申請情報

不動産登記規則207条3項各号に掲げられている事項は、筆界特定申請情報の内容として提供されない場合でも、その申請が却下されることはありませんが、手続を迅速かつ適確に進めるという見地から、手続の早期の段階で事案の内容を把握することを可能にするため、筆界特定申請情報の内容として提供すべきものとされているものです。次の事項があります。

㋐　申請人または代理人の電話番号その他の連絡先（不登規207③一）

㋑　関係土地に係る不動産所在事項または不動産番号（表題登記がない土地にあっては、不動産登記法34条1項1号に掲げる事項および当該土地を特定するに足りる事項）（不登規207③二）

㋒　関係人の氏名または名称および住所その他の連絡先（不登規207③三）

㋓　工作物、囲障または境界標の有無その他の関係土地の状況（不登規207③四）

㋔　申請人が対象土地の筆界として特定の線を主張するときは、その線およびその根拠（不登規207③五）

㋕　対象土地の所有権登記名義人等であって申請人以外の者が対象土地の筆界として特定の線を主張しているときは、その線（不登規207③六）

㋖　申請に係る筆界について民事訴訟の手続により筆界確定訴訟

が係属しているときは、その旨および事件の表示その他これを特定するに足りる事項（不登規207③七）

この場合の「特定するに足りる事項」とは、筆界確定訴訟の係属裁判所、事件番号、当事者の表示等を指します（施行通達33）。
㋗　筆界特定添付情報の表示（不登規207③八）

例えば、「資格証明書」や「代理権限証書」といった筆界特定添付情報として提供される情報の標題を示せばよいことになります（施行通達34）。
㋘　不動産登記法139条1項の規定により提出する意見または資料があるときは、その表示（不登規207③九）

なお、申請と同時に意見または資料を提出する場合において、不動産登記規則218条1項各号および2項各号に掲げる事項を明らかにした情報を書面または電磁的記録により提供したときは、筆界特定申請情報の内容として意見または資料の表示をする必要はありません（施行通達35）。
㋙　筆界特定の申請の年月日（不登規207③十）
㋚　法務局または地方法務局の表示（不登規207③十一）

3　筆界特定申請情報の内容として不動産登記法または不動産登記規則において掲げられている事項の中には、図面等を利用することにより、その内容がより明確になるものがあります。そこで、不動産登記規則207条4項においては、①対象土地が表題登記がない土地である場合における当該土地を特定するに足りる事項（不登規207②五）、②対象土地の状況（不登規207②六）、③関係土地が表題登記でない土地である場合における当該土地を特定するに足りる事項（不登規207③二）、④関係土地の状況（不登規207③四）、⑤申請人が筆界として主張する線およびその根拠（不登規207③五）、⑥申請人以外の所有権登記名義人等であって申請人以外の者が対象土地の筆界として主

張する線（不登規207③六）については、図面を利用する等の方法により、現地の状況および筆界として主張されている線の位置を具体的に明示するものとされています。この図面は、必ずしも正確な測量図である必要はありませんが、既存の地積測量図や、地図または地図に準ずる図面を利用して作成する等して、事案の内容を明らかにすることができるようにする必要があります（施行通達36）。

　なお、申請段階で正確な現地の測量図が提出されている場合には、その後の手続を迅速に進めることができることはいうまでもありません。したがって、現地の測量図がある場合には、これを筆界特定申請情報と併せて提供することが望ましいということができるでしょう。

第4　筆界特定申請情報および筆界特定添付情報

Q21 筆界特定の申請をする場合において、筆界特定添付情報として提供しなければならない情報としては、どのようなものがありますか

A　1　筆界特定添付情報とは、不動産登記規則209条1項各号に掲げる情報のことです（不登規206四）。筆界特定添付情報は、申請人の申請権を確認するためにその提供が要求されるものです。具体的には、次のとおりです。

① 申請人が法人である場合には、当該法人の代表者の資格を証する情報（不登規209①一）

　筆界特定書面申請をする場合において、代表者の資格を証する情報を記載した書面であって、市町村長、登記官その他の公務員が職務上作成したものは、作成後3ヶ月以内のものである必要があります（不登規211③）。ただし、筆界特定の申請を受ける法務局または地方法務局が当該法人の登記を受けた登記所であり、かつ、特定登記所（不動産登記規則36条1項および2項の規定により法務大臣が指定した登記所をいいます。以下同じ。）に該当しない場合および支配人その他の法令の規定により筆界特定の申請をすることができる法人の代理人が、当該法人を代理して筆界特定の申請をする場合には、省略することが認められます。

② 代理人によって筆界特定の申請をするときは、当該代理人の権限を証する情報（不登規209①二）

　筆界特定書面申請をする場合において、代理人の権限を証する情報を記載した書面であって、市町村長、登記官その他の公務員が職務上作成したものは作成後3ヶ月以内のものである必要があ

ります（不登規211③）。当該代理人が支配人その他の法令の規定による法人の代理人である場合であって、当該申請を受ける法務局または地方法務局が当該法人についての当該代理人の登記を受けた登記所であり、かつ、特定登記所に該当しない場合には、代理人の権限を証する情報の提供を省略することが認められます。なお、筆界特定の申請がされた後、申請人または関係人が代理人を選任した場合における当該代理人の権限は、委任状その他の代理権限証明情報が記載された書面の提出により確認するものとされています（不登規243②、施行通達28）。

③　申請人が所有権の登記名義人または表題部所有者の相続人その他の一般承継人であるときは、相続その他の一般承継があったことを証する市町村長、登記官その他の公務員が職務上作成した情報（公務員が職務上作成した情報がない場合にあっては、これに代わるべき情報）（不登規209①三）

　　これは、相続の登記をする場合の相続を証する情報（不登令7①五イ）と同様の情報です。例えば、戸籍謄本等がこれに該当します。

④　申請人が表題登記がない土地の所有者であるときは、当該申請人が当該土地の所有権を有することを証する情報（不登規209①四）

　　これは、土地の表題登記の申請の添付情報である、表題部所有者となる者が所有権を有することを証する情報（不登令別表④添付情報欄ハ）と同様の情報です。例えば、公有水面埋立法の規定による竣功認可書や、判決書の正本または謄本、官公署の証明書等が考えられます（準則71①参照）。

⑤　申請人が一筆の土地の一部の所有権を取得した者であるときは、当該申請人が当該一筆の土地の一部について所有権を取得したことを証する情報（不登規209①五）

例えば、当該一部について所有権を取得したことを認定した判決の判決書の正本または謄本、官公署の証明書のほか、当該一筆の土地の所有権の登記名義人が作成した譲渡証明書等が考えられます。また、一筆の土地の一部の所有権を取得したことを証する情報において申請人が所有権を取得した土地の部分が具体的に明示されていることが必要です（施行通達24）。
⑥　申請人が所有権の登記名義人もしくは表題部所有者またはその相続人その他の一般承継人である場合において、筆界特定申請情報の内容である所有権の登記名義人または表題部所有者の氏名もしくは名称または住所が登記記録と合致しないときは、当該所有権の登記名義人または表題部所有者の氏名もしくは名称または住所についての変更または錯誤もしくは遺漏があったことを証する市町村長、登記官その他の公務員が職務上作成した情報（公務員が職務上作成した情報がない場合にあっては、これに代わるべき情報）（不登規209①六）

　　この情報は、表題部所有者や登記名義人の氏名もしくは名称または住所についての変更または更正の登記の申請をする場合の添付情報（不登令別表①または㉓各添付情報欄）と同様であり、戸籍の附票や、住民票等がこれに該当します。

2　筆界特定添付情報を提供することなく、筆界特定の申請がされたときは、申請の却下事由となります（不登132①二〜四）。

Q22 筆界特定の申請の趣旨は、どのように表現すればよいのですか

A 例えば、「甲地と乙地との筆界について、筆界の特定を求める。」といった表示をすることになります。

申請の趣旨は、筆界特定の申請に当たって必ず明らかにする必要がある事項です（不登131②一）。筆界特定制度は、筆界の現地における位置を特定するための制度であり、所有権の現地における範囲の問題については対象とはしていません。筆界と所有権界とは密接に関連していることは事実ですが、法的には別のものです。不動産登記制度は、一筆の土地を単位として権利関係を公示しますから、ある土地の筆界が特定された場合には、当該土地の所有権の登記名義人は、当該筆界で囲まれた範囲について所有権を有することが推定されることになると思われますが、あくまでも事実上の推定であって、所有権の範囲について判断が示されたわけではありません。

したがって、筆界特定の申請をする場合には、筆界特定制度によって特定されるのは、一筆の土地と他の土地との間の筆界であって、所有権の現地における範囲は、事実上、推定されることはあっても、筆界特定によって判断されるわけではないことに注意する必要があります。

第4　筆界特定申請情報および筆界特定添付情報

> **Q23** 所有権の登記名義人として登記を受けた後、住所を変更しましたが、その旨の登記をしていません。この場合に筆界特定の申請をするときは、どのような点に注意する必要がありますか

A 1　筆界特定の申請権は、所有権登記名義人等に認められます（不登131①）。所有権登記名義人等とは、所有権の登記がある一筆の土地については、所有権の登記名義人またはその相続人その他の一般承継人を指します（不登123五）。

2　したがって、本問の場合、所有権の登記名義人として登記を受けたわけですから、筆界特定の申請権が認められることになります。問題となるのは、所有権の登記名義人として登記を受けた後、住所を移転し、現在の住所が登記記録上の住所とは異なるものとなったため、筆界特定申請情報の内容となる申請人の住所（不登131②二）と一致しなくなり、筆界特定申請情報の内容だけだと、申請人が登記記録上記録されている所有権の登記名義人と同一人物であるかどうかが分からないことです。この場合には、まず、登記名義人の住所についての変更の登記（不登64①）をすることにより、登記記録上の住所を現在の住所と一致させればよいことになります。

3　しかし、登記名義人の住所の変更をすることなく、筆界特定の申請をする場合には、筆界特定添付情報として、住所の変更があったことを証する市町村長、登記官その他の公務員が職務上作成した情報を提供する必要があることに注意する必要があります（不登規209①六）。この場合の筆界特定添付情報の内容は、先に述べた登記名義人の住所についての変更の登記の添付情報（不登令別表㉓添付情報欄）

と同じですから、併せて登記名義人の住所の変更の登記をしておく方が望ましいといえるでしょう。住所についての変更があったことを証する情報とは、例えば、戸籍の附票、住民票等をいいます。

4　以上は、住所の変更の場合について述べましたが、所有権の登記名義人の氏名が変更されたのに、登記名義人の氏名についての変更の登記（不登64①）をしていない場合も同様です。

Q24 表題登記がない土地の所有者として、筆界特定の申請をする場合には、どのような点に注意する必要がありますか

A 1　申請人が表題登記がない土地の所有者であるときは、筆界特定添付情報として、当該申請人が当該土地の所有権を有することを証する情報を提供することが必要になります（不登規209①四）。

2　この場合における所有権を有することを証する情報の意義は、不動産登記令別表の4の項添付情報欄ハに掲げるものと同様と考えられます。具体的には、準則71条1項により、公有水面埋立法22条の規定による竣功認可書、官庁または公署の証明書その他申請人の所有権の取得を証するに足りる情報とされています。

3　なお、施行通達22によれば、国または地方公共団体の所有する土地について、官庁または公署が筆界特定の申請人となる場合には、所有権を有することを証する情報の提供を便宜省略して差し支えないとされていますが、この点も、準則71条2項と同様の考え方によるものです。

Q25 所有権の登記名義人または表題部所有者の相続人その他の一般承継人として、筆界特定の申請をする場合には、どのような点に注意する必要がありますか

A 1　申請人が所有権の登記名義人または表題部所有者の相続人その他の一般承継人であるときは、その旨ならびに所有権の登記名義人または表題部所有者の氏名または名称および住所を筆界特定申請情報の内容として提供することが必要になります（不登規207②三）。また、この場合には、筆界特定添付情報として、相続その他の一般承継があったことを証する市町村長、登記官その他の公務員が職務上作成した情報（公務員が職務上作成した情報がない場合にあっては、これに代わるべき情報）を提供しなければなりません（不登規209①三）。この情報の意義は、不動産登記令7条1項5号イに掲げる情報と同様です。

2　また、この場合において、筆界特定申請情報中の所有権の登記名義人または表題部所有者の氏名もしくは名称または住所が登記記録と合致しないときは、当該所有権の登記名義人または表題部所有者の氏名もしくは名称または住所についての変更または錯誤もしくは遺漏があったことを証する市町村長、登記官その他の公務員が職務上作成した情報（公務員が職務上作成した情報がない場合にあっては、これに代わるべき情報）を提供しなければなりません（不登規209①六）。これは、筆界特定申請情報の内容として提供する登記上の所有者の氏名（または名称）および住所は、一般承継の時のものであることから、登記記録に記録された時点から一般承継の時までの間に変更があったこと等により登記記録と合致しないときは、被承継人の同一性を確認する情報の提供を要するというものです。

Q26 法人が申請人となって、筆界特定の申請をするときは、どのような点に注意する必要がありますか

A 1 申請人が法人であるときは、その代表者の氏名を筆界特定申請情報の内容として提供することが必要です（不登規207②一）。この場合には、筆界特定添付情報として、当該法人の代表者の資格を証する情報を提供するのが原則ですが、筆界特定の申請を受ける法務局または地方法務局が当該法人の登記を受けた登記所であり、かつ、特定登記所に該当しない場合および支配人その他の法令の規定により筆界特定の申請をすることができる法人の代理人が、当該法人を代理して筆界特定の申請をする場合には、当該情報の提供を要しないこととされています（不登規209①一）。

これは、筆界特定の申請を受ける法務局または地方法務局が法人の登記を受けた登記所であるときは、法人の代表者の資格を証する情報である登記事項証明書の内容を当該法務局または地方法務局において把握することが可能であることを理由とするもので、不動産登記規則36条1項1号と同様の考え方に基づくものということができます。

2 法人の代表者の資格を証する情報の意義は、不動産登記の申請において、不動産登記令7条1項1号の規定により要求される法人の代表者の資格を証する情報と同様であり、登記された法人の場合には、登記事項証明書がこれに該当します。

3 なお、筆界特定書面申請において筆界特定添付書面として提出される同号に掲げる情報を記載した書面のうち、市町村長、登記官そ

の他の公務員が職務上作成したものは、官庁または公署が筆界特定の申請をする場合を除き、作成後3ヶ月以内のものでなければならない（不登規211③）とされていることに注意する必要があります。

第4　筆界特定申請情報および筆界特定添付情報　125

Q27 筆界特定の申請を代理人に依頼してすることはできますか

A 1　筆界特定の申請は、代理人によってすることもできます。この場合には、当該代理人の氏名または名称および住所ならびに代理人が法人であるときはその代表者の氏名が筆界特定申請情報の内容として提供されることが必要です（不登規207②二）。また、筆界特定添付情報として、当該代理人の権限を証する情報（例えば委任状）を提供することが必要ですが、当該代理人が支配人その他の法令の規定により筆界特定の申請をすることができる法人の代理人である場合であって、当該申請を受ける法務局または地方法務局が当該法人についての当該代理人の登記を受けた登記所であり、かつ、特定登記所に該当しないときは、当該情報の提供を要しないこととされています（不登規209①二）。

2　また、筆界特定書面申請において筆界特定添付書面として提出される不動産登記規則209条1項2号に掲げる情報を記載した書面のうち、市町村長、登記官その他の公務員が職務上作成したものは、官庁または公署が筆界特定の申請をする場合を除き、作成後3ヶ月以内のものでなければならない（不登規211③）ことに注意する必要があります。

3　代理人に依頼して筆界特定の申請をする場合には、業法上の制約があります。すなわち、筆界特定の申請の代理を業として行うことができるのは、土地家屋調査士、弁護士および簡裁訴訟代理等関係業務を行うことができる旨の能力の認定を受けた司法書士（認定司法書士）に限られます（調査68①参照）。認定司法書士については、そ

の代理することができる筆界特定の手続の範囲は、対象土地の価額として法務省令で定める方法により算定される額の合計額の2分の1に相当する額に筆界特定によって通常得られることとなる利益の割合として法務省令で定める割合（100分の5）を乗じて得た額が裁判所法33条1項1号に定める額（140万円）を超えないものに限られます（司書3①八）。

Q28 筆界特定申請情報の内容となる対象土地の所在は、どのように明らかにすればよいのですか

A 1　対象土地とは、一筆の土地とこれに隣接する他の土地を指します（不登123三）。したがって、各土地について、その所在を明らかにする必要があります（不登131②三）。表題登記がない土地の場合に地番を明らかにする必要がないのは、表題登記がない土地（未登記の土地）については、地番が存在しないからです。

2　対象土地が表題登記がある土地である場合において、その登記記録の不動産番号が明らかにされているときは、所在する市、区、郡、町、村および字ならびに地番を特定するまでもなく、対象土地が明らかにされているものと解されます（施行通達29）。不動産番号とは、不動産登記規則90条の規定により表題部に記録される番号、記号その他の符号（不登規1八）であり、一筆の土地または1個の建物を識別するために登記記録の不動産番号欄に記録されるものです。

3　前述のとおり、表題登記がない土地については、地番を明らかにする必要はありませんが、所在する市、区、郡、町、村および字のほか、「当該土地を特定するに足りる事項」を筆界特定申請情報の内容とすることとされています（不登規207②五）。当該土地を特定するに足りる事項を筆界特定申請情報の内容とするに当たっては、例えば「何番地先」といった表示のほか、図面を利用する等の方法により、現地の状況を具体的に明示するものとされています（不登規207④、施行通達29）。なお、関係土地に係る不動産所在事項または不動産番号については、不動産登記規則207条3項2号の規定により筆界

特定申請情報の内容となりますが、考え方は、対象土地の場合と同様です。

4 筆界特定申請情報の内容として、対象土地の所在を明らかにしていない申請は、不動産登記法132条1項3号により却下されることになります。また、筆界特定は、筆界特定申請情報の内容として提供された対象土地が現地において相互に隣接することを前提としています。仮に、筆界特定申請情報中に示された二つの土地が、現地において隣接していないと認められるときは、筆界特定の申請は、却下されることになります（不登132①二、施行通達3・15）。

Q29 筆界特定申請情報の内容となる「筆界特定を必要とする理由」とは、どのような事情をいうのですか

A 1 筆界特定の申請をする場合には、筆界特定を必要とする理由を明らかにしてしなければなりません（不登131②四）。

筆界特定を必要とする理由とは、筆界特定の申請に至る経緯その他の具体的事情をいいます（不登規207①）。すなわち、単に「筆界が不明であるから、特定をする必要がある。」等と記載してあるだけでは、内容としては不十分であり、具体的な事実を記載する必要があります。どの程度の内容で足りるのかが問題となりますが、例えば、「自分の土地を分筆しようとしたところ、隣接地の所有者が筆界の確認に応じず、筆界特定の申請に至った」程度の記載は必要になります（施行通達30・資料の参考書式参照）。なお、筆界と所有権の範囲とは区別された概念ですから、筆界特定の申請に至る経緯から判断して、筆界の位置とは切り離して所有権界の特定を求めることが明らかであれば、申請は、却下されることになります（不登132①五）。

2 筆界特定の申請に当たり、筆界特定の申請に至る経緯その他の具体的事情を明らかにすることを求める趣旨は、当該申請に係る事案の概要を早期に把握し、筆界特定の手続の効率的な処理に役立てるためです。このような趣旨に照らすと、「筆界特定を必要とする理由」は、法律上要求される最低限のものだけではなく、できるだけ詳しく具体的な事情を述べることが望ましいということができるでしょう。

Q30 筆界特定がされた筆界について、再び筆界特定の申請をすることはできますか

A 1 筆界特定がされた筆界について筆界特定の申請があったときは、当該申請は、却下されるのが原則です（不登132①七本文）。これは、筆界特定がされた筆界について、何度も筆界特定の申請を認めることは、手続経済に反しますし、関係人等にとっても負担になるからです。しかし、いったん筆界特定がされた筆界であっても、「さらに筆界特定をする特段の必要があると認められる場合」には、筆界特定の申請をすることが認められます（不登132①七ただし書）。例えば、既にされた筆界特定の結論が誤っていたことが明らかになった場合のほか、次に掲げるような事由の存在が認められるような場合には、特段の必要があると認められることになると思われます（施行通達64）。

① 除斥事由がある筆界特定登記官または筆界調査委員が筆界特定の手続に関与したこと。
② 申請人が申請の権限を有していなかったこと。
③ 刑事上罰すべき他人の行為により意見の提出を妨げられたこと。
④ 代理人が代理行為を行うのに必要な授権を欠いたこと。
⑤ 筆界特定の資料となった文書その他の物件が偽造または変造されたものであったこと。
⑥ 申請人、関係人または参考人の虚偽の陳述が筆界特定の資料となったこと。

2 これらの事由は、主として、先行する筆界特定の過程において判

断の正当性を歪めるような手続上の瑕疵があったことを理由とするもので、民事裁判の再審事由（民訴338①）に類似したものということができます。これらの事由があるときには、先の筆界特定の結論の当否に立ち入るまでもなく、後の筆界特定の申請を却下せずに手続を進めることになると思われます。

3　なお、「既にされた筆界特定の結論が誤っていたことが明らかになった場合」といえるためには、後の筆界特定の申請人が先の筆界特定が誤りだと主張するだけではなく、客観的な資料に基づき明らかに誤りであると認められる必要があると思われます。したがって、先の筆界特定が誤っていたことを証明する確実な資料がないのに、重ねて同じ筆界について筆界特定の申請をしたとしても、筆界特定の申請は、却下されることになります。

Q31
筆界特定申請情報の内容となる「工作物、囲障または境界標の有無その他の対象土地の状況」は、どのように明らかにすればよいのですか

A

1　「工作物、囲障または境界標の有無その他の対象土地の状況」は、筆界特定申請情報の内容として必ず提供する必要があります（不登規207②六）。対象土地の状況が明示されていない筆界特定の申請は、不動産登記法132条1項3号により却下されることになります。

2　「対象土地の状況」とは、現地における工作物、囲障、境界標の有無など、対象土地の現況に関する情報のことで、工作物、囲障、境界標の有無は例示であって、これらに限る趣旨ではありません。これを筆界特定の申請情報として要求する趣旨は、これらの情報は、筆界特定の手続を進めるに当たり、現地を調査し、筆界に関する情報を収集するための有益な情報となるからです。対象土地の状況は、必要的筆界特定申請情報の内容とされていますが、これは、おおよそ、申請人が申請に係る対象土地の現況を把握していないということは考えられませんし、仮に一度も申請人が現地に赴いたことがない場合にも、筆界特定の申請をする以上、現況を把握した上で申請することを要求しても、酷とはいえないからです。

3　対象土地の状況を明らかにする方法として、最も分かりやすいのは、図面を利用する方法であると考えられます。そこで、不動産登記規則207条4項においては、対象土地の状況を明らかにするに当たっては、図面を利用する等の方法により現地の状況を具体的に明

示するものとしています。図面のほか、写真等を利用する方法によることも考えられます。
4 この図面は、必ずしも正確な測量図である必要はありませんが、既存の地積測量図や、地図または地図に準ずる図面を利用して作成する等して、事案の内容を明らかにすることができるようにする必要があります（施行通達31・36）。また、当然のことながら、申請の段階で、現地の状況や可能性のある筆界点の位置を示した正確な測量図が提出されていれば、筆界特定の手続をより迅速に進めることができることは、いうまでもありません。
5 なお、工作物、囲障または境界標の有無その他の関係土地の状況については、任意的な筆界特定申請情報の内容とされています（不登規207③四）。関係土地の状況についても、不動産登記規則207条4項により、図面を利用する方法等により現地の状況を具体的に明示すべきこととされていますから、申請人にとって把握可能な範囲で、関係土地の状況についてもこれを明らかにして申請することが望ましいといえるでしょう。

Q32 筆界特定の申請をする場合に、申請人および関係人が筆界として主張する特定の線を明らかにする必要はありますか

A 　1　申請人が対象土地の筆界として特定の線を主張する場合におけるその線およびその根拠（不登規207③五）ならびに対象土地の所有権登記名義人等であって申請人以外のものが対象土地の筆界として特定の線を主張している場合におけるその線（不登規207③六）は、いずれも任意的な筆界特定申請情報の内容とされています。

2　そもそも、どのような場合に筆界特定の申請がされることが多いのかということを考えてみますと、典型的には、筆界の位置について、隣接地の所有権登記名義人等と意見が対立し、公的機関の判断を得る必要があるような場合ではないかと考えられます。すなわち、隣接地の所有権登記名義人等と何ら接触することなく、いきなり筆界特定の申請がされることは考えにくいし、そのような申請の方法が妥当だとも思えません。したがって、通常の場合には、筆界特定の申請をする段階では、申請人が筆界として主張する特定の線およびその根拠が具体的に存在し、他方、これと異なる線を関係人が筆界として主張しているケースが多いと考えられます。

3　そこで、筆界特定の申請をするに当たり、これらの情報を筆界特定申請情報の内容として提供すべきこととしておけば、事案の内容の早期把握に役立ち、筆界特定の手続を効率的に進行させることができることになります。もっとも、これらの情報を必ず筆界特定申請情報の内容として提供することを要求し、その提供がない限り、

申請を却下すべきものとするのは、厳格すぎると考えられます。事案によっては、筆界として主張する特定の線が存在しない場合もあり得ないわけではなく、筆界確定訴訟においても、原告は、その主張する筆界の位置を明らかにする必要はないと解されているからです。

4 したがって、筆界特定の申請をするに当たり、これらの筆界として主張されている特定の線を明らかにしない場合でも、筆界特定の申請が却下されることはありません。しかし、前述したとおり、これらの情報は、任意的な筆界特定申請情報の内容として明らかにすることが望ましいことは、いうまでもありません。

Q33 筆界特定書面申請をする場合に印鑑証明書を添付する必要はありますか

A 1 筆界特定書面申請をする場合において、申請人は、筆界特定申請書に署名し、または記名押印しなければならないこととされています（不登規211②）。しかし、印鑑証明書は、筆界特定添付情報とはされていません（不登規209）。したがって、筆界特定書面申請をする場合において、筆界特定申請書に記名押印したときであっても、印鑑証明書の添付は、不要ということになります。

2 もともと、不動産登記の申請においても、すべての場合において、印鑑証明書の添付が要求されているわけではありません。不動産登記令16条1項および不動産登記規則47条3号によれば、表示に関する登記の申請を書面申請により行う場合において、申請人の印鑑証明書の添付を要するのは、所有権の登記名義人が申請する合筆の登記、合体による登記等または建物の合併の登記に限られています。これは、これらの登記をする場合には、それぞれ合併による所有権の登記（不登規107①一）、合体による所有権の登記（不登規120②一）および建物の合併による所有権の登記（不登規134①において準用する107①一）がされることを考慮し、申請人が所有権の登記名義人本人であることの確認に慎重を期すためです。

3 これに対し、筆界特定の申請は、これにより所有権の登記がされることはあり得ませんから、他の表示に関する登記を書面申請により行う場合と同様、印鑑証明書の添付が不要とされているものと思われます。

第4　筆界特定申請情報および筆界特定添付情報

Q34 筆界特定書面申請をした場合において、添付書面の原本を還付してもらうことはできるのですか

A 1　不動産登記規則213条1項の規定により、筆界特定書面申請をした申請人は、筆界特定添付書面（磁気ディスクを除きます。）の原本の還付を請求することができます。原本の還付の請求があった場合には、筆界特定登記官は、却下事由の有無についての調査完了後、当該請求に係る書面の原本を還付することになります（不登規213③）。この「調査完了後」とは、筆界特定の申請の却下事由の有無を審査するために筆界特定添付書面の原本を留め置く必要がなくなった段階をいうものと解されます（施行通達48）。原本の還付を請求する場合には、原本と相違ない旨を記載した謄本を提出する必要があり、請求を受けた筆界特定登記官は、当該謄本と原本を照合し、その内容が同一であることを確認し、提出を受けた謄本に原本還付の旨を記載し、登記官印を押印することになります（不登規213③、施行通達48、準則30）。

2　ただし、当該筆界特定の申請のためにのみ作成された書類（委任状等）については、還付の対象とはなりませんし（不登規213①ただし書）、偽造された書面その他の不正な筆界特定の申請のために用いられた疑いがある書面については還付されない（不登規213④）ことに留意する必要があります。

3　このほか、筆界特定の申請が却下された場合（不登規244③）や、取り下げられた場合（不登規245③）には、還付の請求をするまでもなく、筆界特定添付書面は当然に還付されることになります。ただし、こ

れらの場合においても、不正の登記申請のために用いられた疑いがある書面については、還付されません。
4 ちなみに、不動産登記の申請の取下げがあった場合には、添付書面のほか、申請書も還付の対象となります（不登規39③）が、筆界特定の申請の場合には、その取下げがあったときは、筆界特定申請書は還付の対象とはなりません。これは、筆界特定申請書は、筆界特定の手続のためにのみ作成されたものであること、筆界特定申請書は事案の概要を示したものであり、筆界特定手続記録全体の理解にとって有用であると考えられること、将来同一の筆界について筆界特定の申請があった場合には筆界特定申請書自体が資料としての価値を有することが考慮されたものと思われます。
5 なお、筆界特定の手続において、申請人または関係人が提出した資料の還付については、不動産登記規則221条に規定されています。

Q35 関係土地の所有権登記名義人等が死亡し、相続人があることが明らかでない場合には、どのように手続が進められるのですか

A 1　筆界特定の手続においては、関係土地の所有権登記名義人等に対し、申請があった旨の通知や意見聴取等の期日の日時場所が通知されるなど、手続保障が図られています。関係土地の所有権登記名義人等が死亡し、相続人の存否が明らかでない場合には、これらの通知等を誰に対し、どのように行うかが問題となります。

2　民法の規定によれば、相続人の存否が不明であるときは、相続財産は、被相続人の死亡と同時に法律上当然に法人となり（民951）、家庭裁判所は、利害関係人等の請求によって相続財産管理人を選任しなければならないこととされています（民952①）。

相続財産法人は、被相続人の財産が包括的に法人として扱われるものであり、相続人不明の間はその相続財産を管理する地位にありますから、不動産登記法123条5号の解釈としては、所有権の登記名義人または表題部所有者の一般承継人に含まれると考えられます。

最高裁も、「右法人（相続財産法人）は相続人不明の間その相続財産を管理し、法定期間経過後は相続債権者及び受遺者に対する債務の清算をすることを主目的とするものであるから、この点において同法人は被相続人の権利義務を承継した相続人と同様の地位にある」と判示したことがあります（最判昭29・9・10裁判集民15・513）。

したがって、相続財産法人が成立しているときは、同法人が関係人に該当することとなります。

3　このように相続財産法人は、客観的には、法律上の要件が充足されたときに当然に成立することになっていますが、相続財産法人が成立しているかどうかは、外からみて一義的に明らかというわけではありません。この点、利害関係人等の請求により相続財産管理人が選任されているときは、裁判所が相続財産管理人を選任したことにより、相続人の存否が不明であり、相続財産法人が成立したことが明らかになっているといえます。

　したがって、この場合には、筆界特定登記官は、筆界特定の申請がされた旨の通知等を相続財産法人を名宛人とすればよいことになります。そして、相続財産管理人は相続財産法人の法定代理人ですから、相続財産法人を名宛人とする通知を、相続財産管理人に対してすべきであると考えられます。

4　他方、相続財産管理人が選任されていないときは、筆界特定登記官としては、相続財産法人が成立しているかどうかが明らかではない以上、相続人は存在するが、誰であるか分からない場合として取り扱うほかはないと考えます。理論上は、この場合にも相続財産法人が成立しており、相続財産管理人が選任されていない可能性もあるわけですが、相続財産法人が成立している場合であっても、法的にはなお相続人が存在する可能性があり、この場合において、存在する可能性のある相続人に対する通知を行うこととしても、不動産登記法の趣旨には反しないと考えられます。したがって、運用としては、相続人が存在するかどうかが明らかではなく、相続財産管理人が選任されていない場合には、相続人宛に通知を行うべきであり、かつ、それで足りると考えられます。

　なお、相続人宛に通知を行う場合、相続人を特定することはできませんから、「〇〇相続人」（〇〇は、所有権の登記名義人等、知れている所有権登記名義人等の氏名です。）を名宛人とし、公示によって通知を行うことになります（不登133②等）。

第5 受付、補正、却下、取下げ

Q36 筆界特定の申請について補正をすることは認められますか

A 1 不動産登記法132条1項本文によれば、筆界特定登記官は、同項に掲げる却下事由がある場合には、理由を付した決定で、筆界特定の申請を却下するのが原則です。しかし、同項ただし書の規定によれば、当該申請の不備が補正することができるものである場合において、筆界特定登記官が定めた相当の期間内に、筆界特定の申請人がこれを補正したときは、申請は、却下されないことになります。したがって、筆界特定の申請を補正することは可能です。

2 例えば、筆界特定申請情報の内容として必ず提供しなければならない情報とされているものが提供されていなかったような場合（例えば、筆界特定申請書に申請人の住所の記載がない場合）や、筆界特定添付情報として提供すべき情報の一部が不足していたような場合（例えば、提供された委任状に申請人の署名または記名押印がない場合）が考えられます。これらの場合において、筆界特定登記官が相当な期間を定めて補正を命じたときは、その期間内は、当該補正すべき事項に係る不備を理由として、申請が却下されることはありません（不登規216）。筆界特定書面申請の場合における補正期間の告知は、電話その他の適宜の方法により行うことになります（準則36参照、施行通達66）。補正の方法についても、準則36条の例によれば、筆界特定申請書または筆界特定添付書面の補正は、筆界特定登記官

の面前で行うことが原則になると思われます（準則36③）。
3　補正期間内に補正がないときは、申請が却下されることになります。なお、筆界特定申請情報のうち、不動産登記規則207条3項の規定により筆界特定申請情報の内容として提供すべきこととされている情報は、それが提供されなくても却下事由とはなりません（**Q20**参照）。したがって、厳密にいえば、同項の規定により筆界特定申請情報の内容とされている情報については、これを提供しない場合にも補正する必要はないことになりますが、これらの情報は、事案の早期把握のために有用な情報ですから、できるだけ正確に提供するよう努力すべきでしょう。

Q37 筆界特定の申請が却下されるのは、どのような場合ですか

A 筆界特定の申請の却下事由は、不動産登記法132条1項各号に規定されています。

(1) 1号

筆界特定の事務は、対象土地の所在地を管轄する法務局または地方法務局が行うこととされています（不登124①）。したがって、これとは異なる法務局または地方法務局に対し筆界特定の申請をしたときは、却下されることになります。なお、対象土地が複数の法務局または地方法務局にまたがる場合には、法務大臣または法務局の長が指定した法務局または地方法務局に筆界特定の管轄権が認められることになります（不登124②において準用する不登6②・③）。

(2) 2号

筆界特定の申請権は、土地の所有権登記名義人等が当該土地と隣接する他の土地との間の筆界を特定する申請をする場合に認められます（不登131①）。したがって、土地の所有権登記名義人等（不登123五）に該当しない者（例えば、担保権者や用益権者）が筆界特定の申請をしたときは、却下されることになります。また、例えば、1番の土地と3番の土地とが相互に隣接していないのであれば、そもそも1番の土地と3番の土地との間には、特定すべき筆界が存在しないのですから、申請権限がない者の申請によるものとして、筆界特定の申請は、却下されることになります（施行通達3・15）。

(3) 3号

筆界特定の申請の際に明らかにすべき事項（不登131②）を明らか

にすることなく、申請をしたときは、筆界特定の申請は、却下されることになります。例えば、対象土地を特定するための事項（不登131②三）を筆界特定申請書に記載することなく、筆界特定の申請をした場合です。

(4) 4号

筆界特定の申請の方法については、法務省令で定められており、例えば、筆界特定書面申請をする場合において申請書に記名押印または署名することなく申請をした場合（不登規211②）には、方式違反の申請として、筆界特定の申請は、却下されることになります。

(5) 5号

筆界特定の申請は、対象土地の筆界を特定することを求めるものであり、権利の範囲を特定することを求めるものではありません。例えば、筆界ではなく、所有権の確認を求める申請がされたときは、筆界特定の申請は、却下されることになります。

(6) 6号

筆界特定の対象となる筆界が既に民事訴訟の手続により筆界確定訴訟の判決により形成されたものであったときは、これについて重ねて筆界特定の申請を認めることは、紛争の蒸し返しを認めることになるおそれがあります。したがって、この場合には、筆界特定の申請は、却下されることになります。

(7) 7号

筆界特定の対象となる筆界について既に筆界特定がされている場合に重ねて筆界特定をすることは無駄なことですから、筆界特定の申請は、却下するのが原則です。しかし、特段の必要があると認められるときは、筆界特定の申請をすることが認められます。特段の必要があると認められるのは、例えば、前の筆界特定の手続において筆界特定登記官や筆界調査委員に除斥事由があったような場合

や、申請人が申請の権限を有していなかった場合、刑事上罰すべき他人の行為により意見の提出が妨げられた場合等が考えられます（施行通達64）。

(8) 8号

　筆界特定の申請人は、政令で定めるところにより、手数料を納付しなければなりません（不登131③）。筆界特定の申請の手数料は、登記手数料令8条およびその委任に基づく筆界特定申請手数料規則の規定により定められています。したがって、筆界特定の申請に当たって、手数料を納付しなかったときは、筆界特定の申請は、却下されることになります。

(9) 9号

　筆界特定の申請人は、手続費用を予納する必要があります（不登146⑤）。手続費用とは、筆界特定の手続における測量に要する費用その他の法務省令で定める費用（不登146①）をいい、不動産登記規則242条によれば、筆界特定登記官が相当と認める者に命じて行わせた測量、鑑定その他専門的な知見を要する行為について、その者に支給すべき報酬および費用の額として筆界特定登記官が相当と認めたものとされています。筆界特定登記官が予納を命じたのに、これを納付しなかったときは、筆界特定の申請は、却下されることになります。

Q38 筆界特定の申請の却下手続について教えてください

A 1　筆界特定の申請を却下するときは、決定書が作成され、申請人に決定書が交付されます（不登規244①）。決定書を送付する方法により決定書を交付することも認められています（不登規244②）。申請人が二人以上ある場合には、申請人ごとに決定書が交付されます。また、代理人や申請人のために通知を受領する権限を有する者（施行通達139）がある場合には、当該代理人または申請人のために通知を受領する権限を有する者に対し、決定書が交付されることになると思われます。

2　不動産登記法133条1項の規定による公告をした後に筆界特定の申請を却下したときはその旨の公告が、同項の規定による通知をした後に筆界特定の申請を却下したときは当該通知に係る関係人に対するその旨の通知が、それぞれされることになります（不登規244④・⑤）。これは、いったん筆界特定の申請がされた旨の公告または通知をした以上、当該申請が却下された場合にも、その旨の公告または通知をするべきと考えられるからです。

3　なお、却下決定書は、申請人に交付するもののほか、筆界特定手続記録につづり込むものが1通作成されます（施行通達70）。筆界特定手続記録につづり込む決定書の原本の欄外には決定告知の年月日が記載されますが、この決定書に記載すべき決定告知の年月日は、申請を却下した旨の公告をした日または申請人に決定書を交付し、もしくは発送した日のうち最も早い日とされています（施行通達71）。

Q39 筆界特定の申請が却下された場合に、これに対する不服申立ての方法について教えてください

A 1 筆界特定は、過去に定められた筆界の位置についての筆界特定登記官の認識を示すものであり、その判断には、法的な不可争力や行政処分のような公定力はありません。また、筆界特定の申請の却下がされたとしても、申請人の権利義務を確定し、または形成する効果はありません。筆界特定がされた場合にも、その申請の却下がされた場合にも、申請人が裁判手続その他の手続において自分が筆界と考える線を主張することが法的に妨げられることはありません。筆界特定は、筆界特定登記官がそのような判断を示したという事実にすぎないからです。

2 したがって、筆界特定についても、その申請の却下についても、当然には、不動産登記法152条や156条1項の「登記官の処分」ということはできませんから、審査請求の対象にはならないものと解されます。しかし、不動産登記法132条2項においては、筆界特定の申請の却下については、これを登記官の処分とみなす旨の規定を設けています。これは、筆界特定の申請権を一定の者に認めた趣旨に照らし、申請の却下については、これを登記官の処分として、不動産登記法の定める審査請求手続の対象とする趣旨です。したがって、筆界特定の申請が却下された場合には、不動産登記法156条から158条までに定める手続に従って、審査請求をすることができます。

3 この場合の審査請求は、筆界特定登記官を経由して、当該筆界特定登記官を監督する法務局または地方法務局の長に対し、行うこと

になります (不登156)。その他、行政事件訴訟法3条2項の処分の取消しを求める訴えを提起することもできます。この場合には、同法14条の出訴期間の制限に服することになります。

Q40 筆界特定の申請を取り下げる場合には、どのようにすればよいのですか

A 1 　筆界特定の申請は、申請人が手数料および手続費用を負担して筆界特定登記官に対し筆界の特定を求めるものであり、申請人において、筆界特定の必要がないと考えたときは、いつでもその申請を取り下げることができると解されます。この場合に、関係人等の同意は不要です。また、2以上の申請人が一つの筆界について共同で申請している場合においても、その一人の申請人が取り下げることもできると解されます（施行通達80）。

2 　筆界特定の申請の取下げの方法については、筆界特定書面申請の場合には、申請を取り下げる旨の情報を記載した書面（取下書）を提出する方法によります。また、筆界特定電子申請の場合には、電子情報処理組織を使用して申請を取り下げる旨の情報を提供する方法により行うことになります（不登規245①）。

3 　筆界特定の申請の取下げは、不動産登記法144条1項の規定により申請人に対する通知を発送した後は、することができなくなります（不登規245②）。これは、申請人に対する筆界特定の内容の通知を発した後は、筆界特定がされたことが外部に明らかにされることになるので、いったん外部的に明らかにされたものを申請人の都合によりなかったことにすることはできないからです。

4 　なお、不動産登記法133条1項の規定による公告をした後に筆界特定の申請の取下げがあったときはその旨の公告が、同項の規定による通知をした後に筆界特定の申請の取下げがあったときは当該通知に係る関係人に対するその旨の通知が、それぞれされることにな

ります（不登規245④・⑤）。

5 筆界特定の申請の取下げがあったときは、取下書（電子情報処理組織を使用する方法により申請の取下げがあったときは、申請を取り下げる旨の情報の内容を書面に出力したもの）が筆界特定手続記録につづり込まれることになります（施行通達82）。

第6 申請手数料関係

Q41 筆界特定の申請手数料の額の算定方法について教えてください

A　1　筆界特定の申請手数料については、その額の算出方法、還付の手続等についての規定が登記手数料令8条に置かれ、手数料額の算出に当たって必要な事項であって同条が法務省令に委任したもの等については、筆界特定申請手数料規則に規定が設けられています。

2　筆界特定の申請手数料は、1件ごとに算出されます（登記令8①）。筆界特定の申請の個数は、申請人と筆界の数によって決まります。すなわち、一人の申請人が一つの筆界について行った申請が1件の筆界特定の申請となります。したがって、例えば、一人の申請人が同時に二つの筆界（例えば、土地の北側と東側の各筆界）について申請を行った場合には、申請は2件となります。この場合には、1件ごとに、すなわち筆界ごとに当該筆界に係る筆界特定の申請手数料を算出し、その合計が、納付すべき申請手数料の額となります。

3　他方、二人の申請人が一つの筆界について申請を行う場合もあります（例えば、共有者として登記されている者が隣接地の筆界の特定について共同で申請する場合や、隣接地の所有権登記名義人等が共同で筆界特定の申請をする場合）。この場合には、2件の申請がされたことになりますが、登記手数料令8条2項の規定により、この2件の申請が「一の手続においてされた」ときは、申請手数料の算出の関係では、1件の申請とみなされますから、1件分の申請手

数料で足りることになります。「一の手続においてされた」とは、2件以上の申請がされた結果、同一の筆界について2件以上の筆界特定の手続が同時に係属することになる場合を指します。例えば、複数の申請人から同一の筆界についての筆界特定の申請が同時にされた場合のほか、ある筆界についての筆界特定の手続が係属している場合において、他の申請権者が同一の筆界について筆界特定の申請をしたときがこれに該当します。

4　筆界特定の申請1件分の手数料の算出は、まず、手数料算出の基礎となる額を算出した上、基礎となる額を登記手数料令8条1項の表（下記参照）に当てはめることによります。

基礎となる額（対象土地の合計額の2分の1に5％を乗じた額）		単価
100万円までの部分	10万までごと	800円
100万円を超え500万円までの部分	20万円までごと	800円
500万円を超え1,000万円までの部分	50万円までごと	1,600円
1,000万円を超え10億円までの部分	100万円までごと	2,400円
10億円を超え50億円までの部分	500万円までごと	8,000円
50億円を超える部分	1,000万円までごと	8,000円

(1) 申請手数料算出の基礎となる額

　　基礎となる額＝対象土地の価額の合計額×2分の1×法務省令で定める割合

　筆界特定の申請手数料の算出の基礎となる額は、対象土地の価額の合計額の2分の1に、法務省令で定める割合を乗じて得られます。

(2) 対象土地の価額

　対象土地の価額の算定方法は、筆界特定申請手数料規則1条1項に規定されています。同項によれば、地方税法341条9号に掲げる固定資産課税台帳に登録された価格（以下「固定資産税評価額」といいます。）がある土地については、筆界特定の申請の日がその年の1月1日から3月31日までの期間内であるときは前年12月31日現在の、申請の日がその年の4月1日から12月31日までの期間内であるときはその年の1月1日の固定資産税評価額によることとされています。また、固定資産税評価額がない土地については、近傍類似の土地の価額を基礎として筆界特定登記官が認定した価額によることとされています。

　このように算定した各対象土地の価額の合計額の2分の1に法務省令で定める割合を乗じた額が、申請手数料算出の基礎となる額となるわけです。対象土地の価額の合計額に2分の1を乗ずる趣旨は、いずれの土地の所有権登記名義人等から申請があっても、同一の筆界についての申請手数料算出の基礎となる額が同一になるようにするためです。

(3) 法務省令で定める割合

　法務省令で定める割合は、筆界特定申請手数料規則1条2項において、5パーセント（100分の5）と定められています。

(4) 具体例

　例えば、対象土地の一方の価額3,000万円、他方の価額が1,000万円の場合、基礎となる額は、次のとおりとなります。

　　（3,000万円＋1,000万円）×2分の1×100分の5＝100万円

　基礎となる額である100万円を上記表に当てはめると、8,000円が申請手数料ということになります。

Q42 筆界特定の申請手数料の納付方法について教えてください

A 1 筆界特定の申請手数料の納付方法は、筆界特定申請手数料規則2条により、次のように定められています。

(1) 筆界特定電子申請の場合

手数料の額に相当する現金を筆界特定登記官から得た納付情報により国に納付する方法または当該手数料の額に相当する収入印紙を筆界特定登記官の定める書類に貼り付けて提出する方法（筆界規則2②・③）

(2) 筆界特定書面申請の場合

手数料の額に相当する収入印紙を筆界特定申請書に貼り付けて提出する方法（筆界特定申請情報の全部を記録した磁気ディスクを提出する方法により筆界特定書面申請をする場合には、当該手数料の額に相当する収入印紙を筆界特定登記官の定める書類に貼り付けて提出する方法）（筆界規則2①本文・②）。

2 なお、磁気ディスクを提出する方法による申請は、不動産登記規則211条6項において準用する51条の規定により、法務大臣が指定した法務局等においてのみ可能です。また、筆界特定電子申請は、不動産登記法等の一部を改正する法律（平17法29）附則2条1項の規定により法務大臣が法務局等ごとに指定した筆界特定の手続についてのみ可能です。したがって、これらの指定を受けていない法務局等においては、筆界特定申請書を提出する方法による筆界特定書面申請によることになりますから、手数料の納付方法は、筆界特定申請書に収入印紙を貼り付けて提出する方法のみが可能ということに

なります。
3 申請手数料の納付は、以上のとおりの方法で所定の額が納付されれば足り、申請人が複数ある場合における各申請人の負担割合は、申請人相互間において決めるべき問題ということになります。

Q43 筆界特定の申請手数料を誤って過大に納付してしまった場合に、還付請求をすることはできますか

A 1　申請手数料が過大に納付された場合には、その還付を請求することができます。手数料が過大に納付された場合には、民法上は不当利得返還請求権が発生することになると考えられるからです。還付を請求する場合には、還付請求書を提出する必要があります（施行通達39）。

2　仮に、還付請求権の存否または内容について争いが生じた場合には、登記手数料令上、特別の不服申立手続は用意されていませんから、請求権者は、国を相手方として、行政事件訴訟法4条の公法上の法律関係に関する訴訟として、当事者訴訟を提起することができるものと解されます。

3　また、一の手数料に係る筆界特定の申請人が二人以上ある場合には、当該各申請人は、過大に納付された額の全額につき還付請求をすることができるものと解されますが、申請人の一人に全額が還付されたときは、他の申請人との関係でも手数料の還付を求める権利は弁済により消滅することは、いうまでもありません。

Q44 対象土地の価額が分からないときは、どのように手数料を納付すればよいのですか

A 1 申請人は、対象土地のうち、自らが所有権登記名義人等である土地については、その価額を知ることができますが、自分が所有権登記名義人等である土地以外の土地については、固定資産評価証明書を入手することが困難なことが多いのではないかと思われます。このような場合には、申請人は、少なくとも自分が所有権登記名義人等である土地の価額については、これを把握することができる立場にあると考えられますから、申請時には、当該土地の価額の2分の1に相当する額に100分の5を乗じた額を基礎として仮の手数料額を算出して納付し、不足分については筆界特定登記官による補正の指示を受けて納付することが考えられます。

2 施行通達38においても、申請時に納付された手数料の額が納付すべき手数料の額に満たない場合には、申請人が不足額を追納しない意思を明らかにしているときを除き、手数料の納付がないことを理由として申請を却下することなく、納付すべき手数料の額を通知して補正の機会を与えるものとし、例えば、申請人が、申請時において、一方の対象土地の価額の2分の1に相当する額に100分の5を乗じた額を基礎として算出した額を仮に納付したときは、筆界特定登記官において対象土地の価額を調査して算出した手数料額を通知し、後日不足額を追納させる方法によって差し支えない旨が述べられています。これは、前述1のとおり、他人の土地の価額を申請人が調査することが困難であることを考慮し、申請段階では、その時

点で判明している手数料額を仮納付した上で、正確な手数料の額が判明した段階で、補正という形で、不足額を納付することを認める必要があるからです（対象土地の価格の調査は、管轄登記所の登記官によって行われることになります（施行通達152）。）。

3　なお、課税台帳に登録された価格のない土地については、申請人が近傍類似の土地の平米単価を参考にして基礎となる額を算出し、仮納付する手数料の額とすることになるものと思われます。

Q45 複数の筆界について筆界特定の申請をした場合の申請手数料は、どのように算定されるのですか

A 1 Q41で述べたとおり、筆界特定の申請手数料は1件ごとに算出され、申請の個数は筆界特定の申請人および筆界の数によって決まりますから、複数の筆界について筆界特定の申請があった場合の申請手数料は、各筆界ごとに1件分の申請手数料額を算出し、その合計が納付すべき申請手数料の額となります。ただし、申請人が二人以上ある場合でも、申請の対象となっている筆界が一つの場合には、申請手数料の算出との関係では、申請は1件とみなされることに注意する必要があります（登記令8②）。

2 以上を踏まえ、施行通達41においては、「筆界特定の申請は、特定の対象となる筆界ごとに一の筆界特定申請情報によってするのが原則であるが、対象土地の一を共通にする2以上の筆界特定の申請を一の筆界特定申請情報によってすることもできる（不登規208）。この場合の申請手数料は、各筆界ごとに申請手数料を算出した合計額となる。また、同一の筆界に係る2以上の筆界特定の申請が一の手続においてされたときは、当該2以上の筆界特定の申請は、手数料の算出については、一の筆界特定の申請とみなされる（登記令8②）ので、この場合には、一の筆界特定の申請の手数料額のみが納付されれば足りる。」とされています。

3 例えば、次のような事例において、甲地の所有権登記名義人が甲地と乙地との間の筆界（AB線）と、甲地と丙地との間の筆界（BC線）の二つの筆界の特定を求める場合には、申請の個数は二つで

あり、申請手数料は、各筆界ごとに算出した合計額によることになります。他方、甲地の所有権登記名義人と乙地の所有権登記名義人とが共同して甲地と乙地との間の筆界（ＡＢ線）の特定を求める場合には、申請の個数は二つ（甲地の所有権登記名義人の申請と乙地の所有権登記名義人の申請）ですが、特定すべき筆界は一つですから、一つの筆界特定の申請とみなされることになり、申請手数料は、１個の筆界特定の申請手数料を納付すれば足りることになります。

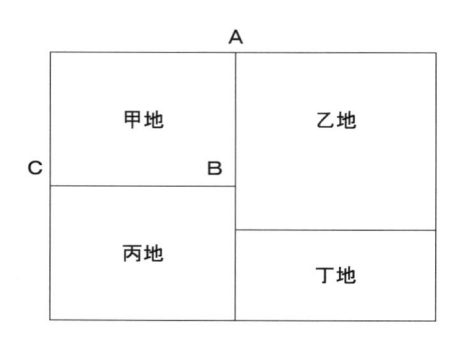

Q46 筆界特定の申請が却下された場合には、申請手数料は返してもらえるのですか

A 1 筆界特定の申請に当たっては、申請手数料を納付する必要があります。筆界特定に要する実費の大部分（筆界調査委員の日当、職員の人件費等）は、税金により賄われ、手数料収入により賄われるわけではありませんが、筆界特定の申請について手数料を徴収する趣旨は、制度濫用の防止のほか、制度の運営に要する費用の一部については、申請人に負担させることが、他の納税者との関係で公平だと考えられるからです。

2 いったん筆界特定の申請がされたときは、それが最終的に却下されたとしても、その申請を審査するためのコストが発生していることになりますから、申請人に手数料の負担を求めるのは、手数料の性質上、やむを得ないと思われます。ただ、筆界特定の申請がされた後、関係人に対する通知または公告がされるまでの間に、却下がされたときは、初期の段階で手続が終了し、コストも軽微であると考えられることから、登記手数料令8条3項においては、筆界特定の申請があった旨の公告または通知がされる前に、筆界特定の申請が取り下げられ、または却下された場合には、筆界特定登記官は、筆界特定の申請人の請求により、申請人が納付すべき手数料の2分の1以上の金額を納付しているときは、その超過部分を返却することとしています。これは、民事訴訟費用等に関する法律9条3項を参考にしたものと思われます。「公告または通知がされる前」とは、公告および通知のいずれもされていないことを指します。複数の関係人に対し通知をすべき場合において、そのうち一部の者に対して

通知が発送された後は、「通知がされる前」に当たらないことになります。

3 例えば、納付すべき申請手数料が5,000円であり、申請人が申請時に5,000円を納付していた場合において、関係人に対する通知または公告がされるまでの間に申請が却下されたときは、申請人の還付請求により、2,500円が還付されることになります。ただし、還付が認められるのは、あくまでも申請人が納付すべき手数料の2分の1以上を納付していた場合ですから、本来、申請手数料として申請時に5,000円を納付すべきであった場合において、申請人が、その半額（2,500円）に満たない2,000円しか納付していなかったときは、通知または公告前に申請が却下されたとしても、還付される金額はないことになります。

4 この還付請求は、却下された日から5年以内にしなければならないこととされています（登記令8⑤）。還付請求をする場合には、還付請求書を提出することになります（施行通達83）。この還付請求の性質は、形成権と解され、5年以内に請求をしたときは、その時点で還付請求権が発生し、5年の消滅時効（会30）に服することになります。

5 申請人が2名以上あるときでも、この還付請求権は、各申請人が全額を行使することができ（登記令8④）、申請人の一人が全額を受領したときは、還付請求権は弁済により消滅すると解されます。すなわち、申請人が2名以上ある場合における還付請求権は、いわゆる不真正連帯債権の性質を持つものと解されます。

Q47 筆界特定の申請が取り下げられた場合には、申請手数料は返してもらえるのですか

A 1 筆界特定の申請を取り下げた場合であっても、申請に対する却下事由の審査や通知公告等のコストは既に発生していますから、手数料は、返還しないのが原則です。しかし、申請がされてから、申請があった旨の公告または通知がされるまでに申請が取り下げられた場合には、発生しているコストも軽微であると考えられます。そこで、申請があった旨の公告または通知がされるまでに申請が却下された場合と同様、登記手数料令8条3項においては、筆界特定の申請があった旨の公告または通知がされる前に、筆界特定の申請が取り下げられた場合には、筆界特定登記官は、筆界特定の申請人の請求により、申請人が納付すべき手数料の2分の1以上の金額を納付しているときは、その超過部分を返却することとしています。

2 還付すべき金額の考え方、「公告または通知がされる前」とは、公告および通知のいずれもされていないことを指すこと、還付請求は、取下げがあった日から5年以内にしなければならないこと（登記令8⑤）、5年以内に請求をしたときは、その時点で還付請求権が発生し、5年の消滅時効（会30）に服すること、還付請求をする場合には、還付請求書を提出する必要があること（施行通達83）、申請人が複数ある場合の還付請求権が不真正連帯債権の性質を有すると解されることは、いずれもQ46と同様です。

3 なお、筆界特定の申請の取下げが、取下書を法務局に送付する方法によって提出された場合、その発信および到達のいずれの時点を

もって取下げがあったと解すべきかが問題となりますが、取下げの意思表示は到達によって効力を生じますから、取下書が法務局に到達した時点で取下げがあったものと解されます。したがって、公告または通知の発送がされる前に申請人が取下書を発送したとしても、取下書の到達前に公告がされ、または通知の発送がされた場合には、還付請求権は発生しないことになります。

第7 筆界調査委員および事実の調査関係

Q48 どのような人が筆界調査委員に任命されるのですか

A 1 不動産登記法127条1項によれば、法務局および地方法務局に、筆界特定について必要な事実の調査を行い、筆界特定登記官に意見を提出させるため、筆界調査委員若干人を置くことになっています。また、同条2項によれば、筆界調査委員は、同条1項の職務を行うのに必要な専門的知識および経験を有する者のうちから、法務局または地方法務局の長が任命することになります。

2 したがって、法律上、筆界調査委員として任命されるための積極的要件としては、「職務を行うのに必要な専門的知識および経験を有する者」であることが必要ですが、特定の資格者に限定されているわけではありません。しかし、類型的にみて、筆界を特定するために必要な事実の調査を行い、意見を提出するという職務を行うのに必要な専門的知識および経験を有するということがいえるのは、土地家屋調査士ではないかと思われます。また、筆界確定訴訟の代理人としての経験が豊富な弁護士や、簡裁訴訟代理等関係業務を行うことができる旨の認定を受けた司法書士（認定司法書士）についても、筆界調査委員としての職務を行うのに必要な専門的知識および経験を有する者であるということができる場合があるのではないかと思われます。

3 不動産登記法128条1項においては、筆界調査委員の欠格事由として、次のいずれかに該当する者は、筆界調査委員になることができない旨を規定しています。
   ① 禁錮以上の刑に処せられ、その執行を終わり、またはその執行を受けることがなくなった日から5年を経過しない者
   ② 弁護士法、司法書士法または土地家屋調査士法の規定による懲戒処分により、弁護士会からの除名または司法書士もしくは土地家屋調査士の業務の禁止の処分を受けた者でこれらの処分を受けた日から3年を経過しない者
   ③ 公務員で懲戒免職の処分を受け、その処分の日から3年を経過しない者

このうち、②は、以上に述べた理由により、土地家屋調査士、弁護士または司法書士が筆界調査委員として任命される可能性が高いことを想定したものと思われます。また、司法書士については、土地家屋調査士と兼業している者が多いことも踏まえ、土地家屋調査士としては懲戒処分を受けたことがなくても、司法書士として懲戒処分を受けたことがある者については、筆界調査委員としての適格性がないことを明らかにしたものということができるでしょう。また、①、③については、筆界調査委員という公職に就く以上、当然のことと思われます。

Q49 筆界調査委員の職務内容について教えてください

A 1 筆界調査委員の任務は、筆界特定について必要な事実の調査を行い、筆界特定登記官に意見を提出することです（不登127①）。筆界特定の手続は、筆界特定登記官だけではなく、このような外部専門家である筆界調査委員の専門的知見を活用して行われるところに特色があります。

2 筆界調査委員は、事件ごとに指定されます。筆界調査委員が事件について指定を受けたときは、対象土地または関係土地その他の土地の測量または実地調査をすること、筆界特定の申請人もしくは関係人またはその他の者からその知っている事実を聴取し、または資料の提出を求めることその他対象土地の筆界特定のために必要な事実の調査をすることができるとされています（不登135①）。また、筆界調査委員が土地の測量または実地調査を行う場合には、他人の土地へ立ち入る権限も認められています（不登137）。

3 これらの筆界調査委員が行う調査等は、法務局または地方法務局の職員の補助を得て行うことになります。すなわち、法務局または地方法務局の長は、その職員に筆界調査委員の事実の調査を補助させることができるとされています（不登134④）。筆界調査委員は、非常勤であり（不登127⑤）、必要な事実の調査のすべてを自ら行うことは困難であるため、このように法務局または地方法務局の職員による補助が予定されているのです。

4 また、筆界調査委員は、筆界特定登記官の開く意見聴取等の期日には立ち会い、筆界特定登記官の許可を得て、筆界特定の申請人ま

たは参考人に対し質問を発することができます（不登140③）。

5　筆界調査委員は、事実の調査の経過やその結果について、筆界特定登記官から報告を求められることがあります（不登規229）。この報告は、書面その他適宜の方法によって行うこととされています（施行通達121）。

6　筆界調査委員は、意見聴取等の期日の後、事実の調査を終了したときは、遅滞なく、筆界特定登記官に対し、対象土地の筆界特定についての意見を提出しなければなりません（不登142）。この意見は、書面または電磁的記録をもってすることとなり、口頭による意見の提出は認められていません（不登規230）。施行通達122によれば、筆界調査委員は、署名し、または記名押印した意見書を提出する必要があり、その意見書には、意見およびその理由を明らかにする必要があります。

Q50 複数の筆界調査委員が指定された場合には、各筆界調査委員は、どのような関係に立つのですか

A 1　法律上は、一つの事件について指定する筆界調査委員の数に限定はありませんから、一つの事件について二人以上の筆界調査委員が指定されることがあります（不登134①）。これは、事案の内容に応じて指定権者である法務局または地方法務局の長が決めることになります。

2　複数の筆界調査委員が指定されたときは、筆界調査委員は、共同してその職務を行うことになります。したがって、当該複数の筆界調査委員は、すべての事実の調査を共同して行うのが原則であるということになりますが、筆界特定登記官の許可を得て、それぞれ単独でその職務を行い、または職務を分掌することができます（不登134③）。

3　いずれの場合にも、複数の筆界調査委員は、合議体を構成するものではありません。したがって、筆界特定登記官に対する意見を提出するときは、統一された意見を形成する必要はなく、意見が分かれたときは、各自がそれぞれの意見を提出することもできることになります。しかし、共同してその職務を行う以上、できるだけ相互に意見交換をし、可能な限り、同一の意見を提出するよう努めることが望ましい姿ではないかと思われます。意見が分かれるような場合には、さらに調査を尽くす必要があることも考えられます。施行通達122においても、2以上の筆界調査委員の意見が一致する場合には、当該2以上の筆界調査委員は、連名で1通の意見書を作成して差し支えないものとされています。

Q51 筆界特定手続における調査や資料の収集は、どのように行うこととされていますか

A 1 不動産登記法134条1項の規定による指定を受けた筆界調査委員は、対象土地または関係土地その他の土地の測量または実地調査をすること、筆界特定の申請人もしくは関係人またはその他の者からその知っている事実を聴取しまたは資料の提出を求めることその他対象土地の特定のために必要な事実の調査をすることができます（不登135①）。

2 筆界調査委員の調査は、これを補助する法務局または地方法務局の職員（不登134④）と共に行われます。施行通達第5（84～）によれば、事実の調査は、進行計画の作成、事前準備調査、論点整理等、特定調査の各段階に区分されています。

(1) 進行計画の作成

進行計画においては、不動産登記法130条の規定により定めた標準処理期間を考慮して、事前準備調査を完了する時期、申請人および関係人に立ち会う機会を与えて対象土地について測量または実地調査を行う時期、意見聴取等の期日を開催する時期、筆界調査委員が意見書を提出する時期、筆界特定を行う時期等について、手続進行の目標が設定されます（施行通達84）。

(2) 事前準備調査

ア 資料の収集（施行通達87）

対象土地の調査を適確に行うための資料として、例えば、次のような資料が収集されます。

① 管轄登記所に備付けまたは保管している登記記録、地図ま

たは地図に準ずる図面、各種図面、旧土地台帳等
② 官庁または公署に保管されている道路台帳、道路台帳附属図面、都市計画図、国土基本図、航空写真等
③ 民間分譲業者が保管している宅地開発に係る図面および関係帳簿、対象土地もしくは関係土地の所有者またはそれらの前所有者等が現に保管している図面や測量図

イ　調査図素図の作成（施行通達88）

調査を円滑に進めるため、必要に応じ、筆界特定に関係する情報が記載された一覧性のある対象土地および関係土地の図面を作成するもので、例えば、登記所備付地図の写し等に、収集された資料から得られた情報（例えば、対象土地および関係土地の登記記録上の地積、地目、登記名義人の氏名および分筆経緯等）を適宜の方式で表示した図面が作成されることになります。

ウ　現況等把握調査（施行通達89）

対象土地およびその周辺の土地の現況その他筆界特定について参考となる情報を把握することを目的として行われる調査です。例えば、次のような調査が行われます。
① 現地の測量または実地調査
② 道路や水路等との官民境界についての確認
③ 関係者からの事情（各自が主張する筆界の位置、紛争に至る経緯、対象土地の過去から現在に至るまでの使用状況等）の聴取

(3)　論点整理等（施行通達90）

事前準備調査の結果によって得られた申請人または関係人その他の者から聴取した主張等を踏まえ、筆界に関する論点の整理を行うものです。収集した資料および現況等把握調査の結果を一図

面に集約して表現する等して、事案の問題点はどこにあるのかを究明し、整理する過程の中で、特定調査において測量すべき箇所を決めるなど、その後の調査の方向性を明確にするものということができます。実際には、事前準備調査と同時並行的に行われることもあると思われます。

(4) 特定調査（施行通達91）

筆界調査委員が対象土地に係る筆界を特定するための調査のことで、事前準備調査の結果および論点整理の結果を踏まえ、申請人および関係人に対し立ち会う機会（不登136①）を与えた上で、対象土地の測量または実地調査を行い、筆界点となる可能性のある点の位置を現地において確認し、記録します。

3 筆界調査委員およびこれを補助する職員は、土地の測量または実地調査を行う場合において、必要があるときは、必要な限度で、他人の土地に立ち入ることが認められています（不登137）。本来、測量または実地調査は、所有者や占有者の任意の協力を得て行うべきものですが、任意の協力が得られない場合にも、他人の土地に立ち入って調査を行う必要があるからです。このような場合には、土地の占有者に対し、立入調査を行う旨およびその日時・場所を法務局または地方法務局の長からあらかじめ通知することにより、占有者の同意がない場合であっても、他人の土地に立ち入ることができることになります。この場合も、占有者を実力で排除することまで認められているわけではありませんが、正当な理由もなく、立入りを拒絶し、妨げた占有者は、不動産登記法162条の規定により30万円以下の罰金に処せられる可能性があります。

Q52 筆界調査委員を補助する法務局または地方法務局の職員は、どのような作業を行うのですか

A 1 法務局または地方法務局の長は、その職員に筆界調査委員による事実の調査を補助させることができるとされています（不登134④）。したがって、筆界調査委員を補助する職員（以下「補助職員」といいます。）は、筆界調査委員が事実の調査を行うに当たり必要な資料を収集したり、筆界調査委員の調査を円滑に進めるための準備的な調査を行うことになります。

2 Q51で述べたとおり、筆界特定の手続における事実の調査は、事前準備調査、論点整理、特定調査の各段階に区別することができます。そして、施行通達86によれば、事前準備調査においては、原則として、補助職員が、筆界調査委員による事実の調査を円滑に実施することを目的として、資料の収集のほか、必要に応じ、調査図素図の作成、現況等把握調査および論点整理等を行うものとされているところです。

3 筆界調査委員は、非常勤ですから、法務局または地方法務局に常駐しているわけではありません。したがって、筆界特定の手続における事実の調査のプロセスの中で、補助職員が活躍する場面は多いものと思われます。

Q53 筆界調査委員の意見書には、どのような事項が記載されるのですか

A 1 施行通達122によれば、不動産登記法142条の規定による筆界調査委員の意見の提出は、所定の様式の意見書により行うものとされています。また、その意見書には、その意見および理由を明らかにし、筆界調査委員が署名し、または記名押印するものとされています。また、2以上の筆界調査委員の意見が一致する場合には、当該2以上の筆界調査委員は、連名で1通の意見書を作成して差し支えないこととされています。

2 筆界特定登記官の行う筆界特定は、筆界調査委員の意見を踏まえて行うこととされていますから、筆界調査委員の意見は、その内容として、現地における筆界の適切な位置と考えられるものを具体的に明らかにする必要があります。そこで、施行通達123は、意見書には図面を添付するとともに、基本三角点等に基づく測量の成果による座標値（基本三角点等に基づく測量ができない特別の事情がある場合にあっては、近傍の恒久的な地物に基づく測量の成果による座標値）により、筆界特定の対象となる筆界に係る筆界点と認められる各点（筆界の位置の範囲を特定するときは、その範囲を構成する各点。以下同じ。）の位置を明らかにすべきものとしています。例えば、意見書の結論部分において、意見書に添付された図面（以下「意見書図面」といいます。）中に記載された筆界点に適宜の符号を付し、例えば、「対象土地甲と対象土地乙との筆界は、別紙図面中のA点、B点およびC点を順次結んだ線であると特定するのが相当である。」等と記載されることになります。

第7　筆界調査委員および事実の調査関係　175

3　筆界調査委員の意見と筆界特定登記官の判断が一致する通常のケースでは、意見書図面を利用する形で筆界特定書の内容となる図面（不登143②）も作成されるはずです。したがって、意見書図面は、不動産登記法143条2項の図面に準ずる様式で作成されることになります。なお、申請人等が提出した図面において、既に適切な筆界の位置が表示されているような場合には、これをそのまま利用する形で意見書図面を作成することも差し支えないと考えられます。

4　筆界特定は、対象土地の筆界の現地における位置を明らかにする手続ですから、意見書図面の最低限必要な記載事項としては、筆界特定の対象となる筆界の位置が図示されていれば足りるはずです。しかし、対象土地に存する工作物、囲障等が図面に図示されていれば、復元測量によるまでもなく、図面の記載から、特定された筆界の位置を知ることが容易になると考えられます。また、筆界特定をするに当たっては、各対象土地の現況の面積と公簿面積とを比較することが有力な資料になる場合があると考えられますが、この場合には、筆界特定の理由を明らかにするに当たり、筆界調査委員がどの範囲を対象土地として把握したか、すなわち筆界特定の対象となった筆界以外の対象土地の筆界として筆界調査委員が把握した線を示しておく必要があると考えられます。そこで、施行通達123では、意見書図面には、必要に応じ、対象土地の区画または形状、工作物および囲障の位置その他の現地における筆界の位置を特定するために参考となる事項を記載することとされています。

Q54 筆界調査委員の意見と筆界特定登記官の判断とが異なった場合はどうするのですか

A 1 筆界特定登記官の行う筆界特定は、筆界調査委員の意見を踏まえて行うこととされています（不登143①）。しかし、法的にいえば、筆界特定登記官は、筆界特定をするに当たり、筆界特定調査委員の意見を尊重する義務はありますが、その意見に法的に拘束されるものではありません。したがって、理論的には、筆界特定登記官は、筆界調査委員の意見を吟味した結果、その意見と異なる線を筆界として特定すべきであると考えたときは、そのような筆界特定を行うこともできることになります。

2 筆界調査委員は、筆界特定の手続において必要な事実の調査を行うことをその職務とし、筆界特定登記官は、筆界調査委員に対し、随時、事実の調査の経過または結果その他必要な事項について報告を求めることができます（不登規229）。この筆界調査委員の報告は、所定の様式の書面その他適宜の方法によって行うこととされていますから（施行通達121）、口頭で行うことも可能です。また、筆界特定登記官の求めがない場合であっても、筆界調査委員が筆界特定登記官に対し、その行った調査の結果を報告することができることはいうまでもありません。したがって、制度の運用の問題としては、このような筆界特定の手続における事実の調査についての相互の連絡を密にすることにより、筆界調査委員の見解と筆界特定登記官の見解が食い違うことがないように努めることが期待されているといえます。

3 なお、筆界特定登記官は、筆界調査委員の調査が不十分であると考えたときは、筆界調査委員に対し、さらに調査を尽くすよう命ずることもできると解されます。

Q55 筆界特定をするために測量が必要になった場合、その測量は誰が行うのですか

A 1 筆界特定の手続において、測量が必要となる場面としては、まず、事前準備調査の段階で行う現況測量が考えられます。また、特定調査の段階においても、筆界特定図を作成するための前提として、測量が必要になります。このうち、前者については、原則として、筆界調査委員を補助する法務局または地方法務局の職員が行うこととされています（施行通達86）が、事案によっては、申請人が負担する手続費用によって行うことがあります。また、後者については、原則として、申請人が負担する手続費用（不登146①）によって行うこととされています（施行通達94）。これらの場合において、測量を行う者（以下「測量実施者」といいます。）は、筆界に関する測量を行うのに必要な専門的知見および技術を有する者（筆界調査委員を含みます。）であって筆界特定登記官が相当と認める者ということになります（不登規242）。

2 測量実施者は、筆界に関する測量を行うのに専門的な知見および技術を有する者である必要があります。この測量を筆界調査委員以外の第三者が実施すること（外注）はもとより、筆界調査委員の中で該当する者があれば、当該筆界調査委員が実施することも排除されていません。ただし、後者の場合は、筆界調査委員としての立場で行うのでなく、一測量実施者として、あくまでも外注を受けた第三者が実施するのと同様の立場で行うものと解されます。

3 測量を実施させるに当たっては、筆界調査委員の意見を踏まえて細目を定め、その内容を明らかにして行うものとされており、この

細目を明らかにした適宜の様式による測量指図書を2通作成し、測量実施者に署名または記名押印をさせた上で、その1通を測量実施者に交付し、他の1通を、筆界特定手続記録につづり込むことになります（施行通達96・97）。

第8　意見または資料の提出関係

Q56 申請人または関係人が意見または資料を提出することが認められるのは、どのような場合ですか

A　1　筆界特定の手続において、申請人または関係人には、筆界特定登記官に対し、意見または資料を提出する権利が認められています（不登139）。もともと、筆界特定の手続においては、筆界調査委員およびこれを補助する法務局または地方法務局の職員が、職権で必要な事実の調査を行うこととされており、事実の調査を行う場合には、申請人または関係人から事情を聴取することや、資料の提出を受けることもできます。したがって、申請人または関係人が、この事実の調査の機会に、意見または資料を提出することができるのは、もちろんです。しかし、特に、筆界特定登記官に対する意見または資料の提出権を認めたのは、筆界特定登記官が最終的に筆界特定を行う権限があることにかんがみ、申請人または関係人に対する手続保障を充実させるためです。

2　また、申請人または関係人は、意見聴取等の期日において意見を述べ、資料を提出する機会が与えられます（不登140）。前述のとおり、申請人または関係人には、一般的に筆界特定登記官に対する意見または資料の提出権が認められていますが、意見聴取等の期日においては、筆界特定登記官に対し、口頭で自分の意見を述べる機会が与えられることになります。なお、意見を述べる場合には、期日前にその意見の概要を書面で提出することが求められることになります

（施行通達112）。

3　なお、申請人および関係人以外の者については、特に法令上、意見または資料の提出権を認めた規定はありません。これは、筆界特定の手続においては、申請人や関係人には、筆界特定について類型的に利害関係を有する者として手続保障を与え、一種の当事者的な地位を認めていますが、申請人および関係人以外の者については、必要に応じ、職権で意見や資料の提出を求めれば足りるとの考え方によるものです。

Q57 筆界特定の手続において、意見または資料を提出する場合には、どのような点に注意する必要がありますか

A 1 申請人および関係人は、筆界特定の手続において、筆界特定登記官に意見または資料を提出することができます（不登139）。筆界特定の手続は、筆界調査委員という専門の調査機関が職権で必要な事実の調査を行う手続であり、申請人や関係人は、他の関係者と同様、筆界調査委員による事情聴取の対象となり、筆界調査委員は、申請人や関係人に対し資料の提出を求めることができます（不登135）。したがって、このような筆界特定手続の職権調査主義的側面を強調するならば、申請人および関係人に対し、その意見または資料を提出する権利を独立に認める必要はないかもしれません。しかし、申請人や関係人は、筆界特定について類型的に利害関係を有する者であり、最終的に筆界特定を行うのは筆界特定登記官ですから（不登143）、申請人および関係人が筆界特定登記官に対し、直接、その意見または資料を提出することを認め、手続保障を与えることが相当であると考えられます。申請人または関係人が提出した意見または資料は、筆界特定登記官が判断を行うに当たり考慮されることになります。

2 筆界特定登記官が意見または資料を提出すべき相当の期間を定めたときは、申請人および関係人は、その期間内に提出する必要があります（不登139①後段）。また、意見または資料を提出するに当たって明らかにすべき事項については、不動産登記規則218条において、次のとおり規定されています。

①　意見および資料に共通する事項（不登規218①）
　㋐　手続番号（不登規218①一）
　㋑　意見または資料を提出する者の氏名または名称（不登規218①二）
　㋒　意見または資料を提出する者が法人であるときは、その代表者の氏名（不登規218①三）
　㋓　代理人によって意見または資料を提出するときは、当該代理人の氏名または名称および代理人が法人であるときはその代表者の氏名（不登規218①四）
　㋔　意見または資料の提出の年月日（不登規218①五）
　㋕　筆界特定の手続が係属する地方法務局の表示（不登規218①六）
②　資料の提出に当たり明らかにすべき事項（不登規218②）
　㋐　資料の表示（不登規218②一）
　㋑　作成者およびその作成の年月日（不登規218②二）
　㋒　写真またはビデオテープ（これらに準ずる方法により一定の事項を記録することができる物を含みます。）にあっては、撮影、録画等の対象ならびに日時および場所（不登規218②三）
　㋓　当該資料の提出の趣旨（不登規218②四）

3　意見または資料の提出方法については、書面により提出する場合には、当該書面の写し3部を提出しなければならないこととされています（不登規220①）。したがって、意見または資料の提出を書面でするときは、必ずしも原本を同時に提出する必要はありませんが、筆界特定登記官が必要と認めたときは、その原本の提示をしなければならないこととされています（不登規220②）。

　なお、電磁的方法による提出については、オンラインで送信する方法や磁気ディスク等に記録して提出する場合におけるソフトウエア等具体的な方法について別に法務大臣が定めるところに従う必要

があります（不登規219）。
4 　なお、申請人または関係人が筆界特定登記官に対し提出した資料等は、筆界調査委員が筆界特定登記官に意見を提出する際にも考慮されるべきことはもちろんです。筆界調査委員は、筆界特定に関するあらゆる資料を踏まえて、適正な筆界特定についての意見を提出する職務上の義務があるというべきだからです。

Q58 筆界特定の手続において提出した資料を還付してもらうことはできますか

A 1 不動産登記法139条1項の規定により資料を提出した申請人または関係人は、当該資料の還付を請求することができます（不登規221①）。筆界特定登記官は、当該請求に係る資料を筆界特定をするために留め置く必要がなくなったと認めるときは、速やかに、これを還付することになります。意見聴取等の期日において申請人または関係人が提出した資料の還付についても、同様の手続によることになります（不登規225において準用する221）。
2 ここでいう資料とは、原本を意味し、資料の写しについては、還付の対象とならないことはいうまでもありません。したがって、不動産登記規則220条1項の規定により提出された書面の写しは、還付の対象とはなりません。同様に、磁気ディスクその他の電磁的記録に記録して提出された資料も還付の対象とはなりません。
3 なお、筆界特定の手続においては、筆界特定添付書面と資料とは区別されており、筆界特定申請書を提出する方法で筆界特定の申請がされた際、筆界特定添付書面として提出されたものについては、不動産登記規則213条の規定により還付請求の対象となります。
4 資料の還付をする場合には、当該資料に係る目録の備考欄に原本還付の旨の記録をするほか、必要に応じ、当該資料の写しまたは当該資料の概要を写真その他適宜の方法により明らかにした記録を作成し、当該写しまたは記録を筆界特定手続記録の一部とすることとされています（施行通達107）。
5 なお、資料については、写しと原本の別を記録し、原本の還付を要しない旨の申出があったときは、目録の備考欄に還付不要の旨の記録がされます（施行通達108）。

Q59 筆界特定の手続において提出された意見または資料は、どのように保存されるのですか

A 1　筆界特定の手続においては、筆界調査委員等が必要な事実の調査を行い、その過程で資料を収集することがあります。また、申請人または関係人には、意見または資料の提出権が認められています（不登139・140）。これらの職権で収集された資料や、申請人または関係人から提出された意見または資料は、分類して、目録に記録し、筆界特定手続の記録として保存することとされています（施行通達106）。

2　具体的には、①申請人が提出した意見または資料は申請人提出意見等目録に、②関係人が提出した意見または資料は関係人提出意見等目録に、③①②以外の意見または資料は職権収集資料等目録に、それぞれ適宜の番号を付して記録することになります。

3　筆界特定の手続が終了した後は、筆界特定手続記録は、対象土地の所在地を管轄する登記所に送付され、当該登記所において保管されます（不登145）。登記所において保管される筆界特定手続記録は、不動産登記法149条の規定による公開の対象となります。

Q60 他の申請人または関係人が意見または資料を提出した場合、その内容を知ることはできますか

A 1 不動産登記法139条1項または140条1項の規定により申請人または関係人から意見または資料の提出があった場合には、原則として、その旨を対象土地の所有権登記名義人等（当該意見または資料を提出した者を除きます。）に適宜の方法により通知するものとされています（施行通達105）。

2 もともと、筆界特定の手続は、筆界特定登記官に対する申請に対し、筆界特定登記官が応答する過程の中で、筆界特定について利害関係を有すると認められる関係人に対し、意見または資料を提出する機会を与えるという構造になっています。関係人には、対象土地の所有権登記名義人等であって申請人ではない者と関係土地の所有権登記名義人等の2種類の関係人がありますが、対象土地の所有権登記名義人等は、実質的にみれば、筆界特定の対象となっている筆界の現地における位置をめぐり、利害が対立している紛争当事者的な立場にあります。

3 そこで、運用として、申請人または関係人から意見または資料の提出があった場合には、筆界特定についてより強い利害関係を有すると思われる対象土地の所有権登記名義人等については、意見等の提出があったことを通知し、これに対する反論や反対資料を提出する機会を与えることとされたものです。

第9 手続費用関係

Q61 筆界特定の手続において、手数料以外に負担すべき費用としては、どのようなものがありますか

A 筆界特定の手続において、手続費用、すなわち、筆界特定登記官が相当と認める者に命じて行わせた測量、鑑定その他専門的な知見を要する行為について、その者に支給すべき報酬および費用の額として筆界特定登記官が相当と認めたものは、申請人の負担とされています（不登146①、不登規242）。測量等の費用は、事案によって額が異なるものであり、手数料のように土地の価格等によって一律に算出することが難しいため、手数料に含めるのでなく、事案に応じた額を別途納付するという形になったものです。現実には、測量に要する費用が手続費用とされることが多いものと思われます。

測量に要する費用は、土地の地形や、基準点からの位置、測量すべき点の数等、事案により異なることになりますが、一般論としては、数十万円程度の費用はかかるものと思われます。

Q62 複数の申請人がある場合には、手続費用の負担割合はどうなりますか

A 1 例えば、甲地と乙地とが隣接する場合において、甲地の所有権登記名義人Aと乙地の所有権登記名義人Bとが、共同で筆界特定の申請をしたときは、その手続費用は、平等に負担することになります（不登146②）。

2 また、甲地についてA₁が6分の3、A₂が6分の2、A₃が6分の1の持分を有する共有者である場合において、A₁A₂A₃が共同で甲地と乙地との間の筆界特定を申請したときは、その持分の割合、すなわちA₁が6分の3、A₂が各6分の2、A₃が6分の1の割合で手続費用を負担することになります。また、共有地であっても共有者全員で筆界特定の申請をする必要はありませんので、例えば、3人のうちA₁A₂の2人だけが申請人であるときは、A₁の持分が全体の6分の3、A₂の持分が全体の6分の2で、この2人の間では3：2という比になりますから、手続費用は、A₁が5分の3、A₂が5分の2の割合で負担することになります（不登146③）。

3 甲地についてA₁が6分の3、A₂が6分の2、A₃が6分の1の持分を有する共有者であり、乙地についてB₁が4分の3、B₂が4分の1の持分を有する共有者である場合において、A₁A₂A₃とB₁B₂が共同で申請したときは、まず全体を甲地と乙地で折半しますので、甲地の共有者A₁A₂A₃で2分の1を、乙地の共有者B₁B₂で2分の1を負担することになります。さらに各土地の共有者間でその土地の持分割合に応じて負担しますので、結局、A₁が24分の6、A₂が24分の4、A₃が24分の2、B₁が24分の9、B₂が24分の3の割合で負担する

ことになります（不登146④）。
4 　なお、この手続費用の負担の定めは、申請人が複数ある場合において、特に負担に関する合意がないときにおける内部負担の割合を定めたもので、強行規定ではありませんから、申請人間の合意によって変更することは可能と解されます。

Q63 手続費用は、どのようにして納付するのですか

A 1 筆界特定登記官は、不動産登記法146条1項により申請人の負担とされる手続費用の概算額を、申請人に予納させなければならないとされています（不登146⑤）。したがって、手続費用を予納する場合には、まず、筆界特定登記官から申請人に対し、手続費用の概算額が告知されることになります。この告知は適宜の方法によって行ってよいとされています（施行通達146）。後で述べるとおり、予納金の納付は、保管金提出書を添えて行う必要がありますから、予納の告知は、筆界特定登記官が保管金提出書を交付することによって行うことになると思われます。

2 なお、申請人が複数の場合には、予納金納付義務は、不真正連帯債務関係にあると解されますので、各申請人が全額について納付義務を負っているものと解されます（申請人間の内部的な負担割合については別の問題です。Q62参照）。そこで、この場合には、予納の告知は、一人にすれば足りるものとされています。

3 予納の告知は、任意に予納を促す手続であって、予納命令とは区別する必要があります。予納告知の後、相当期間経過しても予納がないときは、予納命令が発せられることになります（施行通達147）。予納命令には、納付期限（1～2週間程度）が付されます。そして、予納命令に付された納付期限までに予納がないときは、筆界特定の申請が却下されることになります（不登132①九、施行通達147）。このように、予納命令は、予納告知とは違い、申請の却下の前提となる行為ですから、予納命令書を申請人に対して交付する方法により発

せられることになります。また、申請人が複数ある場合には、その全員に対し、予納命令書を交付する必要があるとされているところです。

4　予納金の納付方法については、予納金は、国の保管金となりますから、所定の様式による保管金提出書により納付する必要があります。したがって、申請人は、現金により予納金を納付するときは、筆界特定登記官が記名押印し、予納金額の記入をした保管金提出書の交付を受けて、これに現金を添えて提出することになります。また、日本銀行に対する振込みの方法によって予納金を納付するときは、筆界特定登記官から交付を受けた保管金振込書により、当該予納金に係る筆界特定手続を実施している法務局または地方法務局の保管金を取り扱う日本銀行に振り込み、保管金提出書に保管金領収証書を添えて提出することになります。

第10 意見聴取等の期日関係

Q64 意見聴取等の期日とは、どういうものですか

A 1 筆界特定手続は、裁判手続ではありませんが、行政機関が行う手続として、公正かつ適正な手続によって行わなければならないことはいうまでもありません。意見聴取等の期日は、このような要請から申請人および関係人に対する筆界特定手続における手続保障の一環として設けられているものです。筆界特定がされた場合には、事実上、その後の登記手続や裁判手続において、その結果が尊重されることが予想されます。したがって、筆界特定を行うに当たっては、申請人および関係人の納得が得られるよう、その意見や資料の提出の機会を保障した手続で行うのが相当であると考えられます。意見聴取等の期日は、このような観点から設けられたものです。

2 期日を主宰するのは、筆界特定登記官です。期日は、各申請人または関係人ごとに開くことができます。これは、期日が、各申請人または関係人に対し、意見を述べ、資料を提出する機会を与えることを目的とするものだからです。しかし、複数の申請人または関係人に対する期日を同時並行的に開催することも可能です（施行通達111）。実務上は、むしろ、1回の期日で、申請人および関係人の全員に対し、意見を述べ、資料を提出する機会を与えるという運用がされることになるのではないかと思われます。期日を開く回数については、法律上制限はありませんから、関係者が多数の場合や日程が

整わない場合には、複数回開かれることになると思われます。

　期日の開かれる場所は、最寄りの法務局関連施設や筆界特定の対象となっている土地（現地）のほか、期日に参加する人数を考慮して適宜の場所が選定されます（不登規222、施行通達110）。期日の日時を定めるに当たっては、申請人または関係人が意見陳述または資料の提出のための準備に要する期間等が勘案されることになっています。

3　期日においては、申請人および関係人は、対象となっている筆界に関する自分の意見を述べることができます。この意見は、口頭で述べても、あらかじめ作成した書面に基づいて述べても差し支えありませんが、意見を正確に漏れなく述べるには、あらかじめ書面を作成しておくのがよいでしょう。そこで、筆界特定登記官が申請人または関係人に対し期日の通知（不登140①）をしたときは、期日前にその意見の概要を書面で提出するよう促すこととされています（施行通達112）。

4　期日において、筆界特定登記官には、発言を許し、またはその指示に従わない者の発言を禁ずることができるほか、期日の秩序を維持するために必要があるときは、その秩序を妨げ、または不穏な言動をする者を退去させることができます（不登規224）。複数の申請人または関係人に対する期日が開かれた場合において、各申請人または関係人は、筆界特定登記官の許可を得て、他の申請人および関係人が述べた意見について質問することができます。

　また、期日においては、筆界特定登記官または筆界調査委員から筆界に関し質問される場合があります。この場合には、知っている事実をありのままに述べる等、手続の迅速な進行に協力するような姿勢が必要でしょう。

　その他、筆界特定手続において既に提出した資料のほかに提出し

ようとする資料がある場合には、その資料を筆界特定登記官に提出することができます。
　期日においては、申請人および関係人のほかに、筆界特定登記官が適当と認めた参考人の意見を聞く場合もあります。

Q65 自分の家族を意見聴取等の期日に同行し、傍聴させることはできますか

A 1 筆界特定手続における意見聴取等の期日は公開の手続ではありませんが、筆界特定登記官は、適当と認める者に傍聴を許すことができることとされています（不登規224③）。
2 申請人または関係人の親族もしくは同居者またはこれらに準ずる者であって、その傍聴によって手続を行うのに支障を生ずるおそれがないと認められる者は、傍聴を許すのが適当であると考えられます。なぜなら、申請人または関係人の親族もしくは同居者またはこれらに準ずる者は、対象土地または関係土地について、その所有権登記名義人等と同様、強い利害関係を有していると考えられるからです。親族であれば、同居者に限られないと考えられます。例えば、遠方に赴任している父親名義の土地上に子供家族が居住していることも考えられ、このような場合には子供の傍聴を許すべきと考えられるからです。また、親族または同居者に準ずる者とは、例えば、その子供と内縁関係にある者などが考えられます。

また、前述の申請人または関係人の親族もしくは同居者またはこれらに準ずる者以外の者でも、期日に出頭した申請人または関係人のいずれもがその者が傍聴することについて異議を述べなかった者であって、筆界特定登記官が手続を行うのに支障を生ずるおそれがないと認められる者に対しても、傍聴を許すのが相当であると考えられます。

3 したがって、期日に申請人または関係人が家族を同行した場合には、その傍聴によって手続を行うのに支障を生ずるおそれがあると認められるときは別ですが、通常のケースでは、傍聴が許されるものと思われます（施行通達114）。

Q66 他の申請人または関係人についての意見聴取等の期日に立ち会うことはできますか

A 1 意見聴取等の期日は、申請人または関係人に対し、それぞれ、意見を述べ、または資料を提出する機会を与えるためのものであり、申請人または関係人に対してこれらの機会を与えるために期日を開く場合には、期日および場所の通知は、当該申請人または関係人に対してすれば足り、他の申請人または関係人に対して自身に係る期日以外の期日を通知する必要はないとされています（施行通達111）。したがって、期日は各申請人または関係人についての期日であり、筆界特定登記官は、個別の期日において、当該期日に係る申請人または関係人から意見を聴取すれば手続的には何らの問題を生じることはありません。この場合には、当該期日に係る申請人または関係人以外の申請人または関係人は、期日の通知を受けることはありませんから、当然に立会権が認められているわけではありません。

2 しかしながら、手続の迅速かつ効率的な運用の観点から、複数の申請人または関係人に係る期日を同時に開くことも差し支えないこととされており、実際の手続においては、複数の申請人または関係人に係る期日を同時に開くという運用がされることが多いのではないかと思われます。

　このように複数の申請人または関係人に係る複数の期日が同時に開かれる場合には、他の申請人または関係人は、事実上、他の申請人または関係人に係る期日にも立ち会うことになります。また、この場合には、筆界特定登記官の許可を得て他の申請人または関係人に対し質問することができるとされています（施行通達113）。

Q67 意見聴取等の期日については、どのような記録が作成されるのですか

A 意見聴取等の期日が開かれると、筆界特定登記官は、期日の経過を記載した調書を作成し、当該調書において当該期日における申請人または関係人の陳述の要旨を明らかにしておかなければならないとされています（不登140④）。

期日の調書は、原則として、開かれた1期日ごとに作成されます。1期日とは、同一の申請人または関係人について、同一の日時および場所で開かれたことを意味します。ただし、複数の申請人または関係人に係る期日を、同一の日時および場所で開いた場合には、1通の調書が作成されれば足りることとされています（施行通達117）。

調書には、以下のような事項が記録されます（不登規226①）。

① 手続番号
② 筆界特定登記官および筆界調査委員の氏名
③ 出頭した申請人、関係人または参考人のほか、代理人として出頭した者がいる場合には、その氏名。なお、傍聴者は記録されません。
④ 開かれた期日の日時および場所
⑤ 期日において行われた手続の要領（申請人または関係人が述べた意見の概要、提出された資料の表示、参考人の陳述内容、筆界特定登記官が申請人もしくは関係人またはその代理人に発言を許した場合における発言内容等）
⑥ その他筆界特定登記官が必要と認める事項

また、書面に代わりビデオ等によって調書が作成される場合もあります（不登規226②）。例えば、対象土地において境界標等を示しながら

申請人等が意見を述べる必要がある場合など、これを文字情報によって記録するより、申請人または関係人の意見の内容を正確に記録できることから、このような場合にはビデオテープ等の媒体に記録して調書の記録に代えることができることとされています。

第10 意見聴取等の期日関係　199

Q68 意見聴取等の期日の調書の閲覧をしたい場合には、どのようにすればよいのですか

A 1　筆界特定の申請人および関係人は、筆界特定があった旨の公告があった時から申請人に対する筆界特定がされた旨の通知がされるまでの間、当該筆界特定の手続において作成された調書および提出された資料の閲覧を請求することができます（不登141①）。

2　この調書等の閲覧は、筆界特定によって影響を受ける申請人および関係人に、手続においてどのような調査がされ、どのような資料が提出されたかを知る機会を与えるために設けられた手続です。

　申請人または関係人が意見聴取等の期日の調書や提出された資料を閲覧するには、以下のような事項を記載した請求書を筆界特定手続を行っている法務局に提出する必要があります（不登規227①各号）。なお、調書等の閲覧をすることができるのは、申請人または関係人およびその代理人に限られ、それ以外の者は閲覧を請求することができません。

① 　手続番号
② 　請求人の氏名または名称および住所ならびに申請人または関係人の別
③ 　請求人が法人であるときは、その代表者の氏名
④ 　代理人によって閲覧請求をするときは、当該代理人の氏名または名称および住所ならびに代理人が法人であるときはその代表者の氏名

3　このほか、請求人が請求権限を有することを証する書面（これは、

請求人が申請人または関係人と同一人であることを証するためです。）として、例えば、運転免許証等の本人確認をすることができるものが必要になります。また、請求人が法人の場合には、代表者の資格を証する書面（法人に関する登記事項証明書）が、閲覧の請求を代理人によってする場合には、代理権限を証する書面の提示が必要になります（不登規227②～④）。

4　この閲覧は、筆界特定登記官またはその指定する職員の面前で行い、手数料はかかりません。

第11 筆界特定

Q69 筆界特定書には、どのような事項が記録されるのですか

A 筆界特定書には、次の事項を記録することとされています（不登規231①）。

① 手続番号（不登規231①一）

② 対象土地に係る不動産所在事項および不動産番号（表題登記がない土地にあっては、不動産登記法34条1項1号に掲げる事項および当該土地を特定するに足りる事項）（不登規231①二）

　筆界特定の対象となった筆界は、対象土地である二つの土地によって特定されることとなりますから、対象土地を筆界特定書の記録事項としています。対象土地を記録するに当たっては、不動産所在事項と不動産番号の双方を記録する必要があります。対象土地の特定の観点からは、これらのいずれかが明らかになれば十分ですが、記録内容の充実という観点から、その双方を記録することにされたと考えられます。

　対象土地が表題登記がない土地であるときは、不動産所在事項と不動産番号によって対象土地を特定することができませんから、当該土地の所在のほか、当該土地を特定するに足りる事項を記録する必要があります。具体的には、図面上に図示する方法等が考えられます。

③ 結論（不登規231①三）

　筆界特定登記官が判断した筆界の位置を示すものであり、不動産

登記法143条1項により、筆界特定書に記載すべきものとされています。

　その具体的な記録方法として、筆界特定書においては、図面（以下「筆界特定図面」といいます。）に筆界の位置を図示するとともに、筆界点の座標値を付すことにより、筆界特定の内容を表示することとされています（不登143②、不登規231⑤）。例えば、筆界特定書の一部として筆界特定図を添付し、筆界特定図に表示された筆界点の座標値を記載した上、筆界特定書の結論欄には、「対象土地の筆界は、別紙図面中A点、B点およびC点を順次結んだ線と特定する。」等と記載することになると考えられます。

　筆界の位置の範囲を特定したときは、筆界特定図面に当該位置の範囲を図示するとともに、当該範囲を構成する各点の座標値を付して筆界特定の内容を明らかにすることになります。

④　理由の要旨（不登規231①四）

　筆界特定登記官が不動産登記規則231条1項3号の結論に到達した理由の要旨も、不動産登記法の規定により、筆界特定書の記載事項とされています（不登143①）。

　筆界特定登記官の判断の根拠となった資料を必要に応じて引用し、その判断過程を示すこととなると考えられます。

⑤　申請人の氏名または名称および住所（不登規231①五）
⑥　申請人の代理人があるときは、その氏名または名称（不登規231①六）
⑦　筆界調査委員の氏名（不登規231①七）
⑧　筆界特定登記官の所属する法務局等（不登規231①八）

Q70 筆界特定書の図面には、どのような事項が記録されるのですか

A 1　不動産登記法143条2項の規定により筆界特定の内容を表示するために要求される筆界特定図の具体的な記録事項は、不動産登記規則231条4項各号に定められているとおりです。

2　これらの記録事項は、地積測量図の記録事項と類似しており（不登規77①）、地積測量図と同様の図面を作成することにより、筆界の位置を明らかにすることを意図したものです。

①　地番区域の名称（不登規231④一）
②　方位（不登規231④二）
③　縮尺（不登規231④三）
④　対象土地および関係土地の地番（不登規231④四）
⑤　筆界特定の対象となる筆界またはその位置の範囲（不登規231④五）
⑥　筆界特定の対象となる筆界に係る筆界点（筆界の位置の範囲を特定するときは、その範囲を構成する各点）間の距離（不登規231④六）
⑦　境界標があるときは、当該境界標の表示（不登規231④七）

3　筆界特定図面上に記録された筆界点については、当該筆界点を現地において復元することが可能となるよう、公共座標に基づく筆界点の座標値（公共座標に基づく測量ができない特別の事情がある場合にあっては、任意座標に基づく筆界点の座標値）を記録することとされています（不登143②、不登規231⑤）。したがって、前述2⑤の

筆界等の記録方法は、具体的には、図面上にその線の形状を記録するとともに、当該筆界に係る筆界点の座標値を記録することとなります。

(1) わが国においては、全国を19に区分した平面直角座標系が定められており、日本全国の任意の一点の位置は、この座標系に基づく数値により特定することが可能となっています。国土地理院が実施する基本測量で設けられた国家基準点（三角点）は、国土地理院が作成した5万分の1や2万5千分の1の地図にその位置が示されているほか、現地にはその標識が設けられ、かつ、これらの点の平面直角座標系に基づく座標値は、公表されています。また、各自治体においても、道路や公園整備等の公共事業を円滑に進めるため、この平面直角座標系に基づいて公共測量を行い、独自に公共基準点を設置し、その成果を公表しています。

　筆界特定書に特定された筆界を現地において復元可能な形で表示するためには、筆界特定に当たり、これらの公の座標値を有する既知の点に基づいて測量を行い、現地の筆界点の座標値を求めることにより、当該座標値を筆界特定書の内容として表示することができることになります。

(2) 次に、基本三角点等に基づく測量ができない特別の事情がある場合にあっては、任意座標による筆界点の座標値を記録することになります。すなわち、近傍に恒久的地物（鉄塔、橋梁等）がある場合には、これを基準として任意座標に基づく筆界点の相対的位置を表すことによっても、筆界点の現地における位置を特定することができます。例えば、公共基準点が遠方にある場合や地形的な制約のため、測りたい点から公共基準点までを見通せない場合には、測量コストがかかりますから、このような任意座標を用いることもやむを得ないと考えられます。

なお、測量法および測量法施行令の規定により、基本測量または公共測量によって設けられた三角点、図根点、多角点または水準点を2点以上使用する地形測量または平面測量を行う場合には、測量法の規律に従う必要があることに留意する必要があります。

Q71 筆界特定がされたことは、どのようにして知ることができるのですか

A 1 　筆界特定の申請人に対しては、筆界特定がされたときは、筆界特定書の写しが交付されます（不登144①）。これにより、申請人は、筆界特定がされたことおよびその内容を知ることができます。

　筆界特定の関係人に対しては、筆界特定がされた旨の通知がされる（不登144①）ので、これにより、関係人は、筆界特定がされたことを知ることができます。筆界特定は、あくまで申請人に対する応答の手続であるため、関係人に対しては、筆界特定の内容までは通知されません。関係人は、管轄登記所において筆界特定書の写しの交付を請求することにより、筆界特定の内容を知ることができます（不登149①）。

　筆界特定がされたときは、申請人および関係人に対する通知のほか、その旨が公告されます。この公告は、法務局もしくは地方法務局内の見やすい場所に掲示する方法または法務局もしくは地方法務局のホームページに掲示する方法によって行われます（不登規232⑤において準用する217①）。この公告を見ることによっても、筆界特定がされたことを知ることができます。

2 　また、筆界特定がされたときは、対象土地の登記記録に、その旨が記録されることになります（不登規234）。具体的には、登記記録の地図番号欄に、筆界特定の年月日および手続番号が記録されます。したがって、ある土地の筆界について筆界特定がされたか否かは、当該土地の登記記録の閲覧等によっても、知ることができます。

Q72 筆界確定訴訟の確定判決により確定された筆界について、筆界特定がされたときは、その筆界特定には筆界特定としての効力は認められますか

A 1 既に筆界確定訴訟の確定判決により確定された筆界については、紛争の蒸し返しを避けるため、筆界特定の申請をすることができないこととされています（不登132①六）。筆界特定の手続の進行中に筆界確定訴訟が確定した場合も、当該手続に係る申請は却下されることになります。

2 したがって、仮に筆界確定訴訟の確定判決によって確定されているにもかかわらず、これを見過ごし、当該判決によって確定された筆界について筆界特定がされた場合は、本来されるべきでない筆界特定がされたといえますから、当該筆界特定には、筆界特定としての効力は認められないことになると考えられます。

このような場合には、筆界特定後に筆界確定訴訟の判決が確定した場合に準じて、筆界特定書に、筆界確定訴訟の確定判決があることおよび当該訴訟を特定するに足りる事項（裁判所名、事件番号等）を記載すべきでしょう（不登規237）。

3 なお、例外的な場合として、筆界確定訴訟に係る確定判決によって確定された筆界を、およそ現地で特定することができない場合には、当該判決は、無効な判決というべきであり、不動産登記法132条1項6号に規定する判決には当たらないと解するべきでしょう。したがって、このような場合には、適法に筆界特定の申請をすることができ、当該申請に応じてされた筆界特定にも、筆界特定としての効力が認められます。

Q73

筆界特定がされた筆界については、境界標が設置されるのですか。境界標を設置する場合に、その費用は、誰が負担するのですか

A　筆界特定の内容は筆界特定書に記載されるだけであり、当然に、現地に境界標を設置することになるわけではありません。

　しかし、筆界特定の内容を現地において明確にしておくため、現地に境界標を設置することが望ましいことはいうまでもありません。現地に境界標が設置されなければ、筆界特定の内容を正確に復元するには測量を要することになりますし、筆界特定書が滅失した場合には筆界特定の内容が失われることになるからです。

　そこで、運用レベルにおいて、筆界特定をしたときは、申請人および関係人に対し、境界標を設置することが将来の紛争の防止にとって望ましいことを説明することとされています（施行通達129）。申請人らに境界標を設置することの重要性を理解してもらい、自らの判断で境界標を設置することを期待することにしたものです。

　申請人および関係人らが、自らの判断で境界標を設置することとした場合には、その費用は申請人および関係人らが負担することとなり、その内部分担は、申請人および関係人らの協議によって定められることになると考えられます。

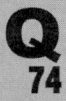

Q74 筆界特定の内容に不服があるときは、どのようにして争えばよいのですか

A　1　筆界特定は、筆界特定登記官が法定の手続により示した判断として、筆界の位置についての証明力を有することになりますが、これはあくまでも登記官による筆界の認識の表示であり、法的な不可争力が与えられたものではありません。筆界特定が誤っているときは、真実の筆界が別に存在することになり、申請人その他の者が訴訟その他の場面で筆界特定の内容として示された線が真実の筆界ではないことを主張することは、妨げられないことになります。

2　例えば、筆界特定の内容に不服がある者は、従来どおり、筆界確定訴訟を提起することができます。前述のとおり、筆界特定には不可争力はないため、裁判所は筆界特定の内容に拘束されず、訴訟において提出された証拠に基づいて判断を示すこととなります。筆界確定訴訟の確定判決において示された判断が筆界特定の内容と異なっている場合は、筆界特定は、当該判決と抵触する範囲で効力を失うこととなります（不登148）。

　なお、筆界特定がされた筆界について筆界確定訴訟の判決が確定したときは、管轄登記所の登記官は、筆界特定書に、当該筆界について筆界確定訴訟の判決が確定したことおよび当該訴訟を特定するに足りる事項（裁判所名、事件番号等）を記載することができることとされています（不登規237）。筆界特定書を閲覧した者等に対し、筆界特定が効力を失っている可能性を示し、注意を喚起するためです。

3 また、筆界特定の内容を争うため、再度筆界特定の申請をすることが可能な場合もあります。すなわち、既に筆界特定がされた筆界については、紛争の蒸し返しを避けるため、再度筆界特定の申請をすることができないのが原則です（不登132①七本文）が、さらに筆界特定をする特段の必要がある場合は、例外的に再度の筆界特定の申請が許されています（不登132①七ただし書）。既にされた筆界特定の内容が誤っていたことが明らかになった場合も、この特段の必要がある場合に当たると考えられます（施行通達64）。例えば、既にされた筆界特定において考慮されなかった新しい資料が発見され、これによれば既にされた筆界特定の内容が誤っていると認められるときは、再度の申請をすることが認められることになります。

Q75 筆界特定書に誤記があった場合には、どうすればよいのですか

A 1 筆界特定書に誤記その他明白な誤りがあるときは、筆界特定登記官は、いつでも、筆界特定書を更正することができるとされています（不登規246）。誤記その他明白な誤りがある場合とは、例えば、申請人や対象土地の表示に明らかに誤字や脱字があるような場合であり、筆界特定手続記録の内容から表現上の誤りであることが明らかな場合をいいます。

2　誤記等を更正するときは、例えば、「筆界特定書中○ページ○行目に「△△」とあるのを「××」と更正する。」等と記載した書面を作成し、これを筆界特定書と一体として保管することになります。

3　筆界特定書の更正は、筆界特定登記官が職権で行うものですが、申請人その他の者が筆界特定書に誤記等があることに気付いたときは、その旨を申し出て、職権の発動を促すことができると考えられます。

4　筆界特定書を更正したときは、申請人に対し、更正書の写しが送付されるとともに、更正した旨の公告および関係人に対する通知がされることになります（不登規246②）。

Q76 筆界特定がされた場合において、対象土地について地積に関する更正の登記や地図訂正がされるのは、どのような場合ですか

A 1 表示に関する登記は、登記官が職権ですることができます（不登28）。筆界特定がされた場合には、登記官は、この原則に従い、必要があると認める場合には、対象土地について、地積に関する更正の登記や地図訂正を行うことになります。これらの登記等を行うかどうかは、最終的には登記官の判断に委ねられていますが、筆界特定の結果は、その判断に当たって尊重されることになると考えられます。具体的には、少なくとも、次のような場合には、地積に関する更正の登記や地図訂正を行うのが相当であると考えられます（「筆界特定がされた場合における登記事務の取扱いについて」(平18・1・6法務省民二27民事第二課長依命通知)）。

2 対象土地の筆界点のすべてについてその座標値を確認することができる場合には、当該対象土地の面積を算出することができますから、登記記録に記録された地積に錯誤があると認められるときは、管轄登記所の登記官は、地積に関する更正の登記をすべきであると考えられます。筆界点のすべてについて座標値を確認することができる場合とは、筆界点のすべての座標値が筆界特定手続記録に記録されている場合のほか、筆界特定の対象となった筆界に係る筆界点の座標値が筆界特定書に記録され、その他の筆界に係る筆界点の座標値が、もともと登記所に備え付けられていた地図によって確認される場合等も含まれます。

第11 筆界特定　213

3　職権で地図訂正を行うのは、例えば、次のような場合です。

　すなわち、図１のような地図が登記所に備え付けられており、筆界特定手続において確認された１番の土地と２番の土地を合わせて一筆の土地とみなした場合の区画が地図に記録された対応する区画と一致している場合（前述依命通知においては、「①対象土地の全体を一筆の土地とみなした場合に当該一筆の土地の区画を構成することとなる筆界に係るすべての筆界点を筆界特定手続記録によって確認することができること、かつ、②これらの各筆界点の座標値が地図等に記録されている当該各筆界点に対応する点の座標値と規則第10条第４項の誤差の限度内で一致すること」と表現されています。）において、１番の土地と２番の土地の筆界について、図２のとおり、地図と異なる筆界の位置が特定されたときです。図１において、１番の土地と２番の土地の筆界が筆界未定とされていた場合において、筆界特定により当該筆界が特定されたときも同様です。

　これに対し、B'がAC線上にない場合や、筆界特定手続記録において確認されたＡ、Ｃ、Ｄ、Ｆのいずれかの位置が、地図と異なっている場合には、筆界特定の結果を地図に反映させるためには、対象土地以外の土地の区画等も訂正しなければならないことになりますから、職権で地図訂正を行うのは困難であると考えられます。

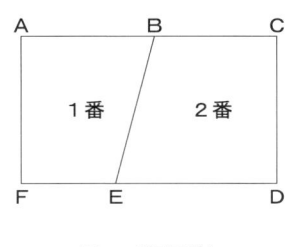

図１（訂正前） 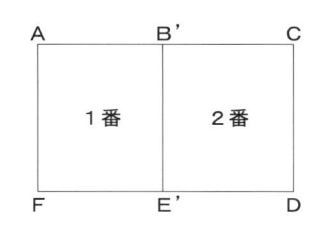　　　　　　　　図２（訂正後）

4　なお、表示に関する登記においても、職権で登記を行うのはあくまで補充的なものと考えられていますから、筆界特定の結果に基づき、申請人または関係人等が地積に関する更正の登記等を申請することが明らかなときは、職権でこれらの登記を行う必要はないと考えられます。

第12　筆界特定手続記録

Q77　筆界特定手続記録とは何ですか

A　1　筆界特定手続記録とは、筆界特定の手続において提出、作成された申請書、意見書、資料等の筆界特定の手続の記録をいいます。筆界特定により終了した手続の記録だけではなく、取下げや却下により終了した手続の記録も筆界特定手続記録となります。

2　筆界特定手続記録は、裁判における訴訟記録に相当するもので、1件ごとに作成され、筆界特定手続記録をみれば、その事案を把握することができることになります。なお、通常の筆界特定の手続においては、一つの申請に基づき付される手続番号は一つであり、その申請および手続番号ごとに1件の記録が作成されることになります。しかし、不動産登記規則208条の規定により一つの申請により複数の筆界について特定を求める申請がされた場合（例えば、申請人の土地の北側筆界と東側筆界の特定を求める申請がされた場合等）には、手続番号は複数の筆界に対応し、複数となりますが、筆界特定手続記録としては1件ということになります（施行通達143）。

3　筆界特定手続記録の内容は、次の三つの分類に従って編成されることになります（施行通達144）。

①　第1分類

例えば、申請書、意見聴取等の期日の調書、筆界調査委員意見書、筆界特定書、却下決定書、取下書等筆界特定の手続の進行に

関する基本的な書類が、この分類に属します。
② 第2分類
　例えば、筆界調査委員作成の報告書、筆界特定手続において測量または実地調査に基づいて作成された図面、申請人提出意見・資料・図面、関係人提出意見・資料・図面、その他の意見・資料・図面等証拠資料に相当するものが、この分類に属します。
③ 第3分類
　例えば、委任状、資格証明書、相続を証する書面、承継申出書、予納金関係書類等前述した第1分類および第2分類のいずれにも属さない書類等が、この分類に属します。
4　筆界特定手続記録は、対象土地の所在地を管轄する登記所において保管されることになります（不登145）。その保存期間は、筆界特定書については、永久ですが、筆界特定書以外の筆界特定手続記録に記載され、または記録された情報については、登記所が筆界特定手続記録の送付を受けた年の翌年から10年間です（不登規235①）。その公開については、Q78を参照してください。

第12　筆界特定手続記録　217

Q78　筆界特定手続記録の閲覧や、筆界特定書等の写しの交付を請求するときは、どのようにすればよいのですか

A　1　筆界特定手続記録は、対象土地の所在地を管轄する登記所に保管されることになります（不登145）ので、筆界特定手続記録の閲覧や、筆界特定書等の写しの交付の請求は、その登記所にすることになります。筆界特定書等とは、筆界特定書および政令で定める図面の全部または一部のことをいいます（不登149①）。具体的に政令で定める図面としては、不動産登記令21条2項の規定により、「筆界調査委員が作成した測量図その他の筆界特定の手続において測量又は実地調査に基づいて作成された図面」とされています。これは、筆界特定の手続において作成された図面に限る趣旨であり、申請人または関係人その他の者が提出した図面を除く趣旨です。なお、筆界特定書の内容の一部となる図面（不動産登記法143条2項の図面）は、政令で定める図面には含まれていませんが、筆界特定書の写しとして公開の対象となります。

2　筆界特定書等の写しの交付を請求するときおよび閲覧を請求するときには、次のような情報を提供しなければなりません（不登規238①）。筆界特定書等の写しの交付および閲覧は、誰でも請求することができます。なお、提供の方法は、不動産登記規則上は、これらの情報を記載した書面を登記所に提出する方法と、オンラインでこれらの情報を提供する方法とが認められています（不登規239①・②）が、オンラインによる請求は、法務大臣によって指定された登記所に対してのみ可能です。したがって、当分の間は、請求情報を記載

した書面を登記所に提出する方法による請求のみが可能ということになります。
① 請求人の氏名または名称（不登規238①一）
② 手続番号（不登規238①二）
③ 交付の請求をするときは、請求に係る書面の通数（不登規238①三）
④ 筆界特定書等の一部の写しの交付の請求をするときは、請求する部分（不登規238①四）

3 筆界特定書等以外の筆界特定手続記録の閲覧を請求するときは、次のような情報を記載した書面を登記所に提出しなければなりません（不登規238②・239①）。
① 請求人の氏名または名称（不登規238①一）
② 手続番号（不登規238①二）
③ 請求人の住所（不登規238②一）
④ 請求人が法人であるときは、その代表者の氏名（不登規238②二）
⑤ 代理人によって請求するときは、当該代理人の氏名または名称および住所ならびに代理人が法人であるときはその代表者の氏名（不登規238②三）
⑥ 利害関係を有する理由および閲覧する部分（不登規238②四）

　また、筆界特定書等以外の筆界特定手続記録の閲覧を請求するときは、閲覧する部分について利害関係がある理由を証する書面を提示しなければなりません（不登規238③）。

　以上のほか、閲覧の請求を代理人によってするときは代理人の権限を証する書面を、請求人が法人であるときは当該法人の代表者の資格を証する書面を、それぞれ提示しなければならないこととされています（不登規238④・⑤）。

4 筆界特定書等の写しの交付や、筆界特定手続記録の閲覧についての手数料は、登記手数料令9条に定められています。

筆界特定書等のうち、筆界特定書の全部または一部の写しの交付についての手数料は、1通につき1,000円ですが、1通が10枚を超えるものについては、その超える枚数5枚までごとに200円を加算することになります（登記令9①）。例えば、1通が13枚の場合には、1,200円になります。

　筆界特定書等のうち、筆界特定の手続において測量または実地調査に基づいて作成された図面の交付についての手数料は、1図面につき500円です（登記令9②）。

　筆界特定手続記録の閲覧についての手数料は、1手続に関する記録につき500円です（登記令9③）。

5　請求情報を記載した書面を提出する方法で、筆界特定書等の写しの交付請求や閲覧請求をするときは、登記印紙を当該書面に貼り付けて提出する方法によることになります（不登149③において準用する119④、不登規241において準用する203①）。

Q79 筆界特定がされた筆界について、筆界確定訴訟の確定判決があった場合には、その旨を筆界特定手続記録に明らかにすることはできますか

A 1 不動産登記規則237条の規定によれば、筆界特定手続記録を保管する管轄登記所の登記官は、その保管する筆界特定手続記録に係る筆界特定がされた筆界について、筆界確定訴訟の判決（訴えを不適法として却下した判決は除かれます。）が確定したときは、当該筆界確定訴訟の判決が確定した旨および当該筆界確定訴訟に係る事件を特定するに足りる事項を当該筆界特定に係る筆界特定書に明らかにすることができるとされています。これは、筆界特定がされた筆界について、筆界確定訴訟の判決が確定したときは、当該筆界特定は、当該判決と抵触する範囲において、その効力を失う（不登148）とされていることを踏まえたものです。

2 そして、施行通達164においては、登記官は、申請人または関係人その他の者から筆界特定に係る筆界について筆界確定訴訟の確定判決の正本または謄本の提出があったときは、筆界特定書に確定判決があったことを明らかにしなければならないこととされています。筆界確定訴訟の確定判決があったかどうかは、登記官には直ちに分かりませんから、不動産登記規則237条においては、確定判決があった旨を筆界特定書に明らかにすることを登記官に義務としてではなく、登記官の職務権限として規定しています。しかし、筆界確定訴訟の確定判決の正本または謄本の提出があったときは、筆界確定訴訟の確定判決があったことは明らかですから、登記官は、これを筆界特定書に明らかにしなければならないこととされたものです。筆

界確定訴訟の確定判決の正本または謄本を提出することができるのは、申請人または関係人に限られず、何人でも提出することができます。これは、筆界特定書に筆界確定訴訟の確定判決があったことを明らかにするよう求める申立権が認められているわけではなく、法的には、あくまでも登記官の職権発動を促す行為ということになります。

3　不動産登記規則237条の規定に基づく記載は、具体的には、筆界特定書の１枚目の用紙の表面の余白に確定日、判決をした裁判所および事件番号を記載して行うことになります（施行通達164）。したがって、筆界特定書の閲覧やその写しの交付を受けた場合には、判決裁判所および事件番号を手がかりにして、訴訟記録の閲覧（民訴91）等をすることにより、筆界確定訴訟の確定判決の具体的内容を知ることができます。

　なお、この記載は、筆界確定訴訟の確定判決により確定された筆界の位置が筆界特定により特定された筆界の位置と抵触しているか否かにかかわらず、筆界特定に係る筆界について筆界確定訴訟の判決が確定したことを明らかにするために行われます。仮に、抵触している場合には、これを筆界特定書において明らかにすることにより、筆界確定訴訟の確定判決により確定された筆界が優先することを明らかにする必要がありますし、一致している場合にも、当該筆界については筆界確定訴訟の確定判決が存在することを表示することにより、再度の筆界特定の申請をすることができないことを明らかにする意義があるからです。

Q80 対象土地が2以上の法務局または地方法務局の管轄区域にまたがる場合には、筆界特定手続記録を保管する登記所はどこになるのですか

A 対象土地は常に二つありますから、対象土地の所在地を管轄する登記所が二つあることがあります。対象土地が2以上の法務局または地方法務局の管轄区域にまたがる場合には、不動産登記法124条2項において読み替えて準用する6条2項の規定により、法務大臣または法務局の長が指定した法務局または地方法務局に筆界特定の申請をすることができます。この場合に筆界特定手続が終了したときは、筆界特定手続記録は、当該指定に係る法務局または地方法務局の管轄区域内の対象土地の所在地を管轄する登記所に対し送付されます（不登規233②前段）。一方、指定されなかった法務局または地方法務局の管轄区域内の対象土地の所在地を管轄する登記所に対しては、筆界特定書および不動産登記令21条2項に規定する図面の写しが送付されます（不登規233②後段）。

また、対象土地の所在地が同一法務局または地方法務局の管内にある2以上の登記所の管轄区域にまたがる場合には、筆界特定手続記録は、当該法務局または地方法務局の長が指定した登記所に送付されることになります（不登規233③前段）。一方、指定されなかった登記所には、筆界特定書および不動産登記令21条2項に規定する図面の写しが送付されます（不登規233③後段）。

第3章

土地家屋調査士会の境界問題相談(解決)センター

第1 ADR制度

Q81 「ADR」制度とは何でしょうか

A 民事に関する紛争が生じた場合の解決方法は、これまで裁判と民事調停に頼ることが一般的な認識として社会に定着していました。

ところが、裁判制度の得失もあって、また、世界的な潮流から、裁判外における紛争解決手続が年々脚光を浴びています。それがADRであり、Alternative Dispute Resolutionの頭文字からなる略称です。これを直訳すれば、「代替的紛争解決」（「裁判外紛争解決手続」とも呼ばれます。）ということになります。何の代替かといえば、訴訟に代替する紛争解決ということです。

なお、これまでの代替的紛争解決手続としては、調停、仲裁、あっせんなどがあります。中でも、「司法型ADR」に位置付けられる民事調停法に基づく民事調停は、多くの人々に利用されています。

Q82 ADRの手続（機関）は、どのような法律に基づいて運営されるのでしょうか

A 1　Q83で示すように、わが国には、これまでにも裁判所における訴訟の制度以外の紛争解決の手法として、それぞれの紛争類型によって定められた法律によって運営されるADRがあります。ここでは、新しく制定された「裁判外紛争解決手続の利用の促進に関する法律」（ADR基本法）に基づき運営されるADRについて記します。土地家屋調査士会が弁護士会の協力を得て運営するADRは、この法律に依拠して運営することを予定しているからです。

2　平成13年6月12日、司法制度改革審議会が内閣総理大臣に提出した「司法制度改革審議会意見書」では、「ADRが、国民にとって裁判と並ぶ魅力的な選択肢となるよう、その拡充、活性化を図るべきである」と提言されており、それを受けて、平成14年3月19日、「司法制度改革推進計画」が閣議決定されました。その計画では、ADRに関する共通的な制度基盤の整備について、「総合的なADRの制度基盤を整備する見地から、ADRの利用促進、裁判手続との連携強化のための基本的な枠組みを規定する法律案を提出することも含めて必要な方策を検討し、遅くとも平成16年3月までに、所要の措置を講ずる」こととされていました。

3　そして、平成16年12月1日法律第151号として、「裁判外紛争解決手続の利用の促進に関する法律」（ADR基本法）が公布されました。
　施行期日は、附則1条で「公布の布日から起算して2年6月を超えない範囲内において政令で定める日から施行する」とされました。

平成18年4月28日に公布されました政令によりますと、施行日は平成19年4月1日となっています。
4　ADR基本法の目的は、利用者のADR利用を促進するために、①裁判外紛争解決手続についての基本理念および国等の責務を定め、②民間紛争解決手続の業務に関して、認証の制度を設け、併せて時効の中断等に係る特例を設けることです。
5　ADRを行う民間機関は、ADR基本法5条に基づく法務大臣の認証を受けることができます。認証を受けるか否かは任意ですが、認証を受けていなければ、その民間ADR機関の手続利用には時効中断効等の法的効果が付与されることはありません。

　なお、各地の土地家屋調査士会が現在設置している境界問題相談（解決）センター（各会によって名称は異なります。）（以下「ADRセンター」といいます。）は、現時点ではADR基本法が施行されていませんので認証を受けることはできず試行している状況ですが、ADR基本法が施行（平成19年4月1日施行）されたら早急にその手続をとることにしています。
6　このように境界問題の紛争解決を目的とする土地家屋調査士会の運営するADRは、ADR基本法に依拠して行われます。

Q83 ADRにはどのような種類があるのでしょうか

A ADRは、一般的に、①司法型ADR、②行政型ADR、③民間型ADRの三種に分類されています。

司法型ADRとは、地方裁判所、簡易裁判所で行われている民事調停や労働審判、家庭裁判所で行われている家事調停があります。

行政型ADRとは、国または地方自治体が運営主体となるもので、公害等調整委員会、東京都建築紛争調停委員会などがあります。

そして、民間型ADRとは、民間団体が運営主体となるもので、社団法人日本商事仲裁協会、財団法人日弁連交通事故相談センター、弁護士会の仲裁・斡旋センター、土地家屋調査士会の境界問題相談センターなどがあります。

Q84 ADRによる紛争解決とはどのようなものでしょうか

A 1 例えば、土地の境界についての争いがあって、一方の当事者が自分の主張する境界に基づいて、自己の土地の所有権の確認を求めて訴えを提起することがあります。これは、原告の主張する土地の範囲（例えば、A点B点C点D点A点を順次直線で結んだ線）の所有権の帰属について裁判所の判断を求めているわけですが、訴訟類型からいえば、「確認訴訟」です。しかし、所有権界が仮に、原告の主張通りだったとすれば、判決（訴訟上の和解もできますが）では、ただ単に、原告が主張した所有権の範囲が示されるだけで、それ以上でもそれ以下でもありません。この訴訟の場合、このように訴えの時点で請求された事項についてのみの法律判断が下されるだけなのです。また、正しい土地の境界（筆界）がどこにあるのか、ということはこの所有権確認の訴訟では結局明らかにされません。また、訴訟はいわばゼロ・サムゲームであって、原告が判決を求めた範囲で、白黒をつけられるだけです。しかし、近隣訴訟といわれる境界争いに対するこのような解決方法は、必ずしも好ましい結果をもたらすものばかりとは思われません。なぜならば、おそらく敗者の方は、100％不満足だからです。

2 他方、ADRは、勝者も敗者も出さない解決を目指します。ADRの場合、紛争が解決した後に「不満」が残るということはあってはならないことになります。つまり、円満解決でなければならないということです。

3 そのためには、ADRでは当事者の申立てに拘束されない、場合に

よっては法律に拘束されない、柔軟な紛争解決案が出されることも必要です。先の例でいえば、境界の争いを決着させるためには、例えば、金銭の授受で納得してもらうことがあってもよいし、他の土地の一部を譲渡してもよいし、境界線に塀を造ってあげてもよいということになります。つまり、当事者双方の満足のいく合意に達するための道具としては、強行法規違反や公序良俗違反を除けば、何ら制限されるものはありません。

4 つまり、ADRによる紛争解決の内容は、当事者による当初の申立ての内容（請求）に合致する必要がないということです。その反面、ADRを主宰する調停者が、事案によって、また、当事者によって、どのような効果的な解決策を導き出せるかが重要になってきますし、その点が、ADRの難しさともいえるでしょう。

Q85 裁判とADRの主な違いは何でしょうか

A 裁判は、公開で行われ、法規範に基づいて裁判所の判決という国家の司法判断が示される紛争解決手続です。また、わが国の裁判所では裁判所の判決に納得できない場合に上級の裁判所に上訴するという審級制（三審制）がとられています。

ADRは訴訟に代わる紛争解決手続ですから、裁判に比べ、その手続などが簡便であることに基本的な特徴があります。やや図式的になりますが、その特徴を比較したものが下表です。

項目	裁判	ADR
手続の厳格性	ある	ない
費用	手続が長期化する分、高額化する	上訴がないので通常裁判に比べて低廉
アクセス	困難	容易
紛争解決規範	実体法	実体法を基盤としつつも、紛争に即した解決基準
公開・非公開の別	原則として公開（憲法82条）	非公開（プライバシーの保護が図られる）
弁護士以外の専門家の関与	鑑定人、専門委員等のほかは原則としてなし	ある（相談員・調停担当員・代理人）

紛争終結の形態	判決（訴訟上の和解あり）	互譲による和解・合意
解決に要する時間	長期	短期
解決結果	100：0（勝者と敗者）	勝者も敗者もない（双方が勝者）
解決主体	国家の司法権の作用による解決	私的自治に基づく私人間による解決
相手方の応諾	法による強制	任意の履行が期待できる
法的効果	（例）強制執行ができる	（例）それだけでは、債務名義にならない
代理人	現実として法律専門家の関与は必要	同左
手続性	厳格	簡易
当事者同士の対話	なし（裁判所を介しての意見交換）	あり（手続全体を通じて、（すべての場面で）常に対話を基本とする）

第2　土地家屋調査士会のADR

Q86 土地家屋調査士会の境界問題相談（解決）センター（ADRセンター）とは何でしょうか

A　1　日本土地家屋調査士会連合会（以下「日調連」といいます。）では、平成5年から、土地家屋調査士としての専門的知見をさらに磨き、社会で生じる土地の境界紛争解決に役立ちたいとの思いから、土地境界鑑定講座を毎年開催すると共に、研究室において、紛争解決にどう係わっていくかの研究を行ってきました。

2　司法制度改革審議会意見書では、ADRの拡充・活性化が訴えられるとともに、ADRに関する共通的な制度基盤の整備の中において、「隣接法律専門職種など非法曹の専門家のADRにおける活用を図るため、弁護士法第72条の見直しの一環として、職種ごとに実態を踏まえて、個別的に検討し、法制上明確に位置づけすべきである」と提言されました。

3　日調連は、これらを受けて、傘下の土地家屋調査士会にADRセンターを設置するように指導してきました。現在、全国で12ヶ所（札幌・宮城・埼玉・東京・神奈川・愛知・大阪・岐阜・石川・広島・福岡・徳島）のADRセンターが稼動しています。

　なお、ここ数年内を目標に全国的にADRセンターの立ち上げが計画されています。

4　境界に関するADRの必要性について土地家屋調査士の業務（調査3）の中で例記しますと、例えば、土地を分割するときの土地分筆登

記の申請（不登39）には、地積測量図を添付しなければなりません（不登令7①六・別表⑧）。その作成作業の核となるのが筆界の調査・発見・確認（立会い）です。ところが、いざ立会いとなると、そう簡単にはいかないケースも珍しくありません。そこには、①当該土地の登記された区画の範囲を示す筆界と所有権の及ぶ範囲の限界としての境界の異同についての理解不足、②境界についてよりも当事者間の過去における心理的な問題の存在、③境界付近に存する構築物の所有権をめぐっての争い、④境界を確認することでの他法令上（建築基準法等）の制限をめぐっての対立、などが一般に見られる例です。このようなことで、争いがある場合は依頼を受けた登記申請ができないこともあります。

　一方、例えば、塀の築造といった表示に関する登記の申請が不必要な事案であっても、境界争いが散見されます。

5　これまで、争いが発生すると、弁護士へその解決を依頼し、最終的には裁判所に境界確定訴訟を提起して司法判断で決着をつけるというのが一般的な図式であったと思われます。しかし、これでは、依頼先、解決場所とも、市民一般にとってはなんとなく寄り付きにくい感じがするのではないかと考えられます。

　それを解消するには、まず紛争が生じたら「気軽に相談」というアプローチが必要ではないかと考えます。民間ADRのように今後の解決の方策を利用者と手続実施者とが一緒になって考えていくというしくみが、社会に備わっていることが理想的だと考えるからです。つまり、これまでの「裁判」のみでの解決方法に頼るのではなく、ADRという裁判外の選択肢もあってしかるべきだということになります。

6　これまでADRをめぐる共通的な制度基盤の整備は行われていませんでしたが、司法制度改革審議会意見書を受けて、平成16年12月

1日法律第151号として「裁判外紛争解決の利用の促進に関する法律」（ADR基本法）が公布されました。そして、平成18年4月28日に政・省令が公布され、平成19年4月1日から施行されます。

　そこで、日調連では、ADR基本法の目的（1条）、基本理念（3条）に適合した組織として活動していくために、同法5条に基づく法務大臣の認証を受けることとしています。また、ADR手続の代理人として活動できる資格を有する土地家屋調査士（いわゆる「認定土地家屋調査士」）が活動するためには、ADRセンターは土地家屋調査士法3条1項7号にいう、法務大臣の指定を受けなければなりません。

7　これまで試行してきたADRセンターがこれらの認証・指定を受ければ、土地家屋調査士が利用者の法的な代理人として、また、手続実施者としての両面で紛争解決に向けて本格的な活動をしていくことになります。

Q87 ADRセンターではどのような紛争を解決するのでしょうか

A 1 センターに持ち込まれる案件は、多種多様です。そこで、ここでは一般的な事例を下図に基づいて紹介します。

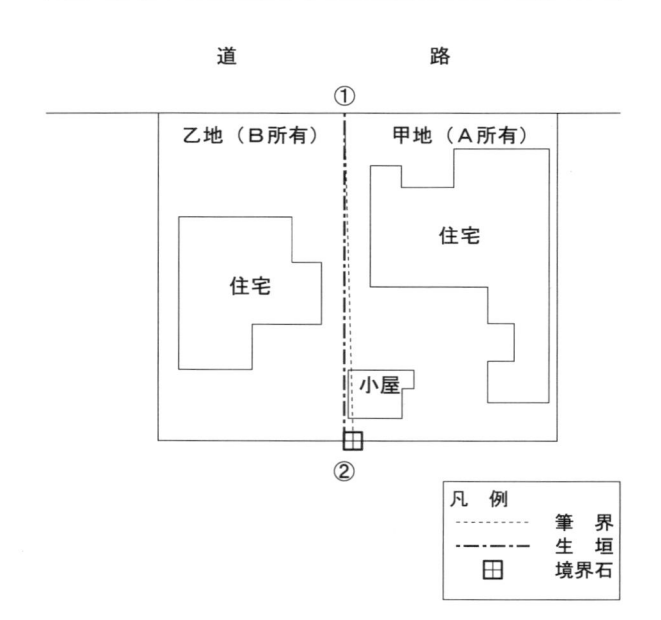

```
           道     路
              ①
   乙地（B所有）  │  甲地（A所有）
                 │
                 │    ┌──住宅──┐
     ┌─住宅─┐   │    │        │
     │      │   │    │        │
     └──────┘   │    └──┬─────┘
                 │   ┌─小屋─┐
                 │   └──────┘
                 ②
```

凡　例
- - - - - - -　筆　界
—・—・—　生　垣
田　　　境界石

＜申立ての背景＞
① 甲地の所有者Aと乙地の所有者Bは、それぞれ親の土地を相続し、良好な隣人関係を保ちながら長年当該地で生活を営んできた。
② ある時、AがBに対して、甲地と乙地の境界に生植する生垣の手入れが大変なことから、生垣を除去し、コンクリートブロックの塀を共同費用で築造したい旨を申し出たところ、Bは、快諾し

た。
③　ところが、いざ生垣を除去し、もとの生垣の線に合せて基礎工事を始めたところ、②の地点の地中から境界石が出てきた。
④　その境界石と①の地点を直線で結ぶと、A所有の小屋が乙地にはみ出していることが判明した。
⑤　そうすると、Bは、敷地境界からはみ出さないようにA所有の小屋を移動させてほしいと言い出し、甲論乙駁となってしまい、工事がストップしてしまった。そこでAは、ADRセンターの存在を知り、話合いで紛争解決を図りたい旨の申立てをした。

2　このような事案がADRセンターに申し立てられた場合、各調査士会のADRセンターは、いきなり調停を行うのではなく、まず、調査士と弁護士からなる相談委員（注：各ADRセンターによって取扱いが異なることがあります。）が「相談」に応じます。

　事案によっては、相談のみで紛争が解決することも珍しくありませんが、仮に、「相談」のみでは、相談委員が解決に至らないと判断し、かつ、申立人も調停を望む場合は、調停手続へと進行します。

Q88 筆界特定制度と土地家屋調査士会のADRとの関係はどのようなものでしょうか

A 1 法務局または地方法務局が行う筆界特定制度（不登6章123〜150）の概要は以下の通りです。

　当該土地の所有権登記名義人等が筆界の不明や筆界についての争いがある場合に筆界特定登記官に対して筆界特定の申請をします。それを受けて指定された筆界に関する調査を行う土地家屋調査士などの筆界調査委員は、資料の収集、現地調査などを行い、調査の結果に関する意見書を筆界特定登記官に提出します。そして、筆界特定登記官はその意見を踏まえて、筆界の現地における位置を特定します。

2　ここで注意を要することは、筆界特定制度は、あくまでも公法上の筆界を対象としており、所有権の及ぶ範囲を対象とはしていないということです。

　つまり、筆界特定は法務局または地方法務局という行政機関によってなされる筆界の現地における判断ですから、公法上の筆界しか申請の対象にはなりません。紛争の内容が、所有権の範囲という私法上の争いである場合には、行政が関与することはできません。したがって、筆界特定の申請の目的がもっぱら所有権界の特定であると筆界特定登記官によって判断されたときは、その申請は却下されることになります。

3　一方、土地家屋調査士会が行うADRセンターは、公法上の筆界の不明を原因とする民事に関する紛争を取り扱っています。案件の中には、筆界不明を直接・間接の原因として所有権の及ぶ範囲の線に

ついての争いに発展した案件も相当数含まれています。

　裁判所で行う民事調停では、筆界自体についての調停はできないのと同じく、ADRセンターでも、筆界についての調停はできないことはいうまでもありません。したがって、筆界の特定または確定のみを求める場合は、前述しました法務局または地方法務局での筆界特定制度を利用するか、裁判所での境界（筆界）確定訴訟しかないということになります。他方、多くの場合、筆界と所有権境は一致していることから筆界を確認または特定することは所有権境をも特定することにもつながります。ADRセンターでは土地境界のプロを自任する土地家屋調査士が関与しますので、筆界の位置も考慮しながら、土地所有権の範囲の紛争を解決することが期待できると考えられます。

Q89 ADRセンターで紛争解決を図るメリットは何でしょうか

A 1 土地の境界をめぐる争いの中には、当事者の境界についての知識の希薄さに起因するものも少なくありません。特に、一般生活上馴染みがない境界と筆界の用語の区別は理解しにくいと思います。また、地域特有の慣習や地図の特性などについては、境界についての一般的な知識のみで理解することは困難です。加えて、参考資料の収集や分析となると、よりいっそう難解な分野だと思われます。

2 ADRセンターへの紛争解決の申立ての時点で既に十分な資料が揃っているのであれば、ADRの相談段階で現地の状況や紛争内容を的確に把握することができます。資料が不足している場合は、資料の入手方法を教授することになるでしょう。なお、場合によっては、ADRセンターの側で必要な資料の収集を手配することもあります。このように土地境界の専門家である土地家屋調査士が一貫して手続きに関与することで、利用者の利便性は高くなる一方、特殊な用語についての専門的な説明も受けることが可能となります。

3 次に、境界紛争においては、多くの場合、古い地図や図面等がADRセンターに持ち込まれます。その際、ADRセンターでは持ち込まれた図面の作成方法やその精度についての検証をします。また、提出された資料などでは現地の相対的な状況が分かりにくかったり、紛争の箇所が絞りきれなかったりするときには、現地調査を行うことになります。その場合、調査担当者（主として土地家屋調査士）には専門的な視点での調査が求められます。加えて、収集さ

れた資料をもとに争点の整理を行う場合も、境界に関する専門的知識を活用することになります。

　しかし、ADRセンターでの紛争解決を図る調停者は、可能な限り専門性を表に出すことはしません。なぜならば、専門性を出した途端に、どうしても調停者主導の調停となってしまう危険性があり、ADR本来の特性である当事者の自主的紛争解決というメリットが失われてしまうからです。さらにいえば、ADRにおける調停者は、当事者の解決をお手伝いする中立的助言者であって、決して、立場を利用した強行的裁断者であってはならないからです。むろん、専門的用語の質問等に応えることなどは積極的な姿勢で臨みます。

4　十分な話合いの末に、当事者の解決に向けた気運が醸成され、当事者主導で合意に達した場合は、調停案（和解案）を弁護士の相談員と共に立案することになります。その時は、紛争の背景をベースとして当該地の状況や今後の使用収益、事案によっては、登記手続などについて斟酌することになります。まさに、その時が、土地家屋調査士の専門性をいかんなく発揮する最大の局面であるとともに専門職が関与するADRセンターの最大のメリットということになります。

Q90 ADRセンターでの相談はどのようなことをするのでしょうか

A 1　ADRセンターで行う「相談」は、一般に開かれている「無料法律相談会」等にいう相談とは違います。あくまでADR機関における相談ですから、調査士相談員と弁護士相談員が依頼者から紛争の内容（概要）を聞き（資料がある場合は、その資料も見ながら）、紛争の実態を掴みます。そして、ADRセンターでの紛争解決の流れを説明します。もちろんADRとは何か、といった一番基本的なことも説明し、理解していただくことにしています。

　概要の説明を受けた時点で、ADRセンターの取り扱う事案ではないと判断したときは、他の機関（弁護士会の仲裁センターなど）を紹介することもあります。例えば、境界の争いはないが、庭木が生育し、葉が隣地との境界線を越えて落ちることで紛争になっているような事案がそれに当たります。さらに、相談の内容がADRになじむか否か、あるいは裁判所の裁判を選択したほうがよいか、といった点も説明します。紛争の中には、ADRセンターでの相談のみで解決する場合もあります。それは、依頼者の境界に関する理解の不足、当該地付近の登記所備付公図の精度などが原因となり、紛争に発展したと思われるような場合です。このような場面では、調査士・弁護士の専門的知識を全面的に出して説明するようにしています。そうすると、納得して「そういうことでしたら、私が先方に謝りに行きます。」といった発言が自然に飛び出すこともあります。

2　依頼者から見た相談員とは、「自分の味方」と思われがちです。現

に、一方的に相手方の悪口を捲し立てます。一方的に話す中にも相談員の「相槌」を待って相談員が一つひとつに自分の言うことの正当性を理解しているかどうかをうかがっているのです。さらに依頼者は、自分にとって都合の悪い事は話したがりません。これが一般的な相談の有様です。

　そこで、相談で最も大切なことは、一方的な情報や限られた資料によって善悪をつけたり、境界を判断したりすることは厳に慎まなければならないということになります。

Q91 ADRセンターでの調停はどのように進められるのでしょうか

A 1　ADRセンターが、「相談」だけでは紛争が終結しないと判断した場合は、ADRにおける調停の意味をしっかりと説明し、理解が得られれば、「相談」とは別に調停の受付（申立て）をしていただきます。この場合、ADRセンター備付けの所定の申立書に記載していただくのですが、紛争の発生原因や要点あるいは自分の思っている境界線の位置等を要領よく的確に記述してもらうとともに、各種の参考となる資料を収集・提出してもらうことが必要になってきます。しかし、これらのことは、土地境界のいわば素人である申立人にとっては少々荷が重いように感じられることもあるでしょう。

そのために、ADR手続の代理人としての資格を有する土地家屋調査士を認定する制度が創設されました（認定土地家屋調査士の第一期の誕生は、平成18年10月初旬の予定です。）。

今後は、認定土地家屋調査士が、依頼者の方々のために代理人となって調停の申立てを行うことができますので、手続を進める上での負担は軽減され、ADRの事務処理も飛躍的に向上するものと思われます。

2　ADRセンターでの調停については、期日への出頭義務は課せられていません。したがって、相手方が出頭しない場合は、手続を進行することはできないということになります。

しかし、誰しも紛争をいつまでも引きずることは望んでいないと思います。そこで、ADRセンターでは、相手方に対して平易な文章

で期日に出頭していただけるようお願いをしています。今のところ、調停の応諾率は決して悪くはありません。それは公的機関と違い、相手方の日時を最優先したり、また期日の場所を柔軟に設定していることなどが考えられます。
3 　調停の大原則は、調停者が当事者の言い分などを双方均等に十分すぎるほど聴き、当事者が相対して話をすることだといわれています。そうすることで、相手の気持ちも理解でき、解決へのスピードあるいは多様な解決策が見出しやすくなると思います。

　しかし、これを実践していくには調停者の卓越した調停能力が要求されることはいうまでもありません。そのためにはそれに向けた中身の濃い研修（トレーニング）が必要になってきます。
4 　現在、ADRセンターでの調停の多くは別席調停（個別面接方式）が行われています。しかし、当事者がより納得した解決を実現するためにも、今後は同席調停を取り入れることについても、さらに検討・研究することが必要であると考えています。

Q92 調停における現地調査はどのように行われるのでしょうか

A 1　土地の境界に関する紛争は、すべての案件においてその対象は現地にある土地です。実際のADRの相談や調停申立において、当初段階から調停進行に必要な過程に耐え得るような専門的な図面や資料が提出されるとは限りません。

　そこで、相談の段階で相談員が、現地調査を必要とするか、または、それに基づく図面まで必要なのか、といった判断をします。

　そうしなければ、争点の把握もできませんし、机上で話合いを進めることもできないからです。もちろん、現地での調停を行う場合も以後の手続のために図面が必要となる場合があります。

2　また、現地のピンポイントの点を文章のみで表現することは不可能に近いと思います。したがって、どうしても図面に頼らざるを得ません。また、調停が成立し、合意書を作成するときも「別紙図面」という表現を使わざるを得ません。

　要するに、土地の境界に関するADRにおいては、すべてについて何らかの図面が、それも専門的な内容の図面が必要となってくるということです。

3　このように調停を進めていく上では、現地の把握と紛争箇所の細部の直視はどうしても必要となります。現地調査は、現地踏査のみの場合と測量を含む場合の大きく二つに分かれます。

　なお、事案の内容によっては、境界鑑定も必要になることがあります。

Q93 調停により合意（和解）が成立した後の流れはどうなるのでしょうか

A 1 調停で当事者が最終合意に達すれば、民法上の和解契約（民695）が成立したこととなります。

合意による紛争解決の場合、当事者は、その和解内容を自発的に履行しようとします。お金がなければ、人から借りてでも支払おうとするわけで、強制された和解との差は歴然としています。当事者双方の将来についても円満に解決したということの方がよい影響を与えることは当然だといわれています（草野芳郎『和解技術論〔第2版〕』16頁（信山社出版、平15））。

2 事案によって異なりますが、例えば、公法上の筆界線と所有権の及ぶ範囲の線の双方に食い違いがある場合の争いについて、調停をした結果、申立人が相手方の土地の一部を取得し、申立人はその取得した部分に自らの費用でブロック塀を築造することにするという内容の和解が成立したとします。その場合、分筆登記した上で、その部分の所有権を相手方に移転する所有権移転登記をしなければなりません。それには当事者双方の協力が不可欠となります。そこで具体的な協力事項までをも調書の中に盛り込まなければなりません。

調書の内容は、①法律判断が必要な箇所にあっては、適法に処理されているか、②当該紛争の実態に即した内容となっているか、③双方の意向が反映されているか、④客観的にみてどちらにも優位性が見当たらない等でなければなりません。

これらを満足した合意調書ができれば、調停委員がその内容を紛

争当事者に最終確認させて署名捺印するということになります。

3　調査士会が行うADRの終局的な目標は、裁判制度では十分な制度設計がなされていない点を考慮して、このようなケースにおいては、当事者間の権利関係と筆界の位置を確定した後の紛争解決の最終局面として当事者の登記手続についての理解も得させた上で、登記簿と地図についても現地を整合的に反映させることです。

そうすることが、紛争を再燃させないための一方策でもあるのです。

なお、和解条項を立案するときの助言もさることながら、このような表示に関する登記手続の場面においても、調査士としての専門性が発揮できるのです。

また、所有権移転の手続には司法書士・弁護士の、発生する税金問題の検討については税理士の協力を得ることになります。

Q94 ADRセンターでの紛争解決の基準は何でしょうか

A 1 判決は、実体法に即して判示されます。そして、類似の事件では、その判例が援用され、同じような解決がなされることになります。このようなことから、「判例は、まさに紛争解決規範そのものということ」（廣田尚久『紛争解決学〔新版〕』143頁（信山社出版、平14））になります。

2 しかし、ADRは裁判ではありませんので、法や判例に拘束されることはありません。ADRの特徴の一つは、当事者が自由に処分することができない強行法規や公序良俗に従うとはしても、制定法に全面的に依拠した解決を行う必要はないということです。裏からいえば、法や裁判所の判例に完全に従うということは、ADRの利点を見失ってしまうという結果になると考えられるのです。

3 そこで、ADRで和解の条項を立てるに当たっては、調停の過程で当事者の発言から知り得た紛争の背景や繰り出される双方の要求、そして、当事者が自発的に編み出す解決策をもとに、さらに、成文法、慣習法、当事者をとりまく様々な環境、道徳といった点を視野に入れて、最善の解決策となるよう考慮していかなければなりません。中でも、経済的合理性には特に注意を払う必要があります。

なお、調停条項の立案に当たっては、少なからず法的判断が必要となる場合があります。そのときは、同席している弁護士調停委員の判断を求めることになります。

Q95 ＡＤＲセンターでの紛争解決にはどのくらいの期間を要するのでしょうか

A 1　一概に何ヶ月ぐらいとはいえませんが、ADRは、裁判のような厳格な手続を求めるものではありませんので、書類上の手続一つをとってみても裁判と比べてはるかに簡便です。さらに、当事者の都合がつけば、調停の間隔を短くすることも可能ですから、裁判よりも短い時間で紛争解決を図ることができます。

2　しかし、時間の長短よりも何よりも大切なことは、当事者が、自発的な解決を目指そうという主体性をもち、解決に向けた努力をしなければならないということです。例えば、調停で「次回期日までに、「何の件」と「何の件」の解決に向けて検討しよう。」という当事者の自発的な提言があったとします。それらの課題を当事者が真摯に、そして前向きに検討するか否かが、調停にとって最も重要なことであり、ひいては、時間短縮の大きな要因になるのです。

3　以上の点とは別に、調停委員があくまでも中立的な立場で、双方から均等に話を十分すぎるほど聞き、しかも、紛争の要点を素早く把握し、当事者の人格等を勘案しながら効率的な調停を進行することができるか否かが、期間短縮につながっていくことは明らかです。

4　調停は「何回で打切り」ということはありませんが、紛争当事者と調停委員が心を開き真摯な態度であらゆる場面に臨めば、裁判に要する期間と比べる必要もなく、きっと早期に紛争当事者双方にとって満足のいく解決ができるものと思います。

Q96 ADRセンターでの紛争解決にはどのくらいの費用を要するのでしょうか

A 1 一般に「廉価」というと、「値段が安い」というイメージがあります。確かに裁判と比べた場合、安いことは間違いないようです。ここで廉価の意味を考えてみたいと思います。まず、Q85で示した裁判とADRの違い（比較表）を参照してください。例えば、隣人同士の境界争いの場合、裁判で決着を図ったとします。仮に貴方の主張が判決に100％反映されたとします。そうすると、おのずと相手方は、100％不満が残ることになります。しかし、このような結果では、以後の日常生活に少なからず影響が出てしまい、良好な近隣関係を形成していくことはできないでしょう。その点、ADRは、勝者、敗者の色分けをしないで解決を図っていくものです。そうすれば、紛争以前のような近隣関係に戻ることができますし、また、場合によっては、それ以上の良好な関係を築くことができるかもしれません。それは、お互いの言い分をすべてさらけ出したことによって相手のことを深く理解できるようになるからです。これが訴訟ですと、対話をするということはありませんし、単に「紙」の上での活字による非難の応酬がなされ、腹立たしさだけが増幅していくということもあり得ます。

2 次に、ADRでの解決には、訴訟と違い様々な解決方法があり得ます。特に、土地については、制限法令（例えば農地法）さえクリアーすれば、紛争解決どころか、お互いの土地の有効利用を促進する可能性もでてきます。

3 そして何よりも、ADRは裁判と違い、非公開で行われますので、

プライバシーの保護が図られます。このようなことから、結果的に考えれば廉価であるといえるでしょう。

4　さて、ADRセンターの手続にかかる具体的な料金・費用ですが、通常、①申立費用、②相談手数料、③調停手数料、④解決手数料、⑤事案によっては、調査費用、測量費用、境界鑑定費用、登記が必要な場合の手数料などが生じます。

5　平成18年7月末現在、全国12の土地家屋調査士会でADRセンターを運営（**Q86参照**）していますが、各ADRセンターによって料金は異なっています。ADRセンターに依頼される場合は、前もって直接お尋ねください。

Q97 相手方がADRセンターの呼び掛けに応じない場合はどうなるのでしょうか

A　1　調停の基本は当事者の話合いです。話合いということは相手方が必ず必要となります。したがって、訴訟のように、「欠席裁判」ということはできないのです。

2　さらに、強制的に調停に参加させるという法制度はありません。

3　そこで、ADRセンターでは、なにはさておき話合いによるテーブルについていただけることを第一義に考え、相手方にADRの趣旨や概要についての説明をしています。この点に関しては試行錯誤を重ねているところです。

4　人間は誰しも困難な問題に逢着すると、それをいつまでも放置するということはしないと思います。まして紛争の場合は何とか一日も早く解決したいと思うのが一般的だと思います。しかし、人にはそれぞれのプライドや価値観の違いもありますので、相手方に応諾を無理強いすることは決して好ましい方法ではありません。

5　そのため、ADRセンターでは相手方に応諾を強制するのではなく、応諾しやすい環境作りに努めています。ADRセンターは裁判所という敷居の高い公的機関ではありません。また、裁判所のように、平日の決められた時間に出頭する必要もありません。加えて、調停がADRセンターという固定の場所で行われなければならないという制約もありませんので、日時・場所について相手方の要望を柔軟に聞くことも可能です。その点、「下駄履き」で出向くことができるという印象をもっていただけるものと思われます。

6　ADRは、いわゆる「呼出し」についての強制の規定はありません

が、手続実施者のねばり強い努力と誠意が通じて、応諾していただくことも少なくありません。

7　しかし、最大限の努力をしたとしても、どうしても不応諾の場合は、司法調停と同じく手続が開始できない結果になってしまいます。

第3　調停委員

Q98 ADRセンターで紛争解決に当たる人はどのような人でしょうか

A　1　司法制度改革審議会意見書は、司法制度改革の三つの柱の一つに「司法制度を支える法曹の在り方」・「弁護士制度の改革」を挙げ、その中の「隣接法律専門職種の活用等」では、「ADRを含む訴訟手続外の法律事務に関して、隣接法律専門職種などの有する専門性の活用を図るべきである」と提言されました。

2　次いで、司法制度改革は、時限立法だった司法制度改革推進法に基づき、司法制度改革推進本部によって推し進められました。そして、平成16年11月26日、同本部の解散を前に、「今後の司法制度改革の推進について」が発表されました。

その中の「裁判外紛争解決手続における隣接法律専門職種の活用について」において、「司法書士、弁理士、社会保険労務士及び土地家屋調査士について、別紙（**61頁参照**）に掲げる方向性に沿って、裁判外紛争解決手続における当事者の代理人としての活用を図ることとし、所管府省府局を中心に、できるだけ早期の具体化に向け、今後、関係法案の提出を含め、所要の措置を講じていく必要がある。」と言及されました。これを受けて関係各省は、資格法の改正に着手したのです。

3　平成17年4月13日法律第29号として、「不動産登記法等の一部を改正する法律」が公布され、平成18年1月20日に施行されました。

この法改正には土地家屋調査士法の一部改正、司法書士法の一部改正が含まれています。改正土地家屋調査士法3条1項7号で土地家屋調査士は「土地の筆界が現地において明らかでないことを原因とする民事に関する紛争に係る民間紛争解決手続であって当該紛争の解決の業務を公正かつ適確に行うことができると認められる団体として法務大臣が指定するものが行うものについての代理」ができる旨の規定が新設されました。また、同項8号では、同項7号にいう事務についての相談も受けることができるようになりました。

　ただし、同項7号に規定されている代理を行うためには、①弁護士との共同受任であって、②法務省令で定める法人が実施する研修であって法務大臣が指定するものの課程を修了した者であること、さらに③法務大臣が民間紛争解決代理関係業務を行うのに必要な能力を有すると認定した者（現実的には実施法人が実施する考査の成績も認定の審査対象とされます。）そして、④土地家屋調査士会の会員でなければならないとされています（調査3②）。

4　つまり、土地家屋調査士会が行う民間型ADRにおいて当事者の代理人になることができる者は、土地家屋調査士会の会員であって、かつ、法務大臣が認定した土地家屋調査士（認定土地家屋調査士）でなければならないということです。なお、ADRセンターにおいて当事者の代理ができる者は、前述の条件を満たした土地家屋調査士のみではなく、弁護士も含まれることはいうまでもありません。

Q99 境界紛争に土地家屋調査士が関与する理由は何でしょうか

A　1　これまで土地の境界紛争の解決に関与できる資格者は、弁護士に限られていましたが、ADRの利用を促進していくために平成16年11月26日付の「司法制度改革推進本部決定」で隣接法律専門職の活用が謳われました。このことを受けて、土地家屋調査士会は、紛争解決に向けて土地家屋調査士の境界に関する専門知見を生かして社会貢献を行っていくことを目的として、これまで全国各地でADRセンターを立ち上げて試行してきました。

2　土地の境界は、一般的に大きく分けて、「所有権界」と「公法上の筆界」の二つに分けられていますが、社会生活の中で両者を峻別して使い分けることはあまり行われていません。

後者の筆界とは、とりもなおさず不動産登記制度の対象とされる公法上の境界を指します。その不動産登記制度のうち、表示に関する登記に必要な調査・測量・申請手続を代理することを業としているのが土地家屋調査士です。

土地家屋調査士は、日常業務の中で様々な調査や測量によって筆界を発見し、確認する業務を行っており、いわば境界の専門家といえます。

3　わが国では、地図整備の遅れや、土地所有者等の境界杭の管理不足、あるいは、宅地開発や都市の再開発、地形の変更などで筆界が不明になったり、それがもとで争いが生じたりすることも珍しくありません。これまで争いを解決するには、裁判所の裁判で決着をつけるのが一般的でしたが、裁判上での解決には幾つかの問題点が指

摘されてきました。

　そこで、近年、訴訟に代わる制度としてADRがにわかに注目されてきました。これに加えて、平成18年1月20日には、法務局または地方法務局が行う筆界特定制度も創設され、土地の境界をめぐる紛争解決の選択肢が増えたことになります。むろん、紛争の内容によって、どれが最適の解決法かを考えなければなりません。

4　裁判所は法によって判断する国家機関なので、裁判（筆界確定訴訟、所有権確認訴訟）で紛争解決を図る場合、法律と紛争解決の専門家である弁護士が関与しますが、土地境界の専門家がはじめからその裁判に関与することは、制度設計上予定されていません。これに対してADRセンターでは、すべての事件に境界の専門家である土地家屋調査士と法律の専門家である弁護士が関与します。そうすることで、法的な判断を求められた場合の助言や筆界と所有権界の峻別をしなければならない場合などで専門的な知識や経験を利用者に提供できることになります。

　また、合意に達した後、必要な場合は所要の手続を経て地図や登記簿に合意事項を反映することができるようなしくみも整っており、公示制度の信頼性の確保の一翼を担っています。

　このように土地家屋調査士がADRに関与することで、当該地の権利の安定や有効利用の促進につながり、訴訟とは違った内容の濃い発展的な解決が図られていくことになります。

Q100 調停に当たる土地家屋調査士（調停委員）の研修とはどのようなものでしょうか

A 1　土地家屋調査士は、日常の業務で培った境界に関する知識や、資料の分析、解析そして現地での筆界の発見の技法などについては、均しく体得していますが、調停技法は、十分な能力を備えているとは言い難いところがあります。

　ADRにおいては、調停者の果たす役割は非常に大きく、調停委員に人材を得ることがADRセンター充実のカギを握っていると言っても決して過言ではありません。

　そこで、ADRセンターを開設するに当たっては、ADRの理論は当然としていわゆる「調停トレーニング」を行ってADRセンターの開設に備えてきました。中でも「ロールプレイ」に相当の時間を割いてきました。実際のADRセンターではこのようなトレーニングを受けた調査士が、現場の第一線の調停委員として活動しています。

2　そのトレーニングとは、「パラフレイジング」、「リフレイミング」などで、調停に必要な技法は、ロールプレイの実践を通して身につけました。

　トレーニングは、決して専門的な領域に深く入り込むのではなく、日常生活のどこにでもあるような小さな「もめ事」を題材として行うのです。

　また、事例研修として、既に調停が成立した事案を参考にして、担当した調停委員が講師に就き、議論し、かつ技法を深める研修も行っています。

　そのような中でも「イシュー」、「ニーズ」と呼ばれる要点の掴み

方などは、調停者の基本的な能力として養っておかなければならない点だと考えられています。

3　調停のスキルを身につけるためには、トレーニングを数多く重ねる以外にはないでしょう。そこで、現在では調停委員・相談員など、ADRセンターに係わる調査士のほとんどが精力的に研修を受けているところです。現在のところ、トレーニングの指導者といわれる方の数が少ないことが問題点として認識されていますが、このことはわが国のADR全般について共通の問題かもしれません。

4　「ADRに対する考え方には多様のものがあり、当面は様々な研修の試みが並存的に試行され、そのような中から次第に核になっていくものが自然と抽出されていくのが望ましい方向であろう。各ADR機関が、それぞれの特徴を出していく形で、様々なトレーニングを試み、多様な人材を輩出していくことが望まれ」ます（早川吉尚、山田文、濱野亮編著『ADRの基本的視座』273頁（不磨書房、平16））。

Q 101 調停委員の役割とはどのようなものでしょうか

A 1 そもそもADRとは、紛争当事者の対話の中から紛争当事者自身による解決を目指すものです。したがって、紛争解決への営みの主体は当事者ということができます。

調停委員は、当事者の解決能力を引き出して、当事者自らが解決策を生み出す手伝いをする役割を担っているのです。つまり、「調停者にできることは、当事者が不満を吐露しやすい環境を作ること、それによって話し合いがスムーズに進むように手伝うことだけなのです」(レビン小林久子『調停者ハンドブック』14頁(信山社出版、平10))。こういうことから、①紛争の白黒をつけたり、②調停委員主導の調停案を提示したり、③権威的と受けとられるような発言をしたり、④当事者の一方に偏った態度をとることは、調停委員としての資質が備わっていないといってもよいと思います。

2 ところで、民事調停法1条は、「当事者の互譲により、条理にかない実情に即した解決」といっています。しかし、互譲のみでは、将来にわたって紛争が再燃しないような解決を図れるかどうか疑問に思うところもあります。なぜかといえば、裁判所における伝統的な調停の中で調停委員の中には、「自己利益の満足水準ないし最大水準達成のための影響力行使の戦略的武器—換言すれば、戦略的武器としての法の体現者—としての役割(和田仁孝『民事紛争交渉過程論』186頁(信山社出版、平3))」を担っている方もいるからです。

また、裁判所の民事調停の多くは別席調停のため、調停委員が偏った情報を基に勝手に白黒をつけて自己の心証形成を行っているこ

ともあり得るだろうことは否定できないと考えられます。
3　仮に、このようなことが行われているとすれば、ADRにおける調停人の姿とはおよそかけ離れた実態であるといわざるを得ません。
4　それでは、調停者に求められる能力と姿勢とは、どのようなものが必要とされるのでしょうか。このことについては、レビン小林久子氏が的確にまとめていますのでその項目だけをここに引用します（前掲、20～28頁）。「ⓐ中立でいること、ⓑ聞き上手／話させ上手になること、ⓒ理解力と分析力のあること、ⓓ批判や説教をしないこと、ⓔ忍耐強いこと、ⓕ臨機応変なこと、ⓖ冷静なこと、ⓗアイデアマンでいること、ⓘ諦めないこと」です。

　これらの能力を持ち合わせ、そして調停の場で以上のような姿勢で調停を行うのがADRの理想とする調停委員ではないでしょうか。

第4　調停の終結

Q102 ADRによる和解にはどのような効力があるのでしょうか

A　1　裁判所で実施されるいわゆる司法調停の場合には、確定判決と同じ効力（民調16、民訴267、家審21）が生じ、執行力も有しますが、民間型ADR機関での調停における和解は、私法上の和解契約（民695）としての効力があるだけということになります。そもそも、和解とは、「法律関係について争いをする当事者が、互いに譲歩して（互譲という）争いをやめることを目的とする契約であって、民事紛争の自主的解決の方法」（我妻栄他『我妻・有泉コンメンタール民法―総則・物権・債権―』1182頁（日本評論社、平17））とされており、裁判実務（訴訟上の和解）でもしばしば用いられています。

2　ところで、ADRで調停が成立し、和解契約が書面として出来上っても当事者双方が和解条項を履行しなければ何の意味もありません。つまり、その和解に基づいているとはいえ、権利の実現の場面でも当事者の一方が相手の協力を得ずに権利を行使することはできないのです。

　もっとも、当事者が和解によって取り決められた内容を任意に履行しないというようなことが起きるとすれば、ADRで和解が成立して紛争が解決したとはいえないと思います。たとえば、和解が成立していたとしても、それは互譲の意味を取り違えていたり、当事者の一方の威圧的な発言や行動によって真意に基づかないで和解してしまったりしている場合などが考えられます。

3　そもそもADRとは、紛争が再燃することがないように解決を図らなければなりません。つまり、一点の憂いもないような紛争終結であることが大前提です。

　要するに、ADRにおける紛争解決は、十分な話合いの結果によって合意に達し、和解成立後は、その和解内容を当事者が、能動的にしかも双方が協力し合って処理していくことを可能にするようなものでなければなりません。そうであれば、極端な言い方をすれば、成功したADRにおいては、その「効力」のことはあまり意識しなくてもよいということになります。

4　ADRセンターによる紛争解決は、土地の境界のみを扱い、しかもすべての事案に調査士の相談委員と調査士・弁護士調停委員が紛争解決のお手伝いをする以上は、ADR終了後に少なくとも境界それ自体の認識についての紛争が再燃することがあってはならないと考えています。

Q103 ADRセンターでの和解を証する書面はどのようなものでしょうか

A 　土地の境界をめぐる紛争は、都市か田舎か、地価が高いか安いかを問わず多岐に及んでいます。和解内容も紛争の内容によって異なり、一概に示すことはできませんが、一般的な例として下記に示すこととします。

（様式第○号）（1/2）

調停合意調書	
本調停事件につき、申立人と相手方は、本日、別紙調停合意条項のとおり確認したので、その証としして本合意調書を三通作成する。申立人及び相手方、並びに「境界問題解決センター○○」は、各一通を所持することとする。	
事件の表示	境界問題解決センター○○　H　―調　第○○号
事件の内容	境界（筆界）の確認
調停成立期日	平成 18 年 1 月 20 日　午前・⑭午後　2 時00分
場　　所	A市C町2丁目10番4 境界問題相談センター○○○○
出頭当事者	申立人　　甲　野　太　郎 相手方　　乙　田　一　郎
当事者　申立人（代理人）	（住所）〒○○○－○○○○ 　　　　A市B町1丁目3番4 （氏名）　　甲　野　太　郎　　　　㊞甲

の表示	相手方 (代理人)	(住所)〒○○○-○○○○ 　　　　B市D町2丁目10番地 (氏名)　　乙田一郎　　　　　　㊞	
調停委員	氏　名	境界問題解決センター○○ 　弁護士調停委員 　　　　　　　　　丙山二郎　㊞ 　土地家屋調査士調停委員 　　　　　　　　　丁口三夫　㊞ 　土地家屋調査士調停委員 　　　　　　　　　戊田四男　㊞	

(様式第○号)(2/2)

　　　　　　　　　調停合意条項

1　申立人所有の下記土地と、相手方所有の下記土地との境界は、別紙図面のとおり、K5-K4を直線で結んだ線とする。

2　相手方は、申立人が土地地積更正登記に必要な官民及び民民の境界立会に協力する。

3　申立人及び相手方は、土地地積更正登記に必要な筆界確認証明書に実印を押印し、印鑑証明書を添付する。

4　この後、申立人及び相手方共に、今回の測量において設置した境界を標示すべき境界標の保存に努める。

5　申立人は、申立手数料金・補助業務（調査測量、鑑定費用）及び、成立手数料・現地出張費・交通費等本調停に関わる費用の全てを負担する。

6 　K－5とK－4を直線で結んで3－1の土地に越境したこととなる「ためマス」の一部分については、当該ためマスが老朽化し、その機能を果たさなくなり、申立人が改築する場合に越境しないように築造することとする。

7 　地積更正登記申請の手続代理及び本調書別紙図面の作成は、土地家屋調査士**甲山二男**が行う。

8 　申立人所有の土地
　　Ａ市Ｂ町　　1丁目　　3番　4
　　相手方所有の土地
　　Ａ市Ｂ町　　1丁目　　3番　1

9 　以上をもって、申立人と相手方は、上記8の双方の土地の境界に関する問題を一切解決したものとし、今後上記調停合意条項以外になんらの請求をしない事を相互に確認する。

　　　　　　　　　　　　　　　　　　　　　　　　　　以　　上

268　第3章　境界問題相談（解決）センター

A市B町1

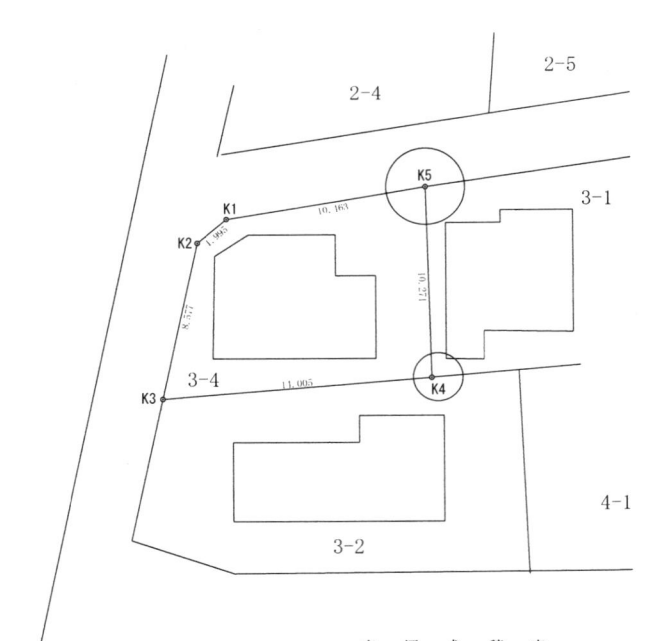

座標求積表

地番	3-4			
測点	Xn	Yn	(Xn+1 − Xn−1)Yn	距離
K1	597.100	396.680	−4419.015200	10.463
K5	587.240	400.180	−4774.147400	10.271
K4	585.170	390.120	4478.577600	14.005
K3	598.720	386.580	5106.721800	8.577
K2	598.380	395.150	−640.143000	1.995
		倍面積	−248.006200	
		面積	124.0031000	
		地積	124.00 ㎡	
		坪数	37.51	

丁目3番4

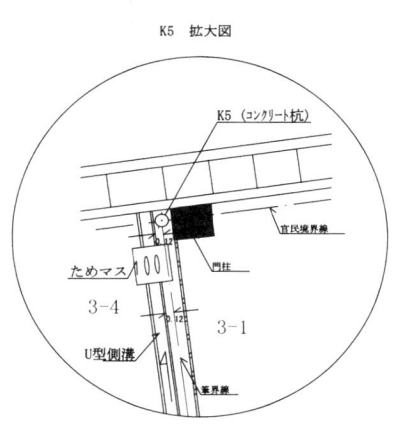

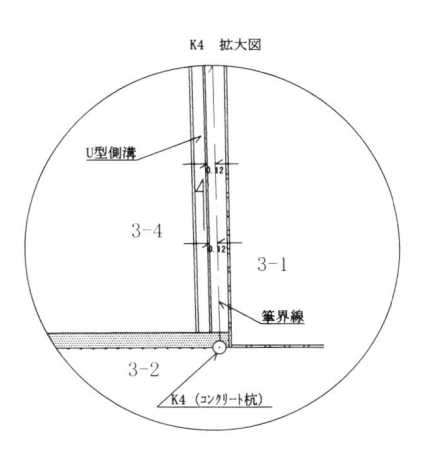

K5 拡大図

- K5（コンクリート杭）
- 官民境界線
- ためマス
- 門柱
- 3-4
- 3-1
- U型側溝
- 筆界線

K4 拡大図

- U型側溝
- 3-4
- 3-1
- 3-2
- 筆界線
- K4（コンクリート杭）

図面名	境 界 確 定 図		
縮　尺	1:250	立会年月日	平成18年5月00日
作成者	〒000-0000　〇〇市〇〇町100番地10　土地家屋調査士　甲　山　二　男　TEL 03(3333)1000　FAX 03(3333)1001		

Q104 ADRが不調に終わった場合、どのように解決を図ればよいのでしょうか

A 1　ADRの基本的な理念は、私法の大原則である私的自治を基本にしつつ、当事者の話合いによる真の合意を最大限に尊重することです。また、ADRの利点は、法規範のみを厳格に解することなく、あくまで、調停者が当事者の自発的な解決意欲を引き出し、諸事情をもとに多面的な考察をして、その事案と当事者にとって最良の解決策を当事者から導き出すことにあります。しかし、法による強制力がないため、話合いの前提となる相手方の応諾を強制することができません。

したがって、民間型ADR機関へ申立てをしたとしても、相手方がどうしても応じてくれなければ、手続を進行することはできないということになります。

仮に、応じてくれたとしても、合意に達しなければ、結果的には不調に終ってしまいます。

2　その場合、再度、同じADR機関に申立てをして、解決を目指すことは何ら制限されるものではありませんが、司法判断による解決を望むのであれば、訴訟を提起することができますし、今度は民間型ADRではなく民事調停法に基づく調停（ただし筆界の特定についての調停はできません。）を申し立てるという二つの方法があります。同じ調停の手続といっても、民間のものと司法のものとでは、調停の手続や調停委員に関して温度差があるかもしれません。

なお、民事調停の場合、民事調停規則8条に本人の出頭義務が課せられてはいますが、実務では相手方が出頭しないときは、不調に終わっているようです。

Q 105 　裁判に移行した場合、ADRで知り得た情報を裁判に使用してもよいでしょうか

A　土地の境界の専門家が関与するADRですから、最初の相談から調停が終わるまでにはそれ相応の資料等が集まることになります。また、事案によっては、測量を実施することもあります。そして、紛争の争点が資料（図面等を含みます。）や当事者の発言などをもとに整理されます。この過程で、争いの原因が浮かび上がってきます。そして、調停委員は、その後、当事者と同じ目線で、同じ苦悩を分かち合いながら、時間をかけて調停を進めていきます。

　しかし、どうしても合意に達しない場合もあります。その場合は、調停委員が当事者に対し裁判を選択できることも含めて以後の紛争解決の方策を説明して、ADRにおける調停は終了することとなります。仮に、訴訟に移行した場合は、それまでに収集された事実関係を疎明する資料等は訴訟における主張・立証の資料として、利用可能なものと思われます。特に、測量の成果に基づいて争点を整理した図面等は、訴訟の手続において、即座に役立つばかりか、審理の短縮を可能にするのではないかと思われますので、大いに活用されることが期待できます。

第5　その他

Q106 今後のADRセンターの充実発展のために、どのような取組みが必要でしょうか

A 1　ADR手続の実施者は、政府の進める司法制度改革の重要な柱の一つとして、数十回に及ぶ「ADR検討会」での議論を経て制定された「裁判外紛争解決手続の利用の促進に関する法律」、いわゆるADR基本法の立法目的とその背景をしっかりととらえ、立法の趣旨に違背することのないような運営を心がけていかなければなりません。

2　それには、まず運営組織の充実を図っていかなければなりません。具体的な課題としては、①人材育成、②経営基盤の安定、③利用促進のための広報活動、④事例集の作成、⑤研修の充実、⑥他の専門職ADRとの連携などがあります。

　特に、①と⑤については、喫緊の課題となっています。また、④については、当事者のプライバシー等には十分に配慮することを念頭においた上ではありますが、可能な限り公開し、将来の利用者の便に供していくべきと考えます。

3　以上の当面の課題を克服することで、ADRセンターが土地境界に関する主たる紛争解決機関として社会に定着するよう、関係者の全員が努力を重ねていくことが重要です。

第4章

土地家屋調査士会の

ＡＤＲ事例

（注） 本章で取り扱っております事例は、各境界問題相談（解決）センターが取り扱った複数の事例を組み合わせるなどして資料としたものであり、実際の事例とは異なります。

【事例1】 ブロック塀をめぐる境界紛争

事例の概要

1　B地所有者乙はA地とB地の間に存するブロック塀を自己の所有と考え、自己の会社の広告をブロック塀に掲げた。
2　乙のもとに隣地所有者甲の代理人の弁護士Yから内容証明郵便で「当該ブロック塀は甲が所有するものであり、乙の会社の広告を掲示しないように」との警告文が届き、乙は自己の正当性を主張するため当該弁護士宛に乙がB地を取得した経緯をしたためた手紙を出した。
3　それ以来、ブロック塀の所有権は誰のものかおよびそのブロック塀が設置してある底地が甲乙どちらのものか、すなわちABの土地の境界はブロック塀のどちら側にあるかが争われることになった。

争　点　1　A地とB地の境界はどこか、また、ブロック塀は甲乙どちらの所有か
　　　　2　相手方が調停参加に条件（自分の主張以外には応じない）を付けた場合の対処方法
　　　　3　互いに譲歩しない当事者にいかに譲歩を促すか

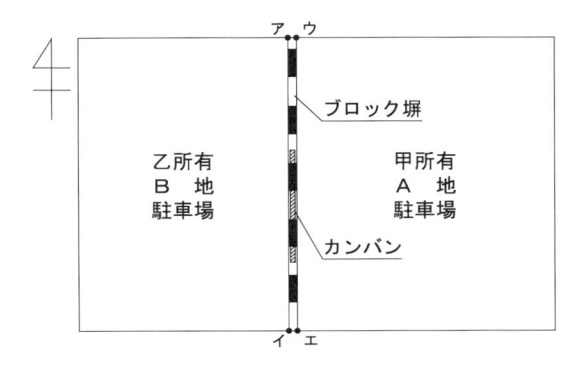

相談・調停の経緯

平成15年 3月10日	事前相談受付 ・甲は当該境界紛争の経緯を説明し、甲がその調査を依頼した土地家屋調査士作成による調査報告書を根拠にA地とB地の境界がアイの点を結んだ線であることを主張した。甲は、A地、B地の登記事項証明書、A地につき前出土地家屋調査士作成の現況地積測量図、現況平面図、写真撮影説明図を持参した。
平成15年 3月24日	調停申立 ・甲は、早期の決着を望み、その場で調停申立を行った。
平成15年 4月14日	事情伺いの要請 ・センターから乙へ「事情伺い」の手紙を出したが、3週間もの間返事がなく、やむなく、事務局より乙に対して電話を入れる。 （事務局と乙との数回にわたる電話交渉の概要） ・事務局から境界問題についての調停申立の件を伝え、当センターの説明をした。 ・乙は、当初から弁護士に対し過剰な警戒心を抱いていたようである。当センターの調停は、弁護士会から派遣される弁護士はYとは無関係で、一方に与することなく中立な立場で調停に携わるものであることを説明したが、そのことを理解していただくのに時間を要した。その上で甲からの調停申立の趣旨を伝え、乙の言い分を聞かせていただく機会を作っていただけないかをお願いした。 ・それに対し、乙は自らが勘違いをしていたことを認め、平静さを保ちつつも、時折、甲の対応に対する怒りを抑えながら（感じとれる）、自己の主張を展開した。以下が

	その主張の要旨である。 ① 突然弁護士からの脅し文句ともとれる文章をたたきつけておいて、その後、「調停で話し合わないか」というのは順序が逆であり、甲は大変無礼である。 ② 自分がB地を取得した経緯は、前所有者から懇願されて仕方なく購入したものであり、その際、法務局備付けの地積測量図に基づいて購入した。 ③ 乙は以前A地、B地の境にあるブロック塀の一部を建て替えたことがあり、その際甲から何一つ抗議を受けたことはない。今頃になって、そのブロック塀が自己（甲）のものであるというのは、筋が通らない。 ・説明後、「事情をお話しに伺いたい」との申出を受けた。
平成15年 5月18日	**事情伺い** ・本件、事情伺いは調査士会館で行われ、担当相談員（2名）が、乙から上記①②③をより詳細に聞いた。 ・乙は、当初より、甲が裁判を起こすなら受けて立つことも辞さないとの強気の構えであった（以前、境界問題で裁判を経験しており、筋を通すことが正義だと確信していた）が、相談員が乙の気持ちへの配慮をしつつも、裁判をした場合のメリット・デメリットを説明し、乙がなぜ正しいと確信しているかを調停の場で述べ、その主張が相手の譲歩を導き出すこともあることなどを説明した。そうしたら、乙は調停参加を応諾した。
平成15年 5月25日	**その後** ・しかし、後日、日程調整のため事務局が乙に連絡をとると、調停参加へ難色を示し始めた。上記①の思いが翻意させたようである。 ・乙は、「調停の中身が不明であり、無駄な時間を本件にこれ以上費やすことは望まない。甲が乙の境界に関する主張を認め、今までの対応を謝罪するなら調停に応じてもよい」と調停参加につき条件（実質的には調停で決める

	ことを先取した形）をつけた。 ・事務局としての対応は困難と判断し、本件担当の調停委員（土地家屋調査士）丙に相談し、以後、丙が乙と調停参加のための交渉をした。 （調停委員丙と乙との数回にわたる電話交渉の概要） ・丙は、乙の気持ちを察しつつ、長期的にみた場合、境界に関する問題は一方の当事者だけが筋を通せる問題ではなく、お互いの問題であることを説明した。 ・「いずれは乙が隣接者甲に立会い等をお願いしなければならなくなる場合もあり、『正しいか否か』は当然大切ではあるが、隣接者も境界を侵害する意思で動いているわけではなく、境界が不明であることはお互いが被害者なのかもしれない」旨を話し、乙の甲に対する感情をいさめながら、「隣接者甲の悩みにも耳を傾けて欲しい」とお願いをした。 ・当初頑なだった乙も次第に丙の言葉に耳を傾け始め、当初の主張にこだわりつつも、調停に参加する意向を丙に伝えた。
平成15年 6月4日	甲と相談 ・丙は甲に対して、乙の気持ちを伝えた。乙の主張に対し、甲としても憤りをもったようで、相談委員丙らに裁判をも考慮したい旨の発言が出始めた。これに対し丙は、裁判と調停のメリット・デメリットをそれぞれ説明した。 ・特に、調停のメリットとしては当事者の合意点を見い出せれば早期の決着が可能であること、また和解は当事者の心の安定が図れること、さらに、調停の中で乙の気持ちをもくむことが近隣関係を心あるものとし、これからの対応を柔軟にする可能性があることを説明した。 ・甲としては当事者で一度も話合いによることなく、弁護士任せにしてしまったことを反省する気持ちへと傾き、

	裁判ではなく調停で話し合いたい意向を丙に伝えた。
平成15年 8月22日	**第1回調停期日（甲乙同席調停）** ・甲はこれまでの経緯につき、乙に対して謝罪をした。乙としては、その謝罪によって多少の不満を抱えながらも話合いを続ける意思を示したが、できることなら早くこの場（調停の場）を去りたいとさえ漏らしていた。 ・甲は、境界についてはアイを結んだ線であるが、ブロック塀の所有権については乙の所有権を認める旨を提案した。乙は、境界についてはウエを結んだ線であることを主張した。当事者の主張が変わることはなく、険悪な状況が続いていたので、いったん、別席とした。 （甲との話合い） ・調停委員Xは、甲に対して早期決着こそが精神的安寧をもたらすこと、長期化したり裁判となった場合の精神的な苦労などを説明した。 ・甲は、人任せにした自分の態度は謝罪したが、その気持ちが乙に対して伝わっていないことを実感していたようであり、自己の主張にこだわることなく、気持ちよく合意書を結びたいとの意思表明があった。 （乙との話合い） ・乙は、甲が謝罪している以上その点については大人の対応をすると明言した。しかし、境界とブロック塀の所有権については譲れない旨を主張した。 （同席調停再開） ・甲としては、乙の主張する境界（ウエを結んだ）線で、また、ブロック塀の所有権についても争わない旨の意思表示した。 ・いったん、休憩を挟むこととしたが、あえて調停室に当

事者のみを残し、調停委員は調停室から退室した。
- 休憩を終え、調停再開となると、調停室における甲乙間の緊張関係がほぐれ始めていた。乙としても甲の申出を当然として受け入れるのではなく、甲の気持ちをくんだ態度をみせ始め、ほぼ合意できそうであった。
- 本来境界問題は当事者ともに被害者的立場にいるので、勝ち負けのないような形にすることが、後の隣接者関係を良好なものとすることが可能であると考えられる。そこで、Ｘらは甲乙に対して下記の提案を持ち掛けた。
  ① 境界はアイとする。
  ② 解決金としてアイウエで囲まれた土地の時価に見合う金額を甲が乙に支払う。
- いったん、甲に退室を願う。

（乙との話合い）
- 調停案に対して、乙としても、甲が今までの非を認めたこと、紛争を解決するため全面的に譲歩したこと、（甲自身ではなく）Ｘらが解決金を言い出したことから、Ｘらの提案を受け入れる旨の表明がなされた。

（甲との話合い）
- 甲からは、乙の同意が頂けるなら、調停案に異議はない旨の表明がなされた。

（同席調停）
- Ｘらから甲乙に対して、調停案に同意するか確認し、甲乙から同意する旨の意思表明がなされた。

相談・調停の結果

1　A地、B地の境界は、アイを結んだ線であることを確認する。
2　前項ア点、イ点の各ポイントに境界を表示する金属標を設置するものとし、設置費用は甲が負担するものとする。
3　甲は乙に対して、本紛争の解決金として金〇〇万円を10日以内に乙の口座に振り込むものとする。
4　甲・乙との間には、本件筆界の確認に関し、他に何らの債権債務関係も存在しないことを相互に確認する。

ポイント

1　申立人（甲）の相手方（乙）へのおさまらない怒りを静め、いかにして調停への参加を促すか
　①　紛争当事者ともに自己の正当性を主張していたが、調停委員が当事者に「自分は被害者」という感情からの解放を目指し、「当事者ともに被害者」という気持ちを抱かせ、お互いの気持ちへの配慮を促した。
　②　特に、乙は、境界問題以前に甲の対応に対する不満が強く、当初より1回の電話での説得は困難と考え、複数回の電話で乙の信頼を得ることを目指した。乙へ調査士相談委員丙が電話をかける場合は、次の電話をかけるのにつながるような話し方をした。
　③　乙は丙を信頼したので、丙の言葉に耳を傾け、調停への出席を決意した。
2　調停において、当初、当事者ともに譲歩がなかったが、甲の譲歩をみて乙も態度を軟化させ、調停案受入れへと進む結果となった。言葉には出さないが、お互いがお互いの心の傷みを理解したものと察せられ、今後の隣接者の人間関係に期待がもてそうである。

【事例2】 出し合い道路の境界と所有権をめぐる紛争

事例の概要

1 甲は、A地および同地上の建物を自己の住宅として前所有者丙から買い受け現在も居住している。
2 甲は、A地の東側の公道からA地へ出入りをしているが、A地の西側に位置する「通路」は住宅の勝手口からの出入りをする場合に利用している。
3 甲は、B地の所有者乙から、甲所有地と乙所有地との間に位置する通路はすべて乙の所有地であるので、「通行するな」と言われた。
4 甲は、西側通路は土地を取得した時からこれまで長年使用しており、通路の中心までが自己の所有地であると長年認識していた。そのため、通路の利用を含めた境界の確認を求めセンターに調停を申し立てた。

> **争 点** 1 通路の「建築基準法42条2項道路」の該当性
> 2 乙所有地上の借地人との日常生活上の紛争からの派生

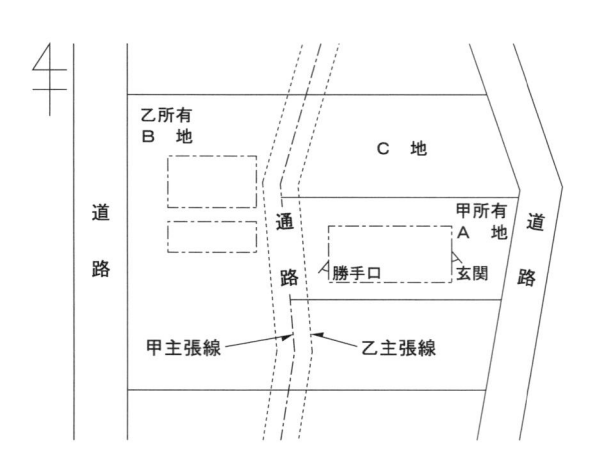

相談・調停の経緯

平成17年 4月7日	調停申立受理 ・申立人（甲）からの調停申立を受理。
平成17年 5月18日	相手方からの答弁書受理 ・相手方（乙）から答弁書が届く。
平成17年 5月26日	第1回調停期日 ・センター調停室において、甲乙および調停委員2名の出席のもと、調停を開始した。 ・甲、乙とも通路の利用については今までどおりに利用することを確認。土地の境界については、甲が測量を行い、通路の位置、A地の面積等確認の上話合いを継続することとした。 ・問題となる通路は、建築基準法上の「42条2項道路」であることから、42条2項道路としての通路の存在と通行に関しては合意を得た。ただし、騒音や通路の利用方法については、甲が近隣の方に迷惑をかけないことを約した。
平成17年 7月21日	第2回調停期日 ・センター調停室において、甲乙および調停委員2名の出席のもと、調停を行った。 ・土地の境界に関しては、甲の負担により甲の敷地を測量することにより、両当事者および隣接所有者に確認を得られた場合にそれぞれ確認することとした。
平成17年 9月29日	第3回調停期日 ・甲乙とも、通路が「42条2項道路」であるため、将来建直しの場合には、当事者双方の敷地とも通路の中心を基準に敷地を後退させて通路を拡幅しなければならず、通路内の境界を争っても双方に利益がないこと、また紛争の本質が隣接関係者の感情の部分であったため、南北隣

| | 接所有者の確認を得て、甲の主張である通路の中心が両地間の境界であることを、当事者双方が確認、和解が成立した。 |

相談・調停の結果

A地を測量等した結果、通路の中心を境界とするとA地の面積が公簿上の面積をほぼ満足するなど、客観的にみて、そこをA地とB地の筆界とすることが相当と判断されたので、双方が通路の中心で境界を確認することで和解が成立した。

ポイント

1　本件は、もともと、申立人甲の子供が通路にオートバイを乗り入れることによる騒音の発生や通路への駐車による通行の妨害による乙所有の土地の借地人との争いであった。その争いが、土地の境界紛争へと移っていった事件である。

2　測量等をした結果、A地とA地の南北の隣地（C地、F地）との境界は相互に確認ができるとともに、A地の面積が、通路の中心を境界とした場合に、公簿面積とほぼ合致することがわかった。

　そのため、甲乙とも、通路が建築基準法上の「42条2項道路」であるため、将来建直しの場合には、当事者双方の敷地とも通路の中心を基準に敷地を後退させて通路を拡幅しなければならないことを考えると、拡幅後の通路内の境界を争っても双方に利益がないこと、また、紛争の本質が隣接関係者の感情の対立であったため、南北隣接所有者の確認を得て、甲の主張する通路の中心がA地とB地の筆界であり境界（所有権の及ぶ範囲の限界としての）であることを、当事者双方が確認し、和解が成立した。

【事例3】 公簿地積と現況地積の差異による紛争

事例の概要

　甲は、十数年前、A地とその地上の建物を丙から取得した（売買）。10年前にその建物を取り壊し、駐車場としていたところ、B地の乙から、丙が設置したブロック塀（ウエの各点を結ぶ線）より3.0m東側のａｂを結ぶ線が境界であるとの申入れがあり、当事者同士が協議をしてきたが、結論がでないまま現在に至っている。

　A地は、昭和20年代に丙の父が店舗敷地として購入した土地である。当時はウ、エの線から東側に約2mの範囲にヒバの木が植樹されていたが、丙の父は、他の場所に借りていた倉庫の明渡しを迫られて、やむなくヒバを伐採しウエの線上にブロック塀を築造し、小屋を建てて荷物置場として利用していたが、乙は事情を斟酌し黙認してきた。

　その後、乙は、境界を明確にするために測量会社に依頼してA、B両地の現況を実測したところA地の面積が登記簿の面積より多いことが判明した。そこで乙は、公簿地積のみをもとにA地とB地との境界はアイを結ぶ線であると主張を変え、甲は、ウエを結ぶ線の既存のブロック塀が境界と主張している。

争　点　ブロック塀が越境していた場合の取得時効の成立の可否

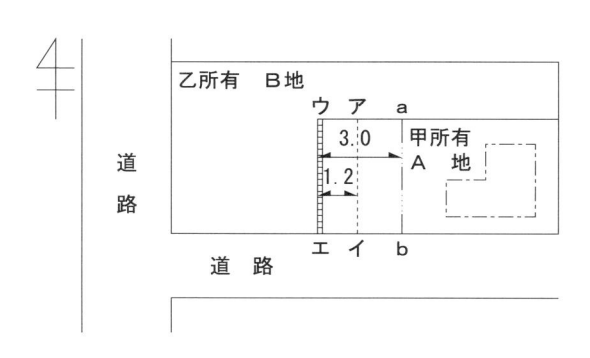

相談・調停の経緯

平成17年 10月26日	事前相談受付 ・申立人甲の持参した資料は、A地、B地の登記事項証明書、法務局備付公図（土地台帳附属地図）測量会社作成のウエ間を未確定とした土地の現況測量図、昭和40、50年代のブロック塀の一部が見える店舗部分の写真、内容証明郵便通告書。 ・現況測量図の面積は、ウ点、エ点で求積されており、登記されている面積と比較するとA地については約20m^{2}増、B地については約30m^{2}増と両地とも増加している。 ・甲は金銭的解決を強く望んでいることと、申立地は不動産登記法14条の登記所備付地図作成作業が予定されており、早急に解決したい意向があると判断したので、調停による解決を勧め了解を得た。
平成17年 10月26日	調停申立受理 ・同日調停申立を受理。 ・相手方、乙に事情伺いの文書発送の後、センター事務局より電話をして事情伺いに応じていただくことになり日時等の都合を打ち合わせた。
平成17年 12月9日	事情伺い ・事情伺いに担当調査士2名が相手方の自宅を訪問し、センターの概要について説明の後、甲の調停申立の趣旨を伝え、相手方の言い分を聴いた。また、手続費用について説明し、後日センター事務局より電話をするので前向きに考えていただき調停に応じて欲しい旨お願いして辞去する。
平成17年 12月26日	第1回調停期日 ・当センター調停委員（調査士2名と弁護士1名）で申立人より事情を聴く。甲は駐車場として貸しているため間口

	が狭くならないよう金銭による解決を望んでいるが、相手方乙は丙所有時代の経緯もあり土地そのものが必要として金銭による解決には応じられないと主張、相手方に時効についてもふれたが関心がなかった。時間も経過したのでお互いに譲歩できる範囲を次回期日まで検討することとした。 ・地図作成作業開始の期日が迫っていることもあり、第2回調停期日を設定した。
平成18年 1月6日	**第2回調停期日** ・申立人は金銭による解決を強く望んでいるので相手方に金額面で再度説得するが受け入れられず、これまでに調査した資料によってもなお明確な筆界の位置を特定することができないため、双方の実測面積と登記面積を比例按分した位置での解決を提案し、申立人が了解したので、幅寸法について双方別々に意向を聞くとともに資料による筆界の復元方法なども説明し、ブロック塀より1.2mのア点とイ点を結ぶ線が筆界線であることを確認した。さらに双方の所有権の及ぶ範囲についても、同じ位置を境界線とすることを確認した。 ・ブロック塀の撤去等については現地で打合せの上、和解契約書を作成することとした。
平成18年 1月17日	**第3回現地調停** ・現地において現況を確認し事前に作成していた和解契約書に押印後、現地のア点、イ点に測量を担当した調査士がコンクリート杭を埋設。 ・ウエ線上にあるコンクリートブロック塀の撤去については、乙の負担とすることに双方が合意した。

相談・調停の結果

1　甲と乙は、A地とB地の筆界がアイの各点を直線で結んだ線であることを確認した。
2　甲と乙は、アイの各点コンクリート製境界標を費用折半で設置する。
3　ウエの線上にあるコンクリートブロック塀の撤去については、乙の負担とし、撤去請求や金銭的な請求は一切行わない。
4　甲と乙はブロック塀の撤去、改修等の工事につき、相互に必要な協力を行うことを確約する。
5　甲と乙は、本件調停合意条項に定めるほか、何ら債権債務の関係が存しないことを相互に確認する。

ポイント

　本件について、甲はA地につき取得時効の援用が可能であったが、あえて援用せず、早期の問題解決を図った。また、将来実施される不動産登記法14条の地図作成作業を機に筆界を明らかにすることによって、余分な費用を掛けずにすむという経済的なことも考えたと思われる。

　他方、乙においても、第3回調停期日において、ブロック塀の撤去を甲の負担とすることを希望していたが、その点については譲歩し、早期の解決を果たした。乙においても上記経済的負担を考慮したものと考えられる。

　調査士調停委員が、専門的知識を適宜の場面で提供したことにより、お互いの譲歩を導き出したといえる。

【事例4】 筆界と占有範囲の不一致による紛争

事例の概要

　平成15年、甲は、数年前祖父から相続したA地を貸駐車場にしたいと考え、古くなった建物を解体して整地をしようとした時、乙所有B地との間、bcの線上に丙（乙の父親）の設置した境界ブロックを発見した。もともとA地は屋敷林に囲まれていたが、取得後数年間土地を放置していたため、灌木や雑草が密生し、隣地との境界も不明確になっていた。

　甲は、祖父が昭和30年代に建築した当時の建物配置図などから、正しい境界はbdではないかと考え、土地家屋調査士丁に依頼してB地との境界確認をしようとしたが、乙は再三の立会いの求めに応じなかったため、境界ブロックがA地側に越境しているのではないかと思うようになった。

　現在、当地の周辺は高級住宅街となっているが、甲の祖父が昭和30年代に当地に移り住んだころは、当地の周辺一帯はいまだ農耕地で、農家の住宅が点在しているだけであった。丙は当地に代々続く地主で、近くにアパートやマンションを多く所有しており、問題の境界ブロックもアパートの自転車置場を建てた時に設置したらしいことが分かった。甲はやむを得ず、境界ブロックに沿って土留めをし、フェンスを設置してA地を月極駐車場にした。

> **争点**
> 1　隣地との境界を明確にし、実測図を作成したい
> 2　境界ブロックが越境していた場合の取得時効の成立の可否

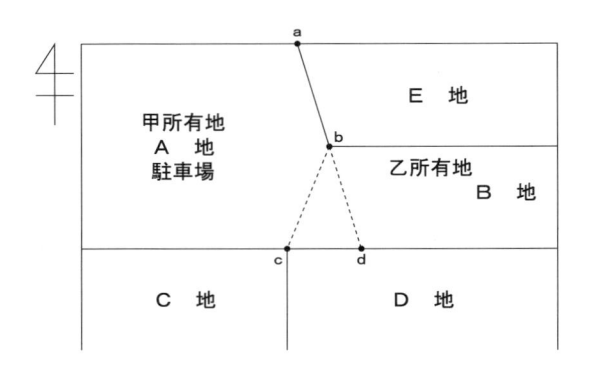

```
        a
┌───────┬─────────┐
│甲所有地│  E 地   │
│ A 地  ├b────────┤
│ 駐車場│乙所有地 │
│       │  B 地   │
├────c─d┼─────────┤
│  C 地 │  D 地   │
└───────┴─────────┘
```

相談・調停の経緯

平成15年 8月11日	事前相談受付 ・甲の持参した資料は、A地、B地の登記事項証明書、法務局備付公図（土地台帳附属地図）、土地家屋調査士丁作成による現況平面図、B地との間を未確定とした土地の測量図（bc点を結んで求積）、解体した建物の配置図であった。 ・測量図の面積は、登記されている面積より約15坪減少しているが、甲の主張のとおりa点からb点を通り直線で延長したd点とすると、逆に2坪増加することが分かった。また、公図と建物配置図を比較すると、周囲の辺長は一致しないものの形状は概ね一致していた。c点はC地とD地の境界点であり、A地がab点からc点に屈曲して結合することに疑義が生じたため、周囲の土地も含めた登記の沿革などを調査することとなった。
平成15年 8月12日	資料調査（センターが調査） ・法務局で閲覧に供している公図は、明治19年に作成された和紙図面を再製したものである。過去の分合筆の経過を知るため、和紙公図を閲覧し、閲覧してきたものに色鉛筆で道路、水路、畦畔を着色した。コンピュータ化に

	より閉鎖された登記簿、土地台帳謄本を広く収集し、登記の沿革に沿った地番図を作成した。その結果、A地とB地の境界が、b点からC地とD地の境界c点とすることには合理性がなく、甲の主張が概ね正しいものと推認された。
平成15年 8月26日	**調停相談受付** ・甲の主張には、根拠があることを確認。 ・甲は、丙設置の境界ブロックの設置時期についてはいささか不明な点がある。したがって、明確な占有開始時期は分からないが、取得時効が成立しているかは微妙である。 ・調停は相手方が出席することが前提であり、本件においては、これまでの境界立会を拒否している経緯から、乙の協力が得られない可能性があり、裁判を視野に入れた協議を行う。
平成15年 9月13日	**調停申立** ・本来、当センターでは、直接調停への参加を呼び掛ける前に、相手方の言い分を聞かせてほしい旨の手紙を出し、その後に調停参加の意思を確認している。
平成15年 9月21日	**事情伺いの要請** ・本件は、今までの経緯から手紙ではなく、直接担当調査士が相手方乙宅に出向いた方がよいという判断をし、直接訪問した。丙は既に他界し、乙が応接した。 ・乙に対し、甲の調停申立の趣旨を説明し、乙のB地とA地との境界の認識や、ブロック設置の経緯を聞かせてほしいと伝えた。その後、事情伺いに応じる旨の連絡があり、担当調査士が調停室で応接した。
平成15年 9月21日	**事情伺い** ・乙には、調査資料から越境の事実が推定されることを説明し、甲は問題解決に意欲を示していることを伝えた。

	また、センターが行っている調停手続について説明したところ、乙は調停に応諾した。
平成15年 10月21日	**第1回調停期日（甲乙同席調停）** ・乙によれば、境界ブロック設置工事は亡父丙が行っており、会社員の丙は土地の利用や管理にあまり関心がなかったようである。しかし、各種資料の説明を受け、乙としても丙が越境して境界ブロック等を設置したのではないかとの危惧は抱き始めていたようである。従って、「境界がbc点を結ぶ線である」との主張はしなかったものの、bd点で結んだ線であることを認めるわけでもなかった。 ・乙は、亡父丙が甲の同意なく工事を行ったことに対しても、その非を認めなかったため、それまで比較的冷静だった甲は、乙に対して怒りをあらわにして非難をし始めた。その後は、両者とも沈黙する時間が長くなり、険悪な雰囲気がただよい始めた。 ・そこで、収集した資料による事実関係を明確にするため、甲乙の同意のもと、昭和30年代のモノクロと、50年代のカラーの空中写真を取り寄せ、再度協議することにした。
平成15年 11月19日	**第2回調停期日** ・昭和32年の写真では、付近一帯のほとんどが畑で、その畦畔が明らかに判断できた。昭和50年の写真では、周囲にも住宅が建ち並び、土地利用の状況が写し出されていた。 ・これらは甲の主張を立証するものとなり、乙は自ら境界ブロックの位置の誤りを認め、工事のやり直しに同意した。甲は乙の同意を受けて、突然、既存ブロックがあるために土地を後退して駐車場としたことによる賃料の損失や、越境部分の固定資産税の過払い部分の損害賠償を強く要求した。 ・調停相談時には、境界問題を解決することと、境界ブロ

	ック・土留めの撤去と、土留めのやり直し工事については、相手方と共同負担で行えばよいという意向を示していたため、調停ではその範囲で協議していたが、甲の突然の要求により乙は再び態度を硬化させてしまった。 （甲乙の関係悪化を憂慮し一時的に別席とする） ・越境の事実を認めた乙は、責任の分担申出、境界ブロックと土留めの撤去費用の半額負担ならこれに応じる旨の意向を示した。 ・調停はお互いの互譲の精神が大切である。権利主張が過ぎると、調停自体が不調となる危険がある。bc線上の工作物にしても乙自身が設置したものではなく、あえて乙が調停に出席し譲歩をみせている。調停によって早期の解決を望んでいたのは甲自身であり、問題解決を優先させてはどうかという提案をした。そうすると、賃料損失と固定資産税の過払い分についての要求は取り下げるという自発的な解決策が甲自身から示された。

相談・調停の結果

1　甲の主張するbdをA地とB地との境界とすることを確認する。
2　甲は既存の境界ブロック、土留め、フェンスを撤去し、相互に確認した境界線（bd）に沿って土留めを新設する。
3　前項の工事に要する費用のうち、金○○万円を乙が負担し、工事完了後10日以内に甲の口座である○○銀行○○支店　普通預金××に振込みによって支払う。
4　乙は甲が行うべき土地境界確定協議および土地地積更正登記に協力する。
5　当事者双方は本合意契約以外、一切の債権債務のないことを確認する。

※ 本合意契約終了後、当事者は名刺交換をし、互いに連絡し合い本契約の履行を確認していた。調停委員としても安堵した。今後の良好な関係が期待できそうである。

ポイント

1 調停開始前の資料収集や現地調査がしっかりしていたため、境界の把握が早期に明確になったこと。
2 当事者双方とも柔軟性を兼ね備えた常識人であったため、資料や空中写真の説明に納得され、調停の参加に応諾されたこと（事実上、代がかわり話し易い環境となったこと。）。
3 申立人（甲）が調停の趣旨をよく理解し、自己の正当性ばかり主張せず、損害賠償の要求を取り下げるなどした。一方、相手方（乙）も時効を主張することなく、話合いによる解決を望んだこと。
4 調停委員による的確な調停進行が当事者の対話を促進させ、専門職への期待感が表われたこと。
5 調停委員が問題点を当事者に分かり易く説明し、本件の解決に指針を与えることができたこと。

【事例5】 いわゆる所有権界と公図の位置関係の相違による紛争

事例の概要

1 A地は甲、B地は乙の所有である。甲と乙は兄弟であり、本件各対象地は、もともとは甲、乙の父親が所有していた土地であったが、贈与・相続により今日の名義になっている。
2 乙はB地に自己の住宅を所有しているが、同住宅の敷地は直接公道に接していないため、甲地の一部を通路として使用していた。また、長年自己所有地と認識してきたB地の位置は、公図の位置とは異なる。また、住宅の敷地面積と公簿面積とも一致していない。
3 甲は、甲所有のA地を、売却するために宅地造成をすることになり、A地と接するB地との境界の立会いを乙に求めた。
4 乙は、過去に甲が父親から土地を贈与してもらっているが、その贈与に対して不快感をもっており、何かにつけて甲乙間で紛争が続いていた。また、乙使用に係る住宅の通路を甲が塞いだこと、および甲が本件対象地を含む土地の開発許可に必要な現況の地形測量を、乙の立会いもなく行ったことから、紛争が激化した。
5 甲は、甲所有地の乙所有地と接していない部分については造成を開始したが、その後、境界紛争が続いたため造成を中断し、改めて、A地の一部の分筆登記をしようとしたが、乙所有地との間の境界確認ができないため、登記申請ができなかった。甲が分筆登記を依頼した土地家屋調査士にも境界に関する専門的な助言を得ながら当事者同士の話合いがなされたが、互いに譲らず物別れとなり、センターに調停を申し立てた。

> **争 点**　1　A地とB地の筆界を確認したい
> 　　　　　2　両当事者の使用している土地の範囲につき、将来に向けてきちんと事務的な整理がしたい

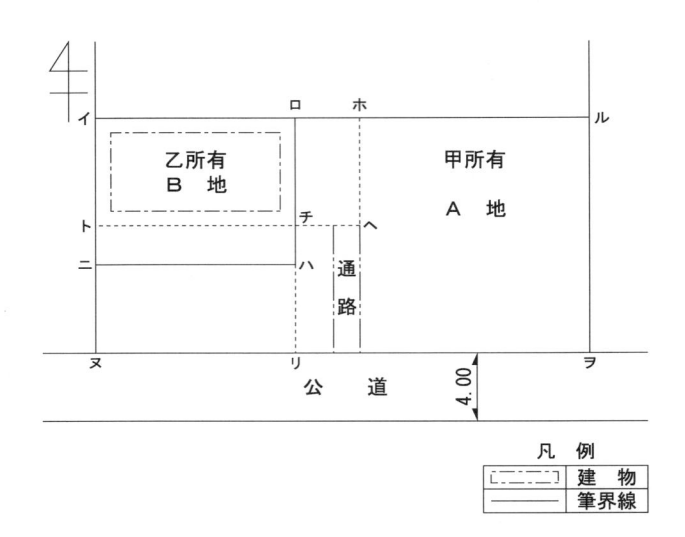

凡例
- 建　物
- 筆界線

相談・調停の経緯

平成16年 9月17日	調停申立受理 ・申立人（甲）からの調停申立を受理した。
平成16年 10月28日	相手方からの答弁書受理 ・相手方（乙）から答弁書が届いた。
平成16年 11月11日	第1回調停期日 ・センター調停室において、甲乙および調停委員2名の出席のもと調停を開始した。 ・本件は、各当事者とも高齢であり、30年以上も紛争状態にあり、また親族であったため、現地でも怒鳴り声が飛び交うほどの対立であった。 ・調停に関する手数料は、甲が全額負担し、乙は負担しな

	いという条件で進めることになった。
平成16年 11月30日	第2回調停期日 ・対象地近くにある自治会館において、甲乙出席のもと第2回目の調停を行った。 ・乙は、甲が行う造成や測量に協力することの代償として、自己の所有する住宅に必要な土地の面積を確保すること、建築基準法上の接道義務を果たせるようにすることを求めた。 ・現地の状況を把握するため、センターに鑑定測量を依頼することに合意した。
平成17年 2月17日	第3回調停期日 ・同じ自治会館において、甲乙出席のもと第3回目の調停を行った。 ・鑑定測量の結果を基に具体的にそれぞれの要求について協議を始めることとした。 ・その後は、月に1回程度の頻度で、現地およびその周辺の施設を使用し協議を重ねた。
平成17年 11月24日	和解成立

相談・調停の結果

1　鑑定測量の結果、B地は、イロハニイを順次直線で結んだ線で囲まれた部分であることが判明した。実際の乙が使用している範囲は、イホヘトイを順次直線で結んだ線で囲まれた部分であることを双方が確認した。
2　甲の所有地を、ロルヲヌニハロを順次直線で結んだ線で囲まれた部分（A地）とし、乙の所有地を、イロハニイを順次直線で結んだ線で囲まれた部分（B地）として双方が確認した。

3　乙の使用していたロホヘチロを順次直線で結んだ線で囲まれた部分の代替として、甲はニハリヌニを順次直線で結んだ線で囲まれた部分の分筆登記をして、乙に譲渡することとした。また、そうすることで、乙の住宅の敷地が公道へ接道をすることとなった。
4　乙は、甲が行う測量・造成に全面的に協力することとした。

ポイント

1　本件対象地は、もともとは同一の所有者であったため、公図と実際の利用形状が異なっていても不都合がなかった。
2　各人が自己の所有地と主張している土地の範囲は、公図上も登記簿面積上も一致していなかった。
3　鑑定測量により、あるべき筆界の位置を復元し、その筆界と現地の占有等している境界線と相違する部分については、その部分を分筆し、交換もしくは売買といった権利の登記を実行することとした。そうすることで、それぞれが希望する土地の範囲を実状に合わせて決定することが容易になった。
4　調停委員は、調停期日以外にも両者からの要求等を聞きながら調整した。

【事例6】 いわゆる「残地」部分の境界をめぐる紛争

事例の概要

1 本件土地は法14条地図には指定されていないが、過去に国土調査がなされた地域である。
2 国土調査の際にはabが筆界であるとして測量し成果図が作成された。
3 B_1〜B_4の各土地は国土調査完了後にBの土地（当時乙所有）から分筆した土地である。
4 Bの土地の分筆に当たっては、乙と隣接するA地の所有者である甲が現地立会いの上、筆界を確認した。（国土調査の成果が法14条地図に指定されていないこともあって、現況構築物の位置関係等を勘案してcdの位置が筆界であることを甲・乙が現地立会いして確認したものである。）
  なお、分筆登記に当たってはA地と接する部分である分筆後のB_4の土地は残地として申請し、処理された。
5 現在B_4の土地を除き、既に乙から第三者に譲渡されている。
6 分筆登記完了後数年を経て甲から乙に対し、分筆の際にcdが筆界であるとして確認したのは錯誤であり、やはり国土調査の際に測量されたabを結んだ線が筆界であるというのが正しい線であるので、改めて確認したいと、調停を申し立てられたものである。
7 なお、下図の塗り潰し部分には甲所有の家屋が建築され、枡、土留め等の構築物がある。

争　点	1　国土調査による成果図と異なる点での筆界確認
	2　国土調査資料の正確性

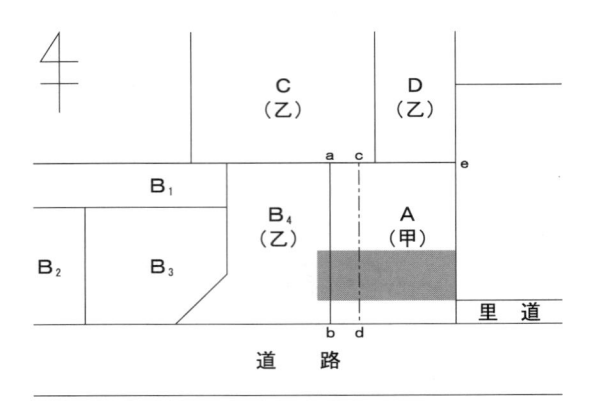

相談・調停の経緯

平成15年 11月初旬	センターへの調停申立
平成15年 11月中旬	センター調査人による調査終了
平成15年 11月下旬	調停人打合せ会議
平成16年 1月中旬	第1回調停期日
平成16年 2月中旬	第2回調停期日
平成16年 4月下旬	第3回調停期日（和解）
平成16年 9月中旬	Aの土地の地積更正登記申請

相談・調停の結果

甲と乙との和解内容は、下記のとおりとなった。
1　A地とC地・D地の筆界はaeであり、その南側が甲の所有、北側が乙の所有であることを確認する。
2　B_4の土地とAの土地の筆界はabであり、その東側が甲の所有、西側が乙の所有であることを確認する。
3　abの線を越えて乙の所有地上に越境している庇、枡、土留め等の構築物は、Aの土地上に存する家屋の改築時に撤去することとする。
4　甲と乙の各所有地の土地の範囲に関する争いは解決したものとし、当事者および本件係争土地の測量に関与した者に対し何らの請求をしないこと。
※　なお、調停後、甲と乙の間で協議がもたれ、甲がAの土地について地積更正登記をすることについて、合意がなされた。

ポイント

1　国土調査資料の正確性
　本件土地は、一度、筆界の確認がなされた土地について、国土調査の資料に基づき筆界の再確認が申し立てられた事案である。国土調査の成果が法14条地図に指定されていないこともあって、分筆の時点では、現況構築物の位置関係等を勘案してcdの位置が筆界であることを甲・乙が現地立会いして確認され、分筆登記がなされたが、センターに提出された資料、本件係争土地を含む周囲の客観的状況から判断して、地籍図（地籍調査成果図）に示された線を筆界線とみるのが相当であるとの専門的な意見を、土地家屋調査士調停人が当事者に説明した。

これに対し、当事者はこの説明に納得した。
2　和解後の相手方の協力を得た登記への反映

　和解契約の条項では、Aの土地についての地積更正登記の申請手続までは盛り込まれていなかったが、調停終結後に、当事者間で協議がなされ相手方らの協力を得て、申立人において、地積更正登記がなされた。

　和解後の当事者の関係が、調停前に比べて極めて良好なものとなったため、このように、当事者の自発的な協力関係が生じたものと思われる。

【事例7】 対側地を巻き込んだ公共用地との境界紛争

事例の概要

対側地所有者乙がB地をB_1とB_2に分筆をするに当たり、里道を隔てたB地の対側地であるA地の土地所有者甲の立会いを行わずに、里道との筆界をdeとして、分筆登記がなされた。そのため、一定の道路幅員を確保すると、申立人甲所有のA地と里道との筆界がabになった。これにより、下記の塗り潰し部分に設置されている申立人甲所有のブロック塀が一部里道に存在することになることから到底承服できず、甲は、A地と里道との筆界はacであるとの確認をしたく、センターに調停を申し立てた。

なお、申立てに当たって、土地家屋調査士(丙)が、資料調査等を行っている。

(注)・対側地とは、測量対象地に係る道路の反対側の土地をいう。
・里道とは、道路法の適用のない法定外公共物である道路をいう。
・里道等官民の境界が確認されていない場合の官民境界線の確認に当たっては、実務では、原則として対側地所有者の立会いを求めている。

争　点	1　官民境界確認を要する事案のセンターによる解決 2　地方自治体のADRへの参加

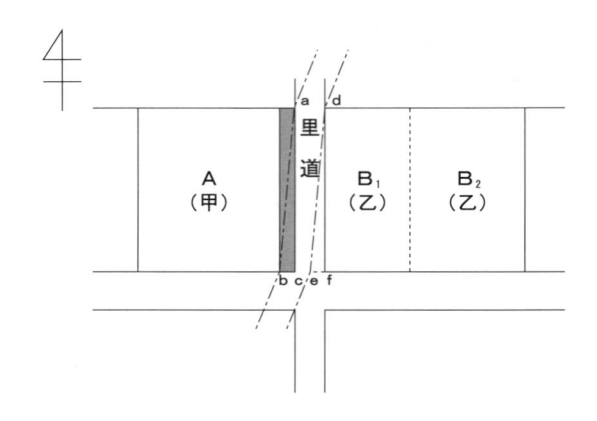

第4章 土地家屋調査士会のADR事例

```
     ↑
     N
        a  d
        ┃里┃
    A   ┃道┃  B₁    B₂
   (甲)  ┃ ┃ (乙)   (乙)
        b c e f
```

相談・調停の経緯

平成14年 9月	申立人甲（A地所有者）が、乙がB地をB₁とB₂に分筆登記したことにつき個人的に調査をし、道路管理者である市へ異議の申し入れをしたが解決がつかず
平成15年 6月中旬	センターへの申立て
平成15年 7月初旬	センター調査人による調査終了
平成15年 7月中旬	相手方（市）に調停のお知らせ
平成15年 7月中旬	市より不応諾の文書到達
平成15年 7月下旬	調停人打合せ会議
平成15年 7月下旬	センター運営委員と市担当者との説明・協議

平成15年 8月上旬	第1回期日 ・甲と市が出席
平成15年 8月中旬	市より期日手数料の負担ができない旨の回答あり
平成15年 8月下旬	第2回期日
平成15年 10月初旬	第3回期日 ・乙および土地家屋調査士丙が参加
平成15年 11月中旬	第4回期日
平成15年 12月中旬	第5回期日（和解） ・甲・乙間で和解（市も了承）
平成16年 12月中旬	地積更正登記終了

相談・調停の結果

　甲と乙との和解内容は、下記のとおりとなった。
1　acの西側が甲の所有、dfの東側が乙の所有であることの確認。
2　乙は、B_1の土地につき市との境界確認手続に要する費用を負担すること。
3　乙は、B_1およびB_2の土地の地積更正登記をすること。
　なお、和解契約書には、土地家屋調査士丙が作成した地積測量図を添付した。

ポイント

1　利害関係者を含んだ解決

　本件調停は、自治体相手の申立てとなっているが、甲の実質的な相手方は対側地所有者乙である。しかしながら、境界確認において、その当事者とは、互いに隣接する土地の所有者ということになる。つまり、当事者とは、甲と市ということになる。

　そこで、本件調停の手続として、市を相手方とするものの、対側地所有者乙および分筆の経緯をよく知る土地家屋調査士丙に利害関係人として参加していただくことにより、実質的な解決を図ることとした。

　なお、筆界の確認については、早い時点で当事者の合意を得た。

2　自治体を相手方とする問題点

　自治体を相手方とする場合、①自治体による境界確認手続とその後の紛争解決手段としてのADR利用に関する自治体自体の理解の問題、②ADRでの調停に応じた場合の費用負担の問題がある。

　本件事例で、市が当初、ADRの調停に対して不応諾とした理由は次のとおりである。

①　対側地の所有者が調停に出頭せずに、申立人との2当事者間の調停では問題の解決が図れないと思った。

②　道路と申立人所有地の境界確認については、通常の市との境界確認手続を申請すればよいのではないかとの思いがあった。

③　これまで、申立人が何度か市の事務所を訪れており、それでも解決がつかなかったため、センターで解決ができるか疑問視していた。

④　土地家屋調査士に対する信頼はあるものの、民間ADRに対す

る認識、あるいはセンターに対する認識が薄く、ADRによる境界紛争の解決について理解がなかった。

このうち、③④については、センターの充実および「裁判外紛争解決手続の利用の促進に関する法律」（ADR基本法）の成立により、今後、理解が深まることになろう。

また、費用負担の問題については、センターにおいては、相手方においても期日手数料を負担していただくシステムになっており、成功報酬も含めて、下記の理由により負担が難しいという回答がなされた。

① 市においては、裁判手続と異なり、ADRにおいて相手方になったときの対応をどうするかが組織上明確になっていない。
② 市に道路境界確認等の手続があるにもかかわらず、民間の手続により解決を図るということが、納税義務者である市民の理解が得られるかが不明確。
③ 本来は、対側地の分筆に係る問題であるため、真の相手方は対側地所有者となることから、そもそもが、本件調停に消極的である。

調停に入る前に、これらの事由について理解を求めるために、センターの運営委員が市に説明をし、理解を求めることにより、三者が調停の席につくことができた。

本件調停においては、第1段階で市と官民境界に関する考え方を整え、その後は、対側地所有者に参加していただき、甲と乙との調整を図った。

3　解決と登記への反映

調停結果のとおり、甲と乙との間で、acの西側が甲の所有、dfの東側が乙の所有であり、かつその線が筆界線であることの確認をした。それに基づき、改めて、乙は市との境界確認手続をなし、乙所

有地の地積更正登記を行い、それに要する費用は甲の負担とする旨の和解をした。

　その後、なかなか地積更正登記が履行されなかったため、センターから、乙に何度か督促をした結果履行された。

　和解内容の履行についても、センターでできる支援をしていくことが、ADRの柔軟性につながるものと考える。

【事例8】 占有範囲と筆界線との差異が大きく、不調になった例

事例の概要

1 甲所有A地と乙所有B地の境界は、数十年の長きにわたって境界紛争が繰り返されてきた。現況はabcdを結んだ線が境界となっている。
2 甲は長年、乙と境界紛争をしてきたので、早期の解決を望むとともに、A地の測量の結果が登記簿上の面積に比べ3坪ほど足りないので、登記簿上の面積を確保したい意向である。
3 乙は、A地との境界はウエの直線であるとの認識を持っており、両者の認識にはかなりの隔たりがあった。

争 点　1　甲地と乙地の筆界はどこか
　　　　　2　現況の占有状態が長期間続き、取得時効が成立していると思われるが、話合いの余地があるのか
　　　　　3　両者の関係が極めて悪化しており、当初より同席を拒んでいた。調停成立のカギともいえる「譲歩」を調停委員が引き出せるか、相隣関係の修復も可能か

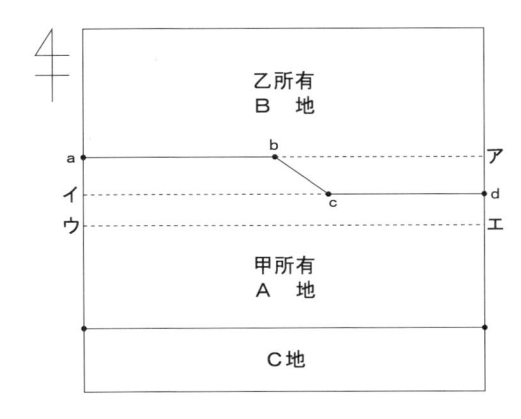

相談・調停の経緯

平成10年 8月31日	事前相談受付 ・申立人甲は高齢であり、また、甲の息子丙は大病を患い入院中。甲は丙および孫に境界紛争を残したくないことから、長年の境界紛争に終止符を打ち、境界を確定させたい意向である。 ・甲の主たる根拠となっているのは建築士丁の求積図の結果に基づくものである。 ・甲地と相手方乙地の境界は公図によると直線となっている。また、甲地の登記簿上の面積に比し丁作成の求積図の面積は3坪程度減少している。それは、甲地と乙地の境界が直線ではないことによるものではないかと推定される。 ・現況は乙が一方的にcd間にコンクリートの基礎を設置し、境界線であると主張している。 ・これまで甲は、乙と話し合ってはきたが、乙の主張との隔たりが大きく合意には至らなかった。 ・丁は甲に対し、境界紛争解決センターを利用して話し合ってみてはどうかと提案。甲としては、裁判も辞さないとの考えではあったが、近隣ということもあり、調停の場で解決が可能であれば、近隣関係の修復も可能との期待もあったようで、調停の申立てをした。 ・甲は、現地位置図・公図・求積図・現況平面図（A地）・登記事項全部証明書（A地・B地）および要約書（B・C地）・ABの建物図面・各階平面図を資料として提出した。
平成10年 9月14日	事情伺いの要請 ・甲より、B地との境界につき調停の申立てがあった旨および甲の主張の説明と乙の主張を伺いたい旨の手紙を出す。

	・相手方（乙）から、事情伺いに応じる旨の回答を得る。
平成10年 10月13日	事情伺い ・乙宅に相談員（土地家屋調査士）2名が訪問。 ・乙としては、本来の境界をウエと認識しており、特に北側（ab）については、かなり後退させてコンクリートの基礎を作っており、甲主張の坪数不足は、南隣（C地）との境界に関し、後退を余儀なくさせられたからではないかと考えている。C地は50坪程度面積が多いとも聞いている。 ・乙としては、調停に応じる意向。第三者が入って、話合いで解決することを望んでいる。
平成10年 11月24日	第1回調停期日 （申立人（甲）の主張） ・境界線は、abアを結ぶ直線である。 　根拠としては、 　① 公図上直線である。 　② 建築士丁作成の現況実測図によると約3坪ほど、登記面積より少ない。 　③ 乙所有のB地は実測していないが、概略○間×○間で約50坪登記簿面積より多い。 （相手方（乙）の主張） ・境界線は、ウエを結ぶ直線である。 　根拠としては、 　① 公図上直線である。 　② c点付近に以前乙が建築した土蔵があり、その基礎が境界であった。 　③ エ点辺りに昔、稲わらを持って廻れるスペースがあった。 　④ A地の面積が少ないのは、C地との境界の関係である。

	（センターの調停） ・甲が乙を相手に裁判をするにしても、確固たる根拠がなく、甲乙ともにcd点を結ぶ直線上の部分は、いままで協議の上でコンクリート基礎を設置した経緯があり、今回現実的解決として少なくとも所有権の及ぶ範囲をbcのように鉤形にする方向を甲乙に提案した。 ・甲は同意したが、乙は納得がいかず調停案を拒否。 ・その後、乙からイcd点を結ぶ線を境界としてはどうかの提案がなされ、甲が次回調停期日までこれを検討することで終了した。
平成11年 1月19日	第2回調停期日 ・甲としても境界を確定することが将来のために有益であると思い、乙の譲歩案について、甲としてはいったん納得した。 ・次回期日までに、申立人の意向に変化がないか見極めた上で調停を成立させることとした。

相談・調停の結果

甲は以下の理由により、調停申立てを取り下げた。

1. 甲は、現況と登記簿上の面積に違いがあり、登記簿上の面積を確保することを目指して調停を申し立てたが、調停案としてはより登記簿上の面積から減少することになったこと。
2. 乙が図面一つ提出しない調停の進め方に納得ができなかったこと。
3. 甲は病気を患っており、また、息子丙が第2回調停期日後に亡くなり、より体調を崩すようになった。そのことを家族が心配し、甲に対し調停継続の中止を強く希望したこと。

ポイント

1　現況は、cdを結ぶ線について以前甲乙間で協議をしており、cdに沿う線でブロック塀が設置されているにもかかわらず、bアで境界を決めたいとの主張には、これまでの経緯を無視した相当無理のある主張が含まれている。
2　境界につき当事者の認識に隔たりが大きすぎ、互いの歩み寄りを促すことが極めて困難であった。
3　紛争当事者（甲乙）間には、根深い確執があり、互いに歩み寄る姿勢が少なかった。

資　料

○参考法令

○不動産登記法（抄）

（平成16年6月18日）
（法律第123号）

最終改正　平成17年4月13日法律第29号

第6章　筆界特定
第1節　総則

（定義）

第123条　この章において、次の各号に掲げる用語の意義は、それぞれ当該各号に定めるところによる。

一　筆界　表題登記がある一筆の土地（以下単に「一筆の土地」という。）とこれに隣接する他の土地（表題登記がない土地を含む。以下同じ。）との間において、当該一筆の土地が登記された時にその境を構成するものとされた2以上の点及びこれらを結ぶ直線をいう。

二　筆界特定　一筆の土地及びこれに隣接する他の土地について、この章の定めるところにより、筆界の現地における位置を特定すること（その位置を特定することができないときは、その位置の範囲を特定すること）をいう。

三　対象土地　筆界特定の対象となる筆界で相互に隣接する一筆の土地及び他の土地をいう。

四　関係土地　対象土地以外の土地（表題登記がない土地を含む。）であって、筆界特定の対象となる筆界上の点を含む他の筆界で対象土地の一方又は双方と接するものをいう。

五　所有権登記名義人等　所有権の登記がある一筆の土地にあっては所有権の登記名義人、所有権の登記がない一筆の土地にあっては表題部所有者、表題登記がない土地にあっては所有者をいい、所有権の登記名義人又は表題部所有者の相続人その他の一般承継人を含む。

（筆界特定の事務）

第124条　筆界特定の事務は、対象土地の所在地を管轄する法務局又は地方法務局がつかさどる。

2　第6条第2項及び第3項の規定は、筆界特定の事務について準用する。この場合において、同条第2項中「不動産」とあるのは「対象土地」と、「登記所」とあるのは「法務局又は地方法務局」と、「法務局若しくは地方法務局」とあるのは「法務局」と、同条第3項中「登記所」とあるのは「法務局又は地方法務局」と読み替えるものとする。

（筆界特定登記官）

第125条　筆界特定は、筆界特定登記官（登記官のうちから、法務局又は地方法務局の長が指定する者をいう。以下同じ。）が行う。

（筆界特定登記官の除斥）

第126条　筆界特定登記官が次の各号のいずれかに該当する者であるときは、当該筆界特定登記官は、対象土地について筆界特定を行うことができない。

一　対象土地又は関係土地のうちいずれかの土地の所有権の登記名義人（仮登記の登記名義人を含む。以下この号において同じ。）、表題部所有者若しくは所有者又は所有権以外の権利の登記名義人若しくは当該権利を有する者

二　前号に掲げる者の配偶者又は四親等内の親族（配偶者又は四親等内の親族であった者を含む。次号において同じ。）

三　第1号に掲げる者の代理人若しくは代表者（代理人又は代表者であった者を含む。）又はその配偶者若しくは四親等内の親族

（筆界調査委員）

第127条　法務局及び地方法務局に、筆界特定について必要な事実の調査を行い、筆界特定登記官に意見を提出させるため、筆界調査委員若干人を置く。

2　筆界調査委員は、前項の職務を行うのに必要な専門的知識及び経験を有する者のうちから、法務局又は地方法務局の長が任命する。

3　筆界調査委員の任期は、2年とする。

4　筆界調査委員は、再任されることができる。

5　筆界調査委員は、非常勤とする。

（筆界調査委員の欠格事由）

第128条　次の各号のいずれかに該当する者は、筆界調査委員となることができない。

一　禁錮以上の刑に処せられ、その執行を終わり、又はその執行を受けることがなくなった日から5年を経過しない者
二　弁護士法（昭和24年法律第205号）、司法書士法（昭和25年法律第197号）又は土地家屋調査士法（昭和25年法律第228号）の規定による懲戒処分により、弁護士会からの除名又は司法書士若しくは土地家屋調査士の業務の禁止の処分を受けた者でこれらの処分を受けた日から3年を経過しないもの
三　公務員で懲戒免職の処分を受け、その処分の日から3年を経過しない者
2　筆界調査委員が前項各号のいずれかに該当するに至ったときは、当然失職する。

（筆界調査委員の解任）
第129条　法務局又は地方法務局の長は、筆界調査委員が次の各号のいずれかに該当するときは、その筆界調査委員を解任することができる。
一　心身の故障のため職務の執行に堪えないと認められるとき。
二　職務上の義務違反その他筆界調査委員たるに適しない非行があると認められるとき。

（標準処理期間）
第130条　法務局又は地方法務局の長は、筆界特定の申請がされてから筆界特定登記官が筆界特定をするまでに通常要すべき標準的な期間を定め、法務局又は地方法務局における備付けその他の適当な方法により公にしておかなければならない。

第2節　筆界特定の手続
第1款　筆界特定の申請

（筆界特定の申請）
第131条　土地の所有権登記名義人等は、筆界特定登記官に対し、当該土地とこれに隣接する他の土地との筆界について、筆界特定の申請をすることができる。
2　筆界特定の申請は、次に掲げる事項を明らかにしてしなければならない。
一　申請の趣旨

二　筆界特定の申請人の氏名又は名称及び住所
　三　対象土地に係る第34条第1項第1号及び第2号に掲げる事項（表題登記がない土地にあっては、同項第1号に掲げる事項）
　四　対象土地について筆界特定を必要とする理由
　五　前各号に掲げるもののほか、法務省令で定める事項
3　筆界特定の申請人は、政令で定めるところにより、手数料を納付しなければならない。
4　第18条の規定は、筆界特定の申請について準用する。この場合において、同条中「不動産を識別するために必要な事項、申請人の氏名又は名称、登記の目的その他の登記の申請に必要な事項として政令で定める情報（以下「申請情報」という。）」とあるのは「第131条第2項各号に掲げる事項に係る情報（第2号、第132条第1項第4号及び第150条において「筆界特定申請情報」という。）」と、「登記所」とあるのは「法務局又は地方法務局」と、同条第2号中「申請情報」とあるのは「筆界特定申請情報」と読み替えるものとする。

（申請の却下）
第132条　筆界特定登記官は、次に掲げる場合には、理由を付した決定で、筆界特定の申請を却下しなければならない。ただし、当該申請の不備が補正することができるものである場合において、筆界特定登記官が定めた相当の期間内に、筆界特定の申請人がこれを補正したときは、この限りでない。
　一　対象土地の所在地が当該申請を受けた法務局又は地方法務局の管轄に属しないとき。
　二　申請の権限を有しない者の申請によるとき。
　三　申請が前条第2項の規定に違反するとき。
　四　筆界特定申請情報の提供の方法がこの法律に基づく命令の規定により定められた方式に適合しないとき。
　五　申請が対象土地の所有権の境界の特定その他筆界特定以外の事項を目的とするものと認められるとき。
　六　対象土地の筆界について、既に民事訴訟の手続により筆界の確定を求める訴えに係る判決（訴えを不適法として却下したものを除く。第148条において同じ。）が確定しているとき。

七　対象土地の筆界について、既に筆界特定登記官による筆界特定がされているとき。ただし、対象土地について更に筆界特定をする特段の必要があると認められる場合を除く。

八　手数料を納付しないとき。

九　第146条第5項の規定により予納を命じた場合においてその予納がないとき。

2　前項の規定による筆界特定の申請の却下は、登記官の処分とみなす。

（筆界特定の申請の通知）

第133条　筆界特定の申請があったときは、筆界特定登記官は、遅滞なく、法務省令で定めるところにより、その旨を公告し、かつ、その旨を次に掲げる者（以下「関係人」という。）に通知しなければならない。ただし、前条第1項の規定により当該申請を却下すべき場合は、この限りでない。

一　対象土地の所有権登記名義人等であって筆界特定の申請人以外のもの

二　関係土地の所有権登記名義人等

2　前項本文の場合において、関係人の所在が判明しないときは、同項本文の規定による通知を、関係人の氏名又は名称、通知をすべき事項及び当該事項を記載した書面をいつでも関係人に交付する旨を対象土地の所在地を管轄する法務局又は地方法務局の掲示場に掲示することによって行うことができる。この場合においては、掲示を始めた日から2週間を経過したときに、当該通知が関係人に到達したものとみなす。

第2款　筆界の調査等

（筆界調査委員の指定等）

第134条　法務局又は地方法務局の長は、前条第1項本文の規定による公告及び通知がされたときは、対象土地の筆界特定のために必要な事実の調査を行うべき筆界調査委員を指定しなければならない。

2　次の各号のいずれかに該当する者は、前項の筆界調査委員に指定することができない。

一　対象土地又は関係土地のうちいずれかの土地の所有権の登記名義人（仮登記の登記名義人を含む。以下この号において同じ。）、表題部所有者若しくは所有者又は所有権以外の権利の登記名義人若しくは当該

権利を有する者
二　前号に掲げる者の配偶者又は四親等内の親族（配偶者又は四親等内の親族であった者を含む。次号において同じ。）
三　第1号に掲げる者の代理人若しくは代表者（代理人又は代表者であった者を含む。）又はその配偶者若しくは四親等内の親族
3　第1項の規定による指定を受けた筆界調査委員が数人あるときは、共同してその職務を行う。ただし、筆界特定登記官の許可を得て、それぞれ単独にその職務を行い、又は職務を分掌することができる。
4　法務局又は地方法務局の長は、その職員に、筆界調査委員による事実の調査を補助させることができる。

（筆界調査委員による事実の調査）
第135条　筆界調査委員は、前条第1項の規定による指定を受けたときは、対象土地又は関係土地その他の土地の測量又は実地調査をすること、筆界特定の申請人若しくは関係人又はその他の者からその知っている事実を聴取し又は資料の提出を求めることその他対象土地の筆界特定のために必要な事実の調査をすることができる。
2　筆界調査委員は、前項の事実の調査に当たっては、筆界特定が対象土地の所有権の境の特定を目的とするものでないことに留意しなければならない。

（測量及び実地調査）
第136条　筆界調査委員は、対象土地の測量又は実地調査を行うときは、あらかじめ、その旨並びにその日時及び場所を筆界特定の申請人及び関係人に通知して、これに立ち会う機会を与えなければならない。
2　第133条第2項の規定は、前項の規定による通知について準用する。

（立入調査）
第137条　法務局又は地方法務局の長は、筆界調査委員が対象土地又は関係土地その他の土地の測量又は実地調査を行う場合において、必要があると認めるときは、その必要の限度において、筆界調査委員又は第134条第4項の職員（以下この条において「筆界調査委員等」という。）に、他人の土地に立ち入らせることができる。
2　法務局又は地方法務局の長は、前項の規定により筆界調査委員等を他人の土地に立ち入らせようとするときは、あらかじめ、その旨並びにそ

の日時及び場所を当該土地の占有者に通知しなければならない。
3　第1項の規定により宅地又は垣、さく等で囲まれた他人の占有する土地に立ち入ろうとする場合には、その立ち入ろうとする者は、立入りの際、あらかじめ、その旨を当該土地の占有者に告げなければならない。
4　日出前及び日没後においては、土地の占有者の承諾があった場合を除き、前項に規定する土地に立ち入ってはならない。
5　土地の占有者は、正当な理由がない限り、第1項の規定による立入りを拒み、又は妨げてはならない。
6　第1項の規定による立入りをする場合には、筆界調査委員等は、その身分を示す証明書を携帯し、関係者の請求があったときは、これを提示しなければならない。
7　国は、第1項の規定による立入りによって損失を受けた者があるときは、その損失を受けた者に対して、通常生ずべき損失を補償しなければならない。

（関係行政機関等に対する協力依頼）
第138条　法務局又は地方法務局の長は、筆界特定のため必要があると認めるときは、関係行政機関の長、関係地方公共団体の長又は関係のある公私の団体に対し、資料の提出その他必要な協力を求めることができる。

（意見又は資料の提出）
第139条　筆界特定の申請があったときは、筆界特定の申請人及び関係人は、筆界特定登記官に対し、対象土地の筆界について、意見又は資料を提出することができる。この場合において、筆界特定登記官が意見又は資料を提出すべき相当の期間を定めたときは、その期間内にこれを提出しなければならない。
2　前項の規定による意見又は資料の提出は、電磁的方法（電子情報処理組織を使用する方法その他の情報通信の技術を利用する方法であって法務省令で定めるものをいう。）により行うことができる。

（意見聴取等の期日）
第140条　筆界特定の申請があったときは、筆界特定登記官は、第133条第1項本文の規定による公告をした時から筆界特定をするまでの間に、筆界特定の申請人及び関係人に対し、あらかじめ期日及び場所を通知して、対象土地の筆界について、意見を述べ、又は資料（電磁的記録を含む。）

を提出する機会を与えなければならない。
2　筆界特定登記官は、前項の期日において、適当と認める者に、参考人としてその知っている事実を陳述させることができる。
3　筆界調査委員は、第1項の期日に立ち会うものとする。この場合において、筆界調査委員は、筆界特定登記官の許可を得て、筆界特定の申請人若しくは関係人又は参考人に対し質問を発することができる。
4　筆界特定登記官は、第1項の期日の経過を記載した調書を作成し、当該調書において当該期日における筆界特定の申請人若しくは関係人又は参考人の陳述の要旨を明らかにしておかなければならない。
5　前項の調書は、電磁的記録をもって作成することができる。
6　第133条第2項の規定は、第1項の規定による通知について準用する。

（調書等の閲覧）
第141条　筆界特定の申請人及び関係人は、第133条第1項本文の規定による公告があった時から第144条第1項の規定により筆界特定の申請人に対する通知がされるまでの間、筆界特定登記官に対し、当該筆界特定の手続において作成された調書及び提出された資料（電磁的記録にあっては、記録された情報の内容を法務省令で定める方法により表示したもの）の閲覧を請求することができる。この場合において、筆界特定登記官は、第三者の利益を害するおそれがあるときその他正当な理由があるときでなければ、その閲覧を拒むことができない。
2　筆界特定登記官は、前項の閲覧について、日時及び場所を指定することができる。

第3節　筆界特定

（筆界調査委員の意見の提出）
第142条　筆界調査委員は、第140条第1項の期日の後、対象土地の筆界特定のために必要な事実の調査を終了したときは、遅滞なく、筆界特定登記官に対し、対象土地の筆界特定についての意見を提出しなければならない。

（筆界特定）
第143条　筆界特定登記官は、前条の規定により筆界調査委員の意見が提出されたときは、その意見を踏まえ、登記記録、地図又は地図に準ずる

図面及び登記簿の附属書類の内容、対象土地及び関係土地の地形、地目、面積及び形状並びに工作物、囲障又は境界標の有無その他の状況及びこれらの設置の経緯その他の事情を総合的に考慮して、対象土地の筆界特定をし、その結論及び理由の要旨を記載した筆界特定書を作成しなければならない。
2　筆界特定書においては、図面及び図面上の点の現地における位置を示す方法として法務省令で定めるものにより、筆界特定の内容を表示しなければならない。
3　筆界特定書は、電磁的記録をもって作成することができる。
（筆界特定の通知等）
第144条　筆界特定登記官は、筆界特定をしたときは、遅滞なく、筆界特定の申請人に対し、筆界特定書の写しを交付する方法（筆界特定書が電磁的記録をもって作成されているときは、法務省令で定める方法）により当該筆界特定書の内容を通知するとともに、法務省令で定めるところにより、筆界特定をした旨を公告し、かつ、関係人に通知しなければならない。
2　第133条第2項の規定は、前項の規定による通知について準用する。
（筆界特定手続記録の保管）
第145条　前条第1項の規定により筆界特定の申請人に対する通知がされた場合における筆界特定の手続の記録（以下「筆界特定手続記録」という。）は、対象土地の所在地を管轄する登記所において保管する。

第4節　雑則

（手続費用の負担等）
第146条　筆界特定の手続における測量に要する費用その他の法務省令で定める費用（以下この条において「手続費用」という。）は、筆界特定の申請人の負担とする。
2　筆界特定の申請人が二人ある場合において、その一人が対象土地の一方の土地の所有権登記名義人等であり、他の一人が他方の土地の所有権登記名義人等であるときは、各筆界特定の申請人は、等しい割合で手続費用を負担する。
3　筆界特定の申請人が二人以上ある場合において、その全員が対象土地

の一方の土地の所有権登記名義人等であるときは、各筆界特定の申請人は、その持分（所有権の登記がある一筆の土地にあっては第59条第4号の持分、所有権の登記がない一筆の土地にあっては第27条第3号の持分。次項において同じ。）の割合に応じて手続費用を負担する。

4　筆界特定の申請人が三人以上ある場合において、その一人又は二人以上が対象土地の一方の土地の所有権登記名義人等であり、他の一人又は二人以上が他方の土地の所有権登記名義人等であるときは、対象土地のいずれかの土地の一人の所有権登記名義人等である筆界特定の申請人は、手続費用の2分の1に相当する額を負担し、対象土地のいずれかの土地の二人以上の所有権登記名義人等である各筆界特定の申請人は、手続費用の2分の1に相当する額についてその持分の割合に応じてこれを負担する。

5　筆界特定登記官は、筆界特定の申請人に手続費用の概算額を予納させなければならない。

（筆界確定訴訟における釈明処分の特則）

第147条　筆界特定がされた場合において、当該筆界特定に係る筆界について民事訴訟の手続により筆界の確定を求める訴えが提起されたときは、裁判所は、当該訴えに係る訴訟において、訴訟関係を明瞭にするため、登記官に対し、当該筆界特定に係る筆界特定手続記録の送付を嘱託することができる。民事訴訟の手続により筆界の確定を求める訴えが提起された後、当該訴えに係る筆界について筆界特定がされたときも、同様とする。

（筆界確定訴訟の判決との関係）

第148条　筆界特定がされた場合において、当該筆界特定に係る筆界について民事訴訟の手続により筆界の確定を求める訴えに係る判決が確定したときは、当該筆界特定は、当該判決と抵触する範囲において、その効力を失う。

（筆界特定書等の写しの交付等）

第149条　何人も、登記官に対し、手数料を納付して、筆界特定手続記録のうち筆界特定書又は政令で定める図面の全部又は一部（以下この条及び第153条において「筆界特定書等」という。）の写し（筆界特定書等が電磁的記録をもって作成されているときは、当該記録された情報の内容を

証明した書面）の交付を請求することができる。
2　何人も、登記官に対し、手数料を納付して、筆界特定手続記録（電磁的記録にあっては、記録された情報の内容を法務省令で定める方法により表示したもの）の閲覧を請求することができる。ただし、筆界特定書等以外のものについては、請求人が利害関係を有する部分に限る。
3　第119条第3項及び第4項の規定は、前2項の手数料について準用する。

（法務省令への委任）
第150条　この章に定めるもののほか、筆界特定申請情報の提供の方法、筆界特定手続記録の公開その他の筆界特定の手続に関し必要な事項は、法務省令で定める。

○不動産登記法等の一部を改正する法律（抄）

（平成17年4月13日）
（法　律　第　29　号）

　　　附　則
（不動産登記法の一部改正に伴う経過措置）
第2条　第1条の規定による改正後の不動産登記法（以下この項において「新不動産登記法」という。）第131条第4項において準用する新不動産登記法第18条第1号の規定は、法務局又は地方法務局ごとに同号に規定する方法による筆界特定の申請をすることができる筆界特定の手続（新不動産登記法第6章第2節の規定による筆界特定の手続をいう。以下この項において同じ。）として法務大臣が指定した筆界特定の手続について、その指定の日から適用する。
2　前項の規定による指定は、告示してしなければならない。

○不動産登記令（抄）

（平成16年12月1日　政令第379号）

最終改正　平成17年11月7日政令第337号

（写しの交付を請求することができる図面）

第21条　法第121条第1項の政令で定める図面は、土地所在図、地積測量図、地役権図面、建物図面及び各階平面図とする。

2　法第149条第1項の政令で定める図面は、筆界調査委員が作成した測量図その他の筆界特定の手続において測量又は実地調査に基づいて作成された図面（法第143条第2項の図面を除く。）とする。

○不動産登記規則（抄）

（平成17年2月18日　法務省令第18号）

最終改正　平成18年3月31日法務省令第43号

第5章　筆界特定
第1節　総則

（定義）

第206条　この章において、次の各号に掲げる用語の意義は、それぞれ当該各号に定めるところによる。

一　筆界特定電子申請　法第131条第4項において準用する法第18条第1号の規定による電子情報処理組織を使用する方法による筆界特定の申請をいう。

二　筆界特定書面申請　法第131条第4項において準用する法第18条第2号の規定により次号の筆界特定申請書を法務局又は地方法務局に提出する方法による筆界特定の申請をいう。

三　筆界特定申請書　筆界特定申請情報を記載した書面をいい、法第131条第4項において準用する法第18条第2号の磁気ディスクを含む。

四　筆界特定添付情報　第209条第1項各号に掲げる情報をいう。
五　筆界特定添付書面　筆界特定添付情報を記載した書面をいい、筆界特定添付情報を記録した磁気ディスクを含む。

第2節　筆界特定の手続
第1款　筆界特定の申請
（筆界特定申請情報）
第207条　法第131条第2項第4号に掲げる事項として明らかにすべきものは、筆界特定の申請に至る経緯その他の具体的な事情とする。
2　法第131条第2項第5号の法務省令で定める事項は、次に掲げる事項とする。
　一　筆界特定の申請人（以下この章において単に「申請人」という。）が法人であるときは、その代表者の氏名
　二　代理人によって筆界特定の申請をするときは、当該代理人の氏名又は名称及び住所並びに代理人が法人であるときはその代表者の氏名
　三　申請人が所有権の登記名義人又は表題部所有者の相続人その他の一般承継人であるときは、その旨及び所有権の登記名義人又は表題部所有者の氏名又は名称及び住所
　四　申請人が一筆の土地の一部の所有権を取得した者であるときは、その旨
　五　対象土地が表題登記がない土地であるときは、当該土地を特定するに足りる事項
　六　工作物、囲障又は境界標の有無その他の対象土地の状況
3　筆界特定の申請においては、法第131条第2項第1号から第4号まで及び前項各号に掲げる事項のほか、次に掲げる事項を筆界特定申請情報の内容とするものとする。
　一　申請人又は代理人の電話番号その他の連絡先
　二　関係土地に係る不動産所在事項又は不動産番号（表題登記がない土地にあっては、法第34条第1項第1号に掲げる事項及び当該土地を特定するに足りる事項）
　三　関係人の氏名又は名称及び住所その他の連絡先
　四　工作物、囲障又は境界標の有無その他の関係土地の状況

五　申請人が対象土地の筆界として特定の線を主張するときは、その線及びその根拠
　六　対象土地の所有権登記名義人等であって申請人以外のものが対象土地の筆界として特定の線を主張しているときは、その線
　七　申請に係る筆界について民事訴訟の手続により筆界の確定を求める訴えに係る訴訟（以下「筆界確定訴訟」という。）が係属しているときは、その旨及び事件の表示その他これを特定するに足りる事項
　八　筆界特定添付情報の表示
　九　法第139条第１項の規定により提出する意見又は資料があるときは、その表示
　十　筆界特定の申請の年月日
　十一　法務局又は地方法務局の表示
4　第２項第５号及び第６号並びに前項第２号（表題登記がない土地を特定するに足りる事項に係る部分に限る。）及び第４号から第６号までに掲げる事項を筆界特定申請情報の内容とするに当たっては、図面を利用する等の方法により、現地の状況及び筆界として主張されている線の位置を具体的に明示するものとする。

（一の申請情報による複数の申請）
第208条　対象土地の一を共通にする複数の筆界特定の申請は、一の筆界特定申請情報によってすることができる。

（筆界特定添付情報）
第209条　筆界特定の申請をする場合には、次に掲げる情報を法務局又は地方法務局に提供しなければならない。
　一　申請人が法人であるとき（筆界特定の申請を受ける法務局又は地方法務局が、当該法人の登記を受けた登記所であり、かつ、特定登記所（第36条第１項及び第２項の規定により法務大臣が指定した登記所をいう。以下同じ。）に該当しない場合及び支配人その他の法令の規定により筆界特定の申請をすることができる法人の代理人が、当該法人を代理して筆界特定の申請をする場合を除く。）は、当該法人の代表者の資格を証する情報
　二　代理人によって筆界特定の申請をするとき（当該代理人が支配人その他の法令の規定により筆界特定の申請をすることができる法人の代

理人である場合であって、当該申請を受ける法務局又は地方法務局が、当該法人についての当該代理人の登記を受けた登記所であり、かつ、特定登記所に該当しないときを除く。）は、当該代理人の権限を証する情報
三　申請人が所有権の登記名義人又は表題部所有者の相続人その他の一般承継人であるときは、相続その他の一般承継があったことを証する市町村長、登記官その他の公務員が職務上作成した情報（公務員が職務上作成した情報がない場合にあっては、これに代わるべき情報）
四　申請人が表題登記がない土地の所有者であるときは、当該申請人が当該土地の所有権を有することを証する情報
五　申請人が一筆の土地の一部の所有権を取得した者であるときは、当該申請人が当該一筆の土地の一部について所有権を取得したことを証する情報
六　申請人が所有権の登記名義人若しくは表題部所有者又はその相続人その他の一般承継人である場合において、筆界特定申請情報の内容である所有権の登記名義人又は表題部所有者の氏名若しくは名称又は住所が登記記録と合致しないときは、当該所有権の登記名義人又は表題部所有者の氏名若しくは名称又は住所についての変更又は錯誤若しくは遺漏があったことを証する市町村長、登記官その他の公務員が職務上作成した情報（公務員が職務上作成した情報がない場合にあっては、これに代わるべき情報）
2　前項第1号及び第2号の規定は、国の機関の所管に属する土地について命令又は規則により指定された官庁又は公署の職員が筆界特定の申請をする場合には、適用しない。

（筆界特定電子申請の方法）
第210条　筆界特定電子申請における筆界特定申請情報及び筆界特定添付情報は、法務大臣の定めるところにより送信しなければならない。ただし、筆界特定添付情報の送信に代えて、法務局又は地方法務局に筆界特定添付書面を提出することを妨げない。
2　前項ただし書の場合には、筆界特定添付書面を法務局又は地方法務局に提出する旨を筆界特定申請情報の内容とする。

3 令第12条第1項の規定は筆界特定電子申請において筆界特定申請情報を送信する場合について、同条第2項の規定は筆界特定電子申請において送信する場合における筆界特定添付情報について、令第14条の規定は筆界特定電子申請において電子署名が行われている情報を送信する場合について、それぞれ準用する。

4 第42条の規定は前項において準用する令第12条第1項及び第2項の電子署名について、第43条第2項の規定は前項において準用する令第14条の法務省令で定める電子証明書について、第44条第2項及び第3項の規定は筆界特定電子申請をする場合について、それぞれ準用する。

（筆界特定書面申請の方法等）
第211条　筆界特定書面申請をするときは、筆界特定申請書に筆界特定添付書面を添付して提出しなければならない。

2 申請人又はその代表者若しくは代理人は、筆界特定申請書（筆界特定申請情報の全部を記録した磁気ディスクを除く。）に署名し、又は記名押印しなければならない。

3 第209条第1項第1号及び第2号に掲げる情報を記載した書面であって、市町村長、登記官その他の公務員が職務上作成したものは、作成後3月以内のものでなければならない。ただし、官庁又は公署が筆界特定の申請をする場合は、この限りでない。

4 委任による代理人によって筆界特定の申請をする場合には、申請人又はその代表者は、委任状に署名し、又は記名押印しなければならない。復代理人によって申請する場合における代理人についても、同様とする。

5 令第12条第1項の規定は筆界特定申請情報の全部を記録した磁気ディスクを提出する方法により筆界特定の申請をする場合について、同条第2項の規定は磁気ディスクに記録された筆界特定添付情報について、令第14条の規定は筆界特定申請情報の全部又は筆界特定添付情報を記録した磁気ディスクを提出する場合について、それぞれ準用する。

6 第45条並びに第46条第1項及び第2項の規定は筆界特定申請書（筆界特定申請情報の全部を記録した磁気ディスクを除く。）について、第51条の規定は筆界特定申請情報を記録した磁気ディスクを提出する方法による筆界特定の申請について、第52条の規定は筆界特定添付情報を記録し

た磁気ディスクについて、それぞれ準用する。この場合において、第51条第7項及び第8項中「令第16条第5項」とあるのは「第211条第5項」と、第52条第1項中「令第15条の添付情報を記録した磁気ディスク」とあるのは「筆界特定添付情報を記録した磁気ディスク」と、同条第2項中「令第15条後段において準用する令第14条の電子証明書」とあるのは「筆界特定添付情報を記録した磁気ディスクに記録すべき電子証明書」と読み替えるものとする。

7　筆界特定書面申請は、対象土地の所在地を管轄する登記所を経由してすることができる。

（筆界特定申請書等の送付方法）

第212条　筆界特定の申請をしようとする者が筆界特定申請書又は筆界特定添付書面を送付するときは、書留郵便又は信書便事業者による信書便の役務であって当該信書便事業者において引受け及び配達の記録を行うものによるものとする。

2　前項の場合には、筆界特定申請書又は筆界特定添付書面を入れた封筒の表面に筆界特定申請書又は筆界特定添付書面が在中する旨を明記するものとする。

（筆界特定添付書面の原本の還付請求）

第213条　申請人は、筆界特定添付書面（磁気ディスクを除く。）の原本の還付を請求することができる。ただし、当該筆界特定の申請のためにのみ作成された委任状その他の書面については、この限りでない。

2　前項本文の規定により原本の還付を請求する申請人は、原本と相違ない旨を記載した謄本を提出しなければならない。

3　筆界特定登記官は、第1項本文の規定による請求があった場合には、却下事由の有無についての調査完了後、当該請求に係る書面の原本を還付しなければならない。この場合には、前項の謄本と当該請求に係る書面の原本を照合し、これらの内容が同一であることを確認した上、同項の謄本に原本還付の旨を記載し、これに登記官印を押印しなければならない。

4　前項前段の規定にかかわらず、筆界特定登記官は、偽造された書面その他の不正な筆界特定の申請のために用いられた疑いがある書面につい

ては、これを還付することができない。

　　　　第2款　筆界特定の申請の受付等
（筆界特定の申請の受付）
第214条　筆界特定登記官は、法第131条第4項において読み替えて準用する法第18条の規定により筆界特定申請情報が提供されたときは、当該筆界特定申請情報に係る筆界特定の申請の受付をしなければならない。
2　筆界特定登記官は、筆界特定の申請の受付をしたときは、当該筆界特定の申請に手続番号を付さなければならない。
（管轄区域がまたがる場合の移送等）
第215条　第40条第1項及び第2項の規定は、法第124条第2項において読み替えて準用する法第6条第3項の規定に従って筆界特定の申請がされた場合について準用する。
（補正）
第216条　筆界特定登記官は、筆界特定の申請の補正をすることができる期間を定めたときは、当該期間内は、当該補正すべき事項に係る不備を理由に当該申請を却下することができない。
（公告及び通知の方法）
第217条　法第133条第1項の規定による公告は、法務局若しくは地方法務局の掲示場その他法務局若しくは地方法務局内の公衆の見やすい場所に掲示して行う方法又は法務局若しくは地方法務局の使用に係る電子計算機に備えられたファイルに記録された情報の内容を電気通信回線を通じて情報の提供を受ける者の閲覧に供し、当該情報の提供を受ける者の使用に係る電子計算機に備えられたファイルに当該情報を記録する方法であってインターネットに接続された自動公衆送信装置を使用する方法により2週間行うものとする。
2　法第133条第1項の規定による通知は、郵便、信書便その他適宜の方法によりするものとする。
3　前項の通知は、関係人が法第139条の定めるところにより筆界特定に関し意見又は図面その他の資料を提出することができる旨を明らかにしてしなければならない。

第3款　意見又は資料の提出

（意見又は資料の提出）

第218条　法第139条第1項の規定による意見又は資料の提出は、次に掲げる事項を明らかにしてしなければならない。
　一　手続番号
　二　意見又は資料を提出する者の氏名又は名称
　三　意見又は資料を提出する者が法人であるときは、その代表者の氏名
　四　代理人によって意見又は資料を提出するときは、当該代理人の氏名又は名称及び代理人が法人であるときはその代表者の氏名
　五　提出の年月日
　六　法務局又は地方法務局の表示
2　法第139条第1項の規定による資料の提出は、前項各号に掲げる事項のほか、次に掲げる事項を明らかにしてしなければならない。
　一　資料の表示
　二　作成者及びその作成年月日
　三　写真又はビデオテープ（これらに準ずる方法により一定の事項を記録することができる物を含む。）にあっては、撮影、録画等の対象並びに日時及び場所
　四　当該資料の提出の趣旨

（情報通信の技術を利用する方法）

第219条　法第139条第2項の法務省令で定める方法は、次に掲げる方法とする。
　一　法務大臣の定めるところにより電子情報処理組織を使用して情報を送信する方法
　二　法務大臣の定めるところにより情報を記録した磁気ディスクその他の電磁的記録を提出する方法
　三　前2号に掲げるもののほか、筆界特定登記官が相当と認める方法

（書面の提出方法）

第220条　申請人又は関係人は、法第139条第1項の規定による意見又は資料の提出を書面でするときは、当該書面の写し3部を提出しなければならない。

2　筆界特定登記官は、必要と認めるときは、前項の規定により書面の写しを提出した申請人又は関係人に対し、その原本の提示を求めることができる。
（資料の還付請求）
第221条　法第139条第1項の規定により資料（第219条各号に掲げる方法によって提出したものを除く。以下この条において同じ。）を提出した申請人又は関係人は、当該資料の還付を請求することができる。
2　筆界特定登記官は、前項の規定による請求があった場合において、当該請求に係る資料を筆界特定をするために留め置く必要がなくなったと認めるときは、速やかに、これを還付するものとする。

　　　　第4款　意見聴取等の期日
（意見聴取等の期日の場所）
第222条　法第140条第1項の期日（以下「意見聴取等の期日」という。）は、法務局又は地方法務局、対象土地の所在地を管轄する登記所その他筆界特定登記官が適当と認める場所において開く。
（意見聴取等の期日の通知）
第223条　法第140条第1項の規定による通知は、申請人及び関係人が同項の定めるところにより対象土地の筆界について意見を述べ、又は資料を提出することができる旨を明らかにしてしなければならない。
2　第217条第2項の規定は、前項の通知について準用する。
（意見聴取等の期日における筆界特定登記官の権限）
第224条　筆界特定登記官は、意見聴取等の期日において、発言を許し、又はその指示に従わない者の発言を禁ずることができる。
2　筆界特定登記官は、意見聴取等の期日の秩序を維持するため必要があるときは、その秩序を妨げ、又は不穏な言動をする者を退去させることができる。
3　筆界特定登記官は、適当と認める者に意見聴取等の期日の傍聴を許すことができる。
（意見聴取等の期日における資料の提出）
第225条　第218条、第220条及び第221条の規定は、意見聴取等の期日において申請人又は関係人が資料を提出する場合について準用する。

（意見聴取等の期日の調書）
第226条　法第140条第4項の調書には、次に掲げる事項を記録するものとする。
　一　手続番号
　二　筆界特定登記官及び筆界調査委員の氏名
　三　出頭した申請人、関係人、参考人及び代理人の氏名
　四　意見聴取等の期日の日時及び場所
　五　意見聴取等の期日において行われた手続の要領（陳述の要旨を含む。）
　六　その他筆界特定登記官が必要と認める事項
2　筆界特定登記官は、前項の規定にかかわらず、申請人、関係人又は参考人の陳述をビデオテープその他の適当と認める記録用の媒体に記録し、これをもって調書の記録に代えることができる。
3　意見聴取等の期日の調書には、書面、写真、ビデオテープその他筆界特定登記官において適当と認めるものを引用し、筆界特定手続記録に添付して調書の一部とすることができる。

第5款　調書等の閲覧

（調書等の閲覧）
第227条　申請人又は関係人は、法第141条第1項の規定により調書又は資料の閲覧の請求をするときは、次に掲げる事項に係る情報を提供しなければならない。
　一　手続番号
　二　請求人の氏名又は名称及び住所並びに申請人又は関係人の別
　三　請求人が法人であるときは、その代表者の氏名
　四　代理人によって請求するときは、当該代理人の氏名又は名称及び住所並びに代理人が法人であるときはその代表者の氏名
2　前項の閲覧の請求をするときは、請求人が請求権限を有することを証する書面を提示しなければならない。
3　第1項の閲覧の請求を代理人によってするときは、当該代理人の権限を証する書面を提示しなければならない。
4　第1項の閲覧の請求をする場合において、請求人が法人であるときは、

当該法人の代表者の資格を証する書面を提示しなければならない。ただし、当該請求を受ける法務局又は地方法務局が、当該法人の登記を受けた登記所であり、かつ、特定登記所に該当しないときは、この限りでない。
5　第１項の閲覧の請求は、同項の情報を記載した書面を法務局又は地方法務局に提出する方法によりしなければならない。
（調書等の閲覧の方法）
第228条　法第141条第１項の規定による調書又は資料の閲覧は、筆界特定登記官又はその指定する職員の面前でさせるものとする。
2　法第141条第１項の法務省令で定める方法は、電磁的記録に記録された情報の内容を書面に出力して表示する方法その他の筆界特定登記官が適当と認める方法とする。

　　　　第３節　筆界特定
（筆界調査委員の調査の報告）
第229条　筆界特定登記官は、筆界調査委員に対し、法第135条の規定による事実の調査の経過又は結果その他必要な事項について報告を求めることができる。
（筆界調査委員の意見の提出の方式）
第230条　法第142条の規定による意見の提出は、書面又は電磁的記録をもってするものとする。
（筆界特定書の記録事項等）
第231条　筆界特定書には、次に掲げる事項を記録するものとする。
　一　手続番号
　二　対象土地に係る不動産所在事項及び不動産番号（表題登記がない土地にあっては、法第34条第１項第１号に掲げる事項及び当該土地を特定するに足りる事項）
　三　結論
　四　理由の要旨
　五　申請人の氏名又は名称及び住所
　六　申請人の代理人があるときは、その氏名又は名称
　七　筆界調査委員の氏名

八　筆界特定登記官の所属する法務局又は地方法務局の表示
2　筆界特定登記官は、書面をもって筆界特定書を作成するときは、筆界特定書に職氏名を記載し、職印を押印しなければならない。
3　筆界特定登記官は、電磁的記録をもって筆界特定書を作成するときは、筆界特定登記官を明らかにするための措置であって法務大臣が定めるものを講じなければならない。
4　法第143条第2項の図面には、次に掲げる事項を記録するものとする。
　　一　地番区域の名称
　　二　方位
　　三　縮尺
　　四　対象土地及び関係土地の地番
　　五　筆界特定の対象となる筆界又はその位置の範囲
　　六　筆界特定の対象となる筆界に係る筆界点（筆界の位置の範囲を特定するときは、その範囲を構成する各点。次項において同じ。）間の距離
　　七　境界標があるときは、当該境界標の表示
5　法第143条第2項の図面上の点の現地における位置を示す方法として法務省令で定めるものは、基本三角点等に基づく測量の成果による筆界点の座標値（近傍に基本三角点等が存しない場合その他の基本三角点等に基づく測量ができない特別の事情がある場合にあっては、近傍の恒久的な地物に基づく測量の成果による筆界点の座標値）とする。
6　第10条第4項並びに第77条第2項及び第3項の規定は、法第143条第2項の図面について準用する。この場合において、第77条第2項中「前項第8号」とあるのは「第231条第4項第7号」と読み替えるものとする。
（筆界特定の公告及び通知）
第232条　筆界特定登記官は、法第144条第1項の筆界特定書の写しを作成するときは、筆界特定書の写しである旨の認証文を付した上で、作成の年月日及び職氏名を記載し、職印を押印しなければならない。
2　法第144条第1項の法務省令で定める方法は、電磁的記録をもって作成された筆界特定書の内容を証明した書面を交付する方法とする。
3　筆界特定登記官は、前項の書面を作成するときは、電磁的記録をもって作成された筆界特定書を書面に出力し、これに筆界特定書に記録されている内容を証明した書面である旨の認証文を付した上で、作成の年月

日及び職氏名を記載し、職印を押印しなければならない。
4　法第144条第1項の規定による筆界特定書の写し（第2項の書面を含む。）の交付は、送付の方法によりすることができる。
5　第217条第1項の規定は法第144条第1項の規定による公告について、第217条第2項の規定は法第144条第1項の規定による関係人に対する通知について、それぞれ準用する。

第4節　筆界特定手続記録の保管
（筆界特定手続記録の送付）
第233条　筆界特定登記官は、筆界特定の手続が終了したときは、遅滞なく、対象土地の所在地を管轄する登記所に筆界特定手続記録を送付しなければならない。
2　対象土地が2以上の法務局又は地方法務局の管轄区域にまたがる場合には、前項の規定による送付は、法第124条第2項において読み替えて準用する法第6条第2項の規定により法務大臣又は法務局の長が指定した法務局又は地方法務局の管轄区域内にある登記所であって対象土地の所在地を管轄するものに対してするものとする。この場合には、筆界特定登記官は、当該2以上の法務局又は地方法務局のうち法務大臣又は法務局の長が指定した法務局又は地方法務局以外の法務局又は地方法務局の管轄区域内にある登記所であって対象土地の所在地を管轄するものに筆界特定書等の写し（筆界特定書等が電磁的記録をもって作成されているときは、その内容を書面に出力したもの。次項及び次条において同じ。）を送付しなければならない。
3　対象土地が2以上の登記所の管轄区域にまたがる場合（前項に規定する場合を除く。）には、第1項の規定による送付は、法務局又は地方法務局の長が指定する登記所に対してするものとする。この場合には、筆界特定登記官は、当該2以上の登記所のうち法務局又は地方法務局の長が指定した登記所以外の登記所に筆界特定書等の写しを送付しなければならない。

（登記記録への記録）
第234条　筆界特定がされた筆界特定手続記録又は筆界特定書等の写しの送付を受けた登記所の登記官は、対象土地の登記記録に、筆界特定がさ

れた旨を記録しなければならない。
（筆界特定手続記録の保存期間）
第235条　次の各号に掲げる情報の保存期間は、当該各号に定めるとおりとする。
　一　筆界特定書に記載され、又は記録された情報　永久
　二　筆界特定書以外の筆界特定手続記録に記載され、又は記録された情報　対象土地の所在地を管轄する登記所が第233条の規定により筆界特定手続記録の送付を受けた年の翌年から10年間
2　筆界特定手続記録の全部又は一部が電磁的記録をもって作成されているときは、当該電磁的記録に記録された情報の保存は、当該情報の内容を書面に出力したものを保存する方法によってすることができる。
3　筆界特定手続記録の全部又は一部が書面をもって作成されているときは、当該書面に記録された情報の保存は、当該情報の内容を記録した電磁的記録を保存する方法によってすることができる。
（準用）
第236条　第29条から第32条までの規定（同条第2項を除く。）は、筆界特定手続記録について準用する。この場合において、第29条中「登記に関する電磁的記録、帳簿又は書類」とあり、第30条第1項中「登記記録又は地図等」とあり、同条第3項中「登記記録、地図等又は登記簿の附属書類」とあり、第31条第1項中「登記簿、地図等及び登記簿の附属書類」とあり、同条第2項中「登記簿の附属書類」とあり、及び同条第3項中「登記簿、地図等又は登記簿の附属書類」とあるのは「筆界特定手続記録」と、第32条第1項中「当該不動産の登記記録（共同担保目録及び信託目録を含む。次項において同じ。）並びに地図等及び登記簿の附属書類（電磁的記録に記録されている地図等及び登記簿の附属書類を含む。）」とあるのは「当該不動産に係る筆界特定手続記録」と読み替えるものとする。
（筆界確定訴訟の確定判決があった場合の取扱い）
第237条　登記官は、その保管する筆界特定手続記録に係る筆界特定がされた筆界について、筆界確定訴訟の判決（訴えを不適法として却下したものを除く。以下本条において同じ。）が確定したときは、当該筆界確定訴訟の判決が確定した旨及び当該筆界確定訴訟に係る事件を特定するに

足りる事項を当該筆界特定に係る筆界特定書に明らかにすることができる。

　　　第5節　筆界特定書等の写しの交付等
（筆界特定書等の写しの交付の請求情報等）
第238条　法第149条第1項の規定により筆界特定書等の写し（筆界特定書等が電磁的記録をもって作成されている場合における当該記録された情報の内容を証明した書面を含む。以下同じ。）の交付の請求をするときは、次に掲げる事項を内容とする情報（以下この節において「請求情報」という。）を提供しなければならない。筆界特定手続記録の閲覧の請求をするときも、同様とする。
　一　請求人の氏名又は名称
　二　手続番号
　三　交付の請求をするときは、請求に係る書面の通数
　四　筆界特定書等の一部の写しの交付の請求をするときは、請求する部分
2　法第149条第2項の規定により筆界特定書等以外の筆界特定手続記録の閲覧の請求をするときは、前項第1号及び第2号に掲げる事項のほか、次に掲げる事項を請求情報の内容とする。
　一　請求人の住所
　二　請求人が法人であるときは、その代表者の氏名
　三　代理人によって請求するときは、当該代理人の氏名又は名称及び住所並びに代理人が法人であるときはその代表者の氏名
　四　法第149条第2項ただし書の利害関係を有する理由及び閲覧する部分
3　前項の閲覧の請求をするときは、同項第4号の利害関係がある理由を証する書面を提示しなければならない。
4　第2項の閲覧の請求を代理人によってするときは、当該代理人の権限を証する書面を提示しなければならない。
5　第2項の閲覧の請求をする場合において、請求人が法人であるときは、当該法人の代表者の資格を証する書面を提示しなければならない。ただし、請求を受ける登記所が、当該法人の登記を受けた登記所と同一であ

り、かつ、特定登記所に該当しない場合は、この限りでない。
（筆界特定書等の写しの交付の請求方法等）
第239条 前条第１項の交付の請求又は同項若しくは同条第２項の閲覧の請求は、請求情報を記載した書面を登記所に提出する方法によりしなければならない。
2 　送付の方法による筆界特定書等の写しの交付の請求は、前項の方法のほか、法務大臣の定めるところにより、請求情報を電子情報処理組織を使用して登記所に提供する方法によりすることができる。この場合には、送付先の住所をも請求情報の内容とする。
3 　法第149条第３項において準用する法第119条第４項ただし書の法務省令で定める方法は、前項に規定する方法とする。
（筆界特定書等の写しの作成及び交付）
第240条　登記官は、筆界特定書等の写しを作成するとき（次項に規定する場合を除く。）は、筆界特定書等の全部又は一部の写しである旨の認証文を付した上で、作成の年月日及び職氏名を記載し、職印を押印しなければならない。
2 　登記官は、筆界特定書等が電磁的記録をもって作成されている場合において、筆界特定書等の写しを作成するときは、電磁的記録に記録された筆界特定書等を書面に出力し、これに筆界特定書等に記録されている内容を証明した書面である旨の認証文を付した上で、作成の年月日及び職氏名を記載し、職印を押印しなければならない。
3 　筆界特定書等の写しの交付は、請求人の申出により、送付の方法によりすることができる。この場合には、送付先の住所をも請求情報の内容とする。
（準用）
第241条　第202条の規定は筆界特定手続記録の閲覧について、第203条第１項の規定は法第149条第１項及び第２項の手数料を登記印紙をもって納付するときについて、第204条の規定は請求情報を記載した書面を登記所に提出する方法により第238条第１項の交付の請求をする場合において前条第３項の規定による申出をするときについて、第205条第２項の規定は第239条第２項に規定する方法により筆界特定書等の写しの交付の請求をする場合において手数料を納付するときについて、それぞれ

準用する。この場合において、第202条第2項中「法第120条第2項及び第121条第2項」とあるのは「法第149条第2項」と、第203条第1項中「法第119条第1項及び第2項、第120条第1項及び第2項並びに第121条第1項及び第2項」とあるのは「法第149条第1項及び第2項」と、第204条第1項中「第193条第1項」とあるのは「第238条第1項」と、「第197条第6項（第200条第3項及び第201条第3項において準用する場合を含む。）」とあるのは「第240条第3項」と読み替えるものとする。

第6節　雑則

（手続費用）

第242条　法第146条第1項の法務省令で定める費用は、筆界特定登記官が相当と認める者に命じて行わせた測量、鑑定その他専門的な知見を要する行為について、その者に支給すべき報酬及び費用の額として筆界特定登記官が相当と認めたものとする。

（代理人等）

第243条　関係人が法人である場合（筆界特定の事務をつかさどる法務局又は地方法務局が、当該法人の登記を受けた登記所であり、かつ、特定登記所に該当しない場合及び支配人その他の法令の規定により筆界特定の手続において行為をすることができる法人の代理人が、当該法人を代理して筆界特定の手続において行為をする場合を除く。）において、当該関係人が筆界特定の手続において意見の提出その他の行為をするときは、当該法人の代表者の資格を証する情報を法務局又は地方法務局に提供しなければならない。

2　筆界特定の申請がされた後、申請人又は関係人が代理人を選任したとき（当該代理人が支配人その他の法令の規定により筆界特定の手続において行為をすることができる法人の代理人である場合であって、当該申請を受ける法務局又は地方法務局が、当該法人についての当該代理人の登記を受けた登記所であり、かつ、特定登記所に該当しないときを除く。）は、当該申請人又は関係人は、当該代理人の権限を証する情報を法務局又は地方法務局に提供しなければならない。

（申請の却下）

第244条　筆界特定登記官は、法第132条第1項の規定により筆界特定の申

請を却下するときは、決定書を作成し、これを申請人に交付しなければならない。
2　前項の規定による交付は、当該決定書を送付する方法によりすることができる。
3　筆界特定登記官は、申請を却下したときは、筆界特定添付書面を還付するものとする。ただし、偽造された書面その他の不正な申請のために用いられた疑いがある書面については、この限りでない。
4　筆界特定登記官は、法第133条第1項の規定による公告をした後に筆界特定の申請を却下したときは、その旨を公告しなければならない。第217条第1項の規定は、この場合における公告について準用する。
5　筆界特定登記官は、法第133条第1項の規定による通知をした後に筆界特定の申請を却下したときは、その旨を当該通知に係る関係人に通知しなければならない。同条第2項及び第217条第2項の規定は、この場合における通知について準用する。

（申請の取下げ）
第245条　筆界特定の申請の取下げは、次の各号に掲げる申請の区分に応じ、当該各号に定める方法によってしなければならない。
　一　筆界特定電子申請　法務大臣の定めるところにより電子情報処理組織を使用して申請を取り下げる旨の情報を筆界特定登記官に提供する方法
　二　筆界特定書面申請　申請を取り下げる旨の情報を記載した書面を筆界特定登記官に提出する方法
2　筆界特定の申請の取下げは、法第144条第1項の規定により申請人に対する通知を発送した後は、することができない。
3　筆界特定登記官は、筆界特定の申請の取下げがあったときは、筆界特定添付書面を還付するものとする。前条第3項ただし書の規定は、この場合について準用する。
4　筆界特定登記官は、法第133条第1項の規定による公告をした後に筆界特定の申請の取下げがあったときは、その旨を公告しなければならない。第217条第1項の規定は、この場合における公告について準用する。
5　筆界特定登記官は、法第133条第1項の規定による通知をした後に筆界特定の申請の取下げがあったときは、その旨を当該通知に係る関係人

に通知しなければならない。同条第2項及び第217条第2項の規定は、この場合における通知について準用する。

（筆界特定書の更正）
第246条 筆界特定書に誤記その他これに類する明白な誤りがあるときは、筆界特定登記官は、いつでも、当該筆界特定登記官を監督する法務局又は地方法務局の長の許可を得て、更正することができる。
2　筆界特定登記官は、筆界特定書を更正したときは、申請人に対し、更正の内容を通知するとともに、更正した旨を公告し、かつ、関係人に通知しなければならない。法第133条第2項及びこの省令第217条第2項の規定はこの場合における通知について、同条第1項の規定はこの場合における公告について、それぞれ準用する。

○登記手数料令（抄）

(昭和24年5月31日)
(政　令　第　140　号)

最終改正　平成18年3月15日政令第38号

第8条　不動産登記法第131条第1項の規定による筆界特定の申請についての手数料は、1件につき、対象土地の価額として法務省令で定める方法により算定される額の合計額の2分の1に相当する額に筆界特定によつて通常得られることとなる利益の割合として法務省令で定める割合を乗じて得た額を基礎とし、その額に応じて、次の表の上欄に掲げる区分に従い同表の下欄に定めるところにより算出して得た額とする。

上　欄	下　欄
基礎となる額が100万円までの部分	その額10万円までごとに　800円
基礎となる額が100万円を超え500万円までの部分	その額20万円までごとに　800円

基礎となる額が500万円を超え1,000万円までの部分	その額50万円までごとに　1,600円
基礎となる額が1,000万円を超え10億円までの部分	その額100万円までごとに　2,400円
基礎となる額が10億円を超え50億円までの部分	その額500万円までごとに　8,000円
基礎となる額が50億円を超える部分	その額1,000万円までごとに8,000円

2　前項の規定にかかわらず、同一の筆界に係る2以上の筆界特定の申請が一の手続においてされたときは、当該2以上の筆界特定の申請を一の筆界特定の申請とみなして、同項の規定を適用する。

3　不動産登記法第133条第1項の規定による公告又は通知がされる前に、筆界特定の申請（前項に規定する場合にあつては、そのすべての筆界特定の申請）が取り下げられ、又は却下された場合には、筆界特定登記官は、筆界特定の申請人（次項において「申請人」という。）の請求により、納付された手数料の額から納付すべき手数料の額の2分の1の額を控除した金額の金銭を還付しなければならない。

4　前項の請求は、一の手数料に係る筆界特定の申請の申請人が2人以上ある場合には、当該各申請人がすることができる。

5　第3項の請求は、その請求をすることができる事由が生じた日から5年以内にしなければならない。

第9条　筆界特定書の全部又は一部の写し（筆界特定書が電磁的記録をもつて作成されているときは、当該記録された情報の内容を証明した書面）の交付についての手数料は、1通につき1,000円とする。ただし、1通の枚数が10枚を超えるものについては、1,000円にその超える枚数5枚までごとに200円を加算した額とする。

2　筆界特定の手続において測量又は実地調査に基づいて作成された図面（不動産登記法第143条第2項の図面を除く。）の全部又は一部の写し（当該図面が電磁的記録をもつて作成されているときは、当該記録された情

報の内容を証明した書面)の交付についての手数料は、1図面につき500円とする。
3 筆界特定手続記録(電磁的記録にあつては、記録された情報の内容を法務省令で定める方法により表示したもの)の閲覧についての手数料は、1手続に関する記録につき500円とする。

○筆界特定申請手数料規則(抄)

(平成17年11月11日)
(法務省令第105号)

最終改正 平成18年2月3日法務省令第9号

(対象土地の価額の算定方法等)
第1条 登記手数料令(以下「令」という。)第8条第1項の法務省令で定める方法は、地方税法(昭和25年法律第226号)第341条第9号に掲げる固定資産課税台帳(以下「課税台帳」という。)に登録された価格のある土地については、次の各号に掲げる当該土地に係る筆界特定の申請の日の属する日の区分に応じ当該各号に掲げる金額に相当する価額による方法とし、課税台帳に登録された価格のない土地については、当該土地に係る筆界特定の申請の日において当該土地に類似する土地で課税台帳に登録された価格のあるものの次の各号に掲げる当該申請の日の区分に応じ当該各号に掲げる金額を基礎として筆界特定登記官が認定した価額による方法とする。
一 筆界特定の申請の日がその年の1月1日から3月31日までの期間内であるもの その年の前年12月31日現在において課税台帳に登録された当該土地の価格に100分の100を乗じて計算した金額
二 筆界特定の申請の日がその年の4月1日から12月31日までの期間内であるもの その年の1月1日現在において課税台帳に登録された当該土地の価格に100分の100を乗じて計算した金額
2 令第8条第1項の法務省令で定める割合は、100分の5とする。

（納付の方法）
第２条　不動産登記法（平成16年法律第123号）第131条第１項の規定による筆界特定の申請についての手数料（以下単に「手数料」という。）の納付は、収入印紙をもってしなければならない。ただし、筆界特定電子申請（不動産登記規則（平成17年法務省令第18号）第206条第１号の筆界特定電子申請をいう。以下同じ。）をするときは、現金をもってすることができる。
２　手数料を収入印紙をもって納付するときは、筆界特定申請情報を記載した書面（筆界特定電子申請をする場合又は筆界特定申請情報の全部を記録した磁気ディスクを提出する方法により筆界特定書面申請（不動産登記規則第206条第２号の筆界特定書面申請をいう。）をする場合にあっては、筆界特定登記官の定める書類）に納付すべき手数料の額に相当する金額の収入印紙をはり付けてしなければならない。
３　手数料を現金をもって納付するときは、筆界特定登記官から得た納付情報により納付する方法によってしなければならない。

○参考書式

筆界特定申請書

平成18年○月○日＊1

○○法務局＊2　筆界特定登記官　殿

申請の趣旨＊3
後記1記載の甲地と乙地との筆界について、筆界の特定を求める。

申請人及び代理人の表示
　申請人＊4　　　P市□□町一丁目2番3号　　甲　野　太　郎
　申請人代理人＊5　○○市○○町○丁目○番○号
　　　　　　　　　○○○○○＊6　　法　務　春　子　㊞＊7
　　　　　　　　　　　　　　　　電　話　000-0000-000＊8
　　　　　　　　　　　　　　　　FAX　　000-0000-000

筆界特定添付書面等の表示＊9
　　　□資格証明書　　■代理権限証書　　□相続証明書
　　　□承継証明書　　□所有権（一部）取得証明書
　　　□氏名変更（更正）証明書　　□住所変更（更正）証明書
　　　■固定資産評価証明書＊10　　■現地案内図
　　　■手数料計算書　　□その他（　　　　　　　　）

1 対象土地及び対象土地に係る所有権登記名義人等の表示＊11

甲地

　　不動産番号　　12345〇〇〇〇〇〇〇〇
　　所　　在　　　Ｐ市△△町一丁目
　　地　　番　　　〇番の2
　　地　　目　　　宅地
　　地　　積　　　〇〇．〇〇平米
　　所有権登記名義人等　　Ｐ市□□町一丁目〇番6号
　　　　　　　　　　　　　　申請人　甲　野　太　郎
　　価　　格　　　金〇〇〇〇〇円

乙地

　　不動産番号　　23456〇〇〇〇〇〇〇〇
　　所　　在　　　Ｐ市△△町一丁目
　　地　　番　　　〇番の3
　　地　　目　　　宅地
　　地　　積　　　〇〇．〇〇平米
　　所有権登記名義人等　　Ｐ市□□町四丁目〇番3号
　　　　　　　　　　　　　　関係人　乙　山　一　郎
　　　　　　　　　　　　　　（電話111-1111-1111）
　　価　　格　　　金〇〇〇〇〇円

2 関係土地及び関係土地に係る所有権登記名義人等の表示＊12

関係土地1

不動産番号　　（略）
所　　在　　（略）
地　　番　　（略）
地　　目　　（略）
地　　積　　（略）
所有権登記名義人等　　（略）

関係土地2

所　　在　　P市△△町○番地先（別紙図面中斜線で示した部分）＊13
所有権登記名義人等　　（略）

3 筆界特定を必要とする理由＊14

(1) 申請人は、甲地の所有権の登記名義人であり、甲地を自宅の敷地及び庭として利用している。
　　乙山一郎（以下「乙山」という。）は、乙地の所有権の登記名義人であり、乙地を貸駐車場として利用している。

(2) 乙地は、別紙図面（略）記載のとおり、甲地の西側隣接地であり、甲地と乙地との間にはフェンス（以下「本件フェンス」という。）が設置されている。

(3) 申請人は、平成17年8月ころ、甲地の一部を分筆して売却することを計画し、筆界の確認や測量を含む分筆手続一切を□□土地家屋調査士（以下「□□調査士」という。）に依頼した。

(4) □□調査士は、甲地と乙地との筆界（以下「本件筆界」という。）について、乙山に立会確認を依頼し、平成17年9月20日、申請人及び乙山の立会のもと、本件筆界の確認が行われた。
　　申請人及び□□調査士は、本件フェンスのある位置（別紙図面のア点とイ点とを結んだ直線）が本件筆界であることの確認を求めたが、乙山は、本件フェンスから東側約30センチメートルの位置に本件フェ

	ンスに平行して存在するコンクリート基礎（別紙図面中のウ点とエ点を結んだ直線上にある。）が筆界の位置を示すものであると主張して筆界確認書への押印を拒否した。
(5)	その後、申請人又は□□調査士が何度か乙山宅を訪問し、筆界の問題について話し合ったが、乙山は譲らず、乙山の主張を認めない限り、筆界確認書には絶対に押印しないと言っている。 　このままでは、甲地の分筆ができず、当初の計画であった土地の売却も不可能となってしまう。そこで、本件筆界について、筆界特定の申請に及んだ次第である。
(6)	なお、本件筆界以外の甲地の筆界については、各隣接地の所有者との間で確認済みである。
4	対象土地及び関係土地の状況＊15
	別紙図面のとおり。
5	申請人が筆界として主張する線及びその根拠＊16
(1)	申請人は、本件筆界は、甲地と乙地との間に設置されたフェンスの位置（別紙図面のア点とイ点を結んだ直線）にあると主張する。その理由は、以下のとおりである。
(2)	（以下略）
6	関係人の主張＊17
	乙山は、フェンスの東側30センチメートルの位置に存在するコンクリート基礎（別紙図面中のウ点とエ点を結んだ直線）が本件筆界の位置を示すものであると主張している。
7	筆界確定訴訟の有無＊18
	■　無 □　係属中（　　　　　裁判所　事件番号　平成　年（　）　　号 　　　　　　当事者の表示　原告　　　　　被告　　　　　　　）
8	申請情報と併せて提供する意見又は資料＊19
	資料等説明書記載のとおり。

手数料印紙はり付け欄（収入印紙をはってください。）
手数料額　　△△△△円＊20
申請手数料仮納付額＊21
金　　　　円也(手数料額の通知があり次第、不足額を追加納付する。)

　　　　　○○○○○＊22　法　　務　　春　　子　　職印 ＊23

（代理権限証書、固定資産評価証明書、現地案内図、手数料計算書、別紙図面、資料説明書は、いずれも省略。）

＊1　筆界特定の申請年月日の表示（不動産登記規則（平成17年法務省令第18号。以下「規則」という。）第207条第3項第10号）である。

＊2　筆界特定の申請をする法務局等の表示（規則第207条第3項第11号）である。

＊3　申請の趣旨は、必要的筆界特定申請情報（筆界特定申請情報の内容として提供されないときは、申請の却下事由となる情報をいう。以下同じ。）である（不動産登記法（平成16年法律第123号。以下「法」という。）第131条第2項第1号）。申請の趣旨においては、申請人が、対象土地の筆界について筆界の特定を求めていることを明らかにする。

＊4　申請人の氏名又は名称及び住所は、必要的筆界特定申請情報である（法第131条第2項第2号）。
　　なお、申請人が対象土地の所有権の登記名義人又は表題部所有者の相続人その他の一般承継人であるときは、その旨及び所有権の登記名義人又は表題部所有者の氏名又は名称及び住所が、申請人が一筆の土地の一部の所有権を取得した者である場合には、その旨が、それぞれ必要的筆界特定申請情報である（規則第207条第2項第3号及び第4号）。

＊5　申請人の代理人の氏名又は名称及び住所は、必要的筆界特定申請情報である（規則第207条第2項第2号）。

＊6　代理人が資格者代理人である場合におけるその資格は、筆界特定申請情報ではないが、資格を記載することが望ましい。

＊7　筆界特定申請書には、申請人又は代理人が署名し、又は記名押印しなければならない（規則第211条第2項）。

＊8　申請人又は代理人の連絡先は、任意的筆界特定申請情報（筆界特定申請情報の内容として提供することとされている情報のうち、必要的筆界特定申請情報でないものをいう。以下同じ。）である（規則第207条第3項第1号）。連絡先としては、電話番号のほか、例えば、ＦＡＸ番号が考えられる。

＊9　筆界特定添付情報があるときは、その表示を筆界特定申請情報の内容とすることとされている（規則第207条第3項第8号）。記載例では、提出するものにチェックする方式により、添付情報を表示することとしている。

* 10　固定資産評価証明書、現地案内図、手数料計算書は、法令上添付が要求されている筆界特定添付情報ではないが、手続の円滑な進行の観点から、できるだけ申請人が提供することが望ましい。
* 11　対象土地の所在及び地番は、必要的筆界特定申請情報である（法第131条第2項第3号、規則第207条第2項第5号）。所在及び地番に代えて不動産番号を明らかにしてもよい（記載例では双方を記載しているが、一方でもよい。「不動産登記法等の一部を改正する法律の施行に伴う筆界特定手続に関する事務の取扱いについて」（平成17年12月6日付け法務省民二第2760号民事局長通達）29）。地目及び地積は、必要的筆界特定申請情報ではないが、筆界特定登記官にとって参考となる情報として記載例に掲げている。

　　また、関係人の表示は、任意的筆界特定申請情報である（規則第207条第3項第3号）。記載例では、いずれの関係人がいずれの対象土地の所有権登記名義人等であるかを示すため、対象土地と当該対象土地に係る関係人とを併せて表示している。
* 12　関係土地及び関係人の表示は、任意的筆界特定申請情報である（規則第207条第3項第2号及び第3号）。記載例では、いずれの関係人がいずれの関係土地の所有権登記名義人等であるかを示すため、関係土地と当該関係土地に係る関係人とを併せて表示している。

　　なお、筆界特定申請書に関係土地として表示された土地以外の土地であっても、筆界特定登記官が、関係土地となる可能性があるとして、手続上、関係土地と扱うことがあり得る。
* 13　関係土地が表題登記がない土地であるときは、当該関係土地を特定するに足りる事項が任意的筆界特定申請情報である（規則第207条第3項第2号）。図面を利用する方法等によって関係土地を特定することが考えられる（同条第4項）。
* 14　対象土地について筆界特定を必要とする理由（法第131条第2項第4号）とは、筆界特定の申請に至る経緯その他の具体的な事情をいい、必要的筆界特定申請情報である。筆界特定登記官が事案を早期に把握することが早期解決につながることからすると、できるだけ詳細な記載が望ましい。
* 15　対象土地の状況は必要的筆界特定申請情報であり、関係土地の状況

は任意的筆界特定申請情報である（規則第207条第2項第6号、第3項第4号）。これらの事項を筆界特定申請情報の内容とするに当たっては、図面を利用する等の方法により具体的に明示することとされている（同条第4項）。

*16　筆界についての申請人の主張及びその根拠は、任意的筆界特定申請情報である（規則第207条第3項第5号）。

*17　対象土地の所有権登記名義人等である関係人の筆界についての主張は、任意的筆界特定申請情報である（規則第207条第3項第6号）。

*18　申請に係る筆界について筆界確定訴訟が係属している旨及び当該訴訟を特定するに足りる事項は任意的筆界特定申請情報である（規則第207条第3項第7号）。筆界確定訴訟が係属しているときは係属中の欄にチェックし、係属裁判所、事件番号、当事者を記載することとなる。

　筆界確定訴訟が係属していないときは、その旨を明らかにする必要はないが、記載例では、筆界特定登記官に対する情報提供として、筆界確定訴訟が係属していない旨を明らかにしている。

*19　筆界特定の申請とともに意見又は資料を提出するときは、その表示は、任意的筆界特定申請情報である（規則第207条第3項第9号）。これを筆界特定申請情報の内容とするには、資料提出書を提出し、これを引用すれば足りる。

*20　申請手数料の額は、筆界特定申請情報とされていないが、記載例では、参考となる情報として記載している。申請人が申請手数料の正確な額を算出できないときは、申請時には、申請手数料欄を空欄にしておき、後期21のとおりに手数料の一部を仮に納付し、不足額を納付するときに、申請手数料額を書き込むことが考えられる。

*21　申請人が申請手数料の正確な額を算出することができないときは、申請に当たり、差し当たり、申請手数料の一部を仮に納付し、筆界特定登記官から手数料額の通知がされた後、不足額を納付することが考えられる。このような運用をする場合には、手数料をいくら納付する意思があるかを明らかにするため、仮納付額を記載するとともに、不足額がある場合には不足額を納付する意思があることを明らかにしておくのが相当である。

*22　代理人が資格者代理人である場合におけるその資格は、筆界特定申

請情報ではないが、資格を記載することが望ましい。
＊23 司法書士又は土地家屋調査士が代理人として申請書を作成したときは、職印を押印しなければならない（司法書士法施行規則第28条第1項、土地家屋調査士法施行規則第26条第1項）。

(法務省ホームページ「筆界特定制度」より)

○法務局・地方法務局所在地一覧

	局　名	管轄区域	〒	所　在　地	電話番号
東京管内	○東京法務局	東京都	102-8225	千代田区九段南1-1-15 九段第2合同庁舎	(03) 5213-1234
	横浜地方法務局	神奈川県	231-8411	横浜市中区北仲通5-57 横浜第2合同庁舎	(045) 641-7461
	さいたま地方法務局	埼玉県	330-8513	さいたま市浦和区高砂3-16-58 さいたま法務総合庁舎	(048) 863-2211
	千葉地方法務局	千葉県	260-8518	千葉市中央区中央港1-11-3	(043) 302-1311
	水戸地方法務局	茨城県	310-0061	水戸市北見町1-1	(029) 227-9911
	宇都宮地方法務局	栃木県	320-8515	宇都宮市小幡2-1-11	(028) 623-6333
	前橋地方法務局	群馬県	371-8535	前橋市大手町2-10-5	(027) 221-4466
	静岡地方法務局	静岡県	420-8650	静岡市追手町9-50 静岡地方合同庁舎	(054) 254-3555
	甲府地方法務局	山梨県	400-8520	甲府市北口1-2-19 甲府地方合同庁舎	(055) 252-7151
	長野地方法務局	長野県	380-0846	長野市旭町1108	(026) 235-6611
	新潟地方法務局	新潟県	951-8504	新潟市西大畑町5191 新潟法務総合庁舎	(025) 222-1561

大阪管内	○大阪法務局	大阪府	540-8544	大阪市中央区谷町2-1-17 大阪第2法務合同庁舎	(06) 6942-1481
	京都地方法務局	京都府	602-8577	京都市上京区荒神口通河原町東入上生州町197	(075) 231-0131
	神戸地方法務局	兵庫県	650-0042	神戸市中央区波止場町1-1 神戸第2地方合同庁舎	(078) 392-1821
	奈良地方法務局	奈良県	630-8301	奈良市高畑町552	(0742) 23-5534
	大津地方法務局	滋賀県	520-8516	大津市京町3-1-1	(077) 522-4671
	和歌山地方法務局	和歌山県	640-8552	和歌山市二番丁2（和歌山地方合同庁舎）	(073) 422-5131
名古屋管内	○名古屋法務局	愛知県	460-8513	名古屋市中区三の丸2-2-1 名古屋合同庁舎第1号館	(052) 952-8111
	津地方法務局	三重県	514-8503	津市丸之内26-8 津合同庁舎	(059) 228-4191
	岐阜地方法務局	岐阜県	500-8729	岐阜市金竜町5-13	(058) 245-3181
	福井地方法務局	福井県	910-8504	福井市春山1-1-54 福井春山合同庁舎	(0776) 22-5090
	金沢地方法務局	石川県	921-8505	金沢市新神田4-3-10 金沢新神田合同庁舎	(076) 292-7810
	富山地方法務局	富山県	930-0856	富山市牛島新町11-7 富山合同庁舎	(076) 441-0550

法務局・地方法務局所在地一覧

広島管内	○広島法務局	広島県	730-8536	広島市中区上八丁堀6-30	(082) 228-5201
	山口地方法務局	山口県	753-8577	山口市中河原町6-16 山口地方合同庁舎2号館	(083) 922-2295
	岡山地方法務局	岡山県	700-8616	岡山市南方1-3-58	(086) 224-5656
	鳥取地方法務局	鳥取県	680-0011	鳥取市東町2-302 鳥取第2地方合同庁舎	(0857) 22-2191
	松江地方法務局	島根県	690-0886	松江市母衣町50 松江法務合同庁舎	(0852) 32-4200
福岡管内	○福岡法務局	福岡県	810-8513	福岡市中央区舞鶴3-9-15	(092) 721-4570
	佐賀地方法務局	佐賀県	840-0041	佐賀市城内2-10-20	(0952) 26-2148
	長崎地方法務局	長崎県	850-8507	長崎市万才町8-16	(095) 826-8127
	大分地方法務局	大分県	870-0045	大分市城崎町2-3-21	(097) 532-3161
	熊本地方法務局	熊本県	862-0971	熊本市大江3-1-53 熊本第2合同庁舎	(096) 364-2145
	鹿児島地方法務局	鹿児島県	890-8518	鹿児島市鴨池新町1-2	(099) 259-0680
	宮崎地方法務局	宮崎県	880-8513	宮崎市旭2-1-18	(0985) 22-5124
	那覇地方法務局	沖縄県	900-8544	那覇市樋川1-15-15 那覇第1地方合同庁舎	(098) 854-7950

仙台管内	○仙台法務局	宮城県	980-8601	仙台市青葉区春日町7-25	(022) 225-5611
	福島地方法務局	福島県	960-8021	福島市霞町1-46 福島合同庁舎	(024) 534-1111
	山形地方法務局	山形県	990-0041	山形市緑町1-5-48 山形地方合同庁舎	(023) 625-1321
	盛岡地方法務局	岩手県	020-0023	盛岡市内丸7-25 盛岡合同庁舎	(019) 624-1141
	秋田地方法務局	秋田県	010-0951	秋田市山王7-1-3	(018) 862-6531
	青森地方法務局	青森県	030-8511	青森市長島1-3-5 青森第二合同庁舎	(0177) 76-6231
札幌管内	○札幌法務局	最寄りの法務局等へお尋ね下さい。	060-0808	札幌市北区北8条西2-1-1	(011) 709-2311
	函館地方法務局		040-8533	函館市新川町25-18 函館地方合同庁舎	(0138) 23-7511
	旭川地方法務局		070-8645	旭川市花咲町4-2272	(0166) 53-2311
	釧路地方法務局		085-8522	釧路市幸町10-3	(0154) 31-5000
高松管内	○高松法務局	香川県	760-8508	高松市丸の内1-1 高松法務合同庁舎	(087) 821-6191
	徳島地方法務局	徳島県	770-8512	徳島市徳島町城内6-6 徳島地方合同庁舎	(088) 622-4171
	高知地方法務局	高知県	780-8509	高知市小津町4-30	(088) 822-3331
	松山地方法務局	愛媛県	790-8505	松山市宮田町188-6 松山地方合同庁舎	(089) 932-0888

○土地家屋調査士会所在地一覧

会　名	〒	所　在　地	電話番号
東　　京	105-0004	港区新橋2-20-15-701 新橋駅前ビル1号館7階	(03) 3573-0587
神奈川県	220-0003	横浜市西区楠町18	(045) 312-1177
埼　　玉	330-0063	さいたま市浦和区高砂4-14-1	(048) 862-3173
千 葉 県	260-0024	千葉市中央区中央港1-23-25	(043) 204-2312
茨　　城	319-0312	水戸市大足町1078-1	(029) 259-7400
栃 木 県	320-0036	宇都宮市小幡1-4-25	(028) 621-4734
群　　馬	371-0847	前橋市大友町1-6-6	(027) 253-2880
静 岡 県	422-8006	静岡市駿河区曲金6-16-10	(054) 282-0600
山 梨 県	400-0043	甲府市国母8-13-30	(055) 228-1311
長 野 県	380-0872	長野市大字南長野妻科399-2	(026) 232-4566
新 潟 県	950-0962	新潟市出来島1-5-55	(025) 281-4433
大　　阪	540-0023	大阪市中央区北新町3-5	(06) 6942-3330

京　　都	604-0984	京都市中京区竹屋町通富小路東入魚屋町439	(075)221-5520
兵　庫　県	650-0017	神戸市中央区楠町2-1-1	(078)341-8180
奈　良　県	630-8305	奈良市東紀寺町2-2-16	(0742)22-5619
滋　賀　県	520-0056	大津市末広町7-5	(077)525-0881
和歌山県	640-8144	和歌山市四番丁7	(073)421-1311
愛　知　県	451-0043	名古屋市西区新道1-2-25	(052)586-1200
三　重　県	514-0008	津市上浜町6-155-1	(059)227-3616
岐　阜　県	500-8115	岐阜市田端町1-12	(058)245-0033
福　井　県	918-8112	福井市下馬2-314 司・調合同会館2階	(0776)33-2770
石　川　県	921-8013	金沢市新神田3-9-27	(076)291-1020
富　山　県	930-0856	富山市牛島新町8-22	(076)432-2516
広　島　県	732-0057	広島市東区二葉の里1-2-44	(082)567-8118
山　口　県	753-0042	山口市惣太夫町2-2	(083)922-5975

岡 山 県	700-0807	岡山市南方2-1-6	(086) 222-4606
鳥 取 県	680-0022	鳥取市西町1-314-1	(0857) 22-7038
島 根 県	690-0884	松江市南田町26	(0852) 23-3520
福 岡 県	810-0073	福岡市中央区舞鶴3-3-4 ライフピア舞鶴201	(092) 741-5780
佐 賀 県	840-0041	佐賀市城内2-11-10-1	(0952) 24-6356
長 崎 県	850-0031	長崎市桜町7-6-101 サンガーデン桜町1階	(095) 828-0009
大 分 県	870-0045	大分市城崎町2-3-10	(097) 532-7709
熊 本 県	862-0970	熊本市渡鹿3-14-21	(096) 372-5031
鹿児島県	890-0064	鹿児島市鴨池新町1-3 司調センタービル3階	(099) 257-2833
宮 崎 県	880-0803	宮崎市旭2-2-2	(0985) 27-4849
沖 縄 県	900-0021	那覇市泉崎2-1-4 大建ハーバービューマンション401	(098) 834-7599
宮 城 県	980-0802	仙台市青葉区二日町18-3	(022) 225-3961
福 島 県	960-8131	福島市北五老内町4-22	(024) 534-7829

山 形 県	990-0041	山形市緑町1-4-35	(023) 632-0842
岩 手 県	020-0816	盛岡市中野1-20-33	(019) 622-1276
秋 田 県	010-0951	秋田市山王6-1-1 山王ビル2階	(018) 824-0324
青 森 県	030-0821	青森市勝田1-1-15	(017) 722-3178
札 幌	064-0804	札幌市中央区南四条西6-8 晴ればれビル8階	(011) 271-4593
函 館	040-0033	函館市千歳町21-13 桐朋会館3階	(0138) 23-7026
旭 川	070-0032	旭川市二条通17-465-1	(0166) 22-5530
釧 路	085-0833	釧路市宮本1-2-4	(0154) 41-3463
香 川 県	760-0033	高松市丸の内9-29	(087) 821-1836
徳 島 県	770-0823	徳島市出来島本町2-42-5	(088) 626-3585
高 知 県	780-0928	高知市越前町2-7-11	(088) 825-3132
愛 媛 県	790-0062	松山市南江戸1-4-14	(089) 943-6769

○土地家屋調査士会境界問題相談センター一覧

東京・大阪・愛知の土地家屋調査士会を当初の試行会として順次設立されてきた境界問題相談センターは現在12単位会において設立されています。

センター名 （協力・協働）	設立	所在地	電話番号
①あいち境界問題相談センター （愛知県弁護士会の協力・同会所属弁護士との協働）	平成14年10月	〒451-0043 名古屋市西区新道1-2-25 愛知県土地家屋調査士会館内	(052) 586-1200
②境界問題相談センターおおさか （大阪弁護士会の協力・同会所属弁護士との協働）	平成15年3月	〒540-0023 大阪市中央区北新町3-5 大阪土地家屋調査士会館5階	(06) 6942-8750
③東京土地家屋調査士会境界紛争解決センター （東京弁護士会・第一東京弁護士会・第二東京弁護士会の協力・同会所属弁護士との協働）	平成15年6月	〒105-0004 港区新橋2-20-15-701 新橋駅前ビル1号館7階 東京土地家屋調査士会内	(03) 3573-1010
④境界問題解決センターふくおか （福岡県弁護士会の協力・同会所属弁護士との協働）	平成16年3月	〒810-0073 福岡市中央区舞鶴3-3-4 ライフピア舞鶴201 福岡県土地家屋調査士会内	(092) 741-5884

⑤みやぎ境界紛争解決支援センター （仙台弁護士会の協力・同会所属弁護士との協働）	平成17年3月	〒980-0802 仙台市青葉区二日町18-3 宮城県土地家屋調査士会館内	(022) 225-3804
⑥境界問題相談センターかながわ （横浜弁護士会の協力・同会所属弁護士との協働）	平成17年3月	〒220-0003 横浜市西区楠町18 神奈川県土地家屋調査士会館内	(045) 290-4505
⑦境界問題相談センターひろしま （広島弁護士会の協力・同会所属弁護士との協働）	平成17年6月	〒732-0057 広島市東区二葉の里1-2-44 広島県土地家屋調査士会館内	(082) 506-1171
⑧さっぽろ境界問題解決センター （札幌弁護士会の協力・同会所属弁護士との協働）	平成17年8月	〒064-0804 札幌市中央区南四条西6-8 晴ればれビル8階 札幌土地家屋調査士会内	(011) 281-8711
⑨境界問題解決センターとくしま （徳島弁護士会の協力・同会所属弁護士との協働）	平成17年11月	〒770-0823 徳島市出来島本町2-42-5 徳島県土地家屋調査士会内	(088) 626-3366
⑩境界問題相談センター埼玉 （埼玉弁護士会の協力・同会所属弁護士との協働）	平成17年11月	〒330-0063 さいたま市浦和区高砂4-14-1 埼玉土地家屋調査士会内	(048) 837-1533

⑪境界紛争解決センターぎふ （岐阜県弁護士会の協力・同会所属弁護士との協働）	平成18年3月	〒500-8115 岐阜市田端町1-12 岐阜県土地家屋調査士会内	（058） 245-0236
⑫境界問題相談センターいしかわ （金沢弁護士会の協力・同会所属弁護士との協働）	平成18年3月	〒921-8013 金沢市新神田3-9-27 石川県土地家屋調査士会内	（076） 291-1125

境界紛争解決制度の解説
——筆界特定・ADRのポイント——

| 不許複製 | 平成18年8月23日　発行
定価4,200円(本体4,000円) |

編 著　山野目　章　夫
　　　　清　水　　　響
　　　　松　岡　直　武

発行者　新日本法規出版株式会社
　　　　代表者　服部　昭三

発行所 本　社 総轄本部	新日本法規出版株式会社 (460-8455)名古屋市中区栄1-23-20 電話　代表　052(211)1525
東京本社	(162-8407)東京都新宿区市谷砂土原町2-6 電話　代表　03(3269)2220
支　社	札幌・仙台・東京・関東・名古屋・大阪・広島・高松・福岡
ホームページ	http://www.sn-hoki.co.jp/

※落丁・乱丁本はお取り替えいたします。

ⒸA.Yamanome他 2006 Printed in Japan
ISBN4-7882-0945-4